나를 지키는 민법

법은 어떻게 삶의 무기가 되는가

나를 지키는 민법

법은 어떻게 삶의 무기가 되는가

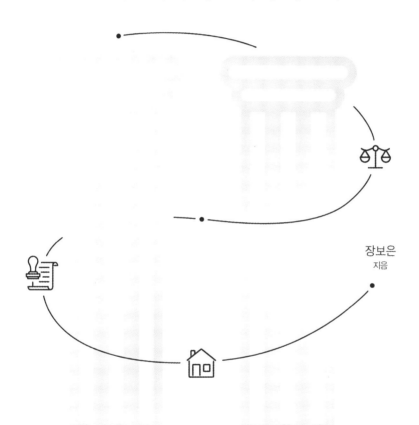

장보은
지음

생각의힘

추천의 말

법에 대해 쉬운 글을 쓴다는 건 '소리 없는 아우성'이라는 시구만큼이나 모순되는 작업이다. 그중에서도 민법은 쉽게 풀어쓰기가 가장 고난이도인 법이다. 저자의 말처럼 '사람들 사이의 관계를 규율하는 법'이어서 오래되고 복잡하기 때문이다. 그러면서도 우리 가까이에 있으므로 편리한 해설서가 꼭 필요한 법이기도 하다. 민법에 대해 단편적인 사례 중심의 해설서가 나오는 경우는 종종 있지만, 그 체계를 유지하면서 친절하게 풀어 쓴 책을 찾아보기는 어렵다. 저자는 이 어려운 일에 도전하여 오대양 육대주가 일목요연하게 보이는 세계지도처럼 쉬운 입말로 민법 지도를 펼쳐 놓았다. 지도위에는 재산법, 가족법은 물론 민법의 미래까지 그려져 있다. 민법의 체계를 놓치지 않으면서도 전문적인 부분도 친절하게 풀어놓았으므로 누구라도 접근할 수 있는 수월한 민법 교과서로 손색이 없다.

– 김영란(전 대법관, 아주대학교 로스쿨 석좌교수)

장보은 교수가 법을 처음 공부하는 사람들이 민법을 쉽게 이해할 수 있도록 책을 썼다면서 원고를 보내주었습니다. 원고를 열어보니, 평소에 말하듯이 친절한 말투로 민법 이야기를 시작하고 있었습니다. 맨 앞에서 '우리는 민법으로 둘러싸여 있다'라고 하면서 독자들을 끌어들였습니다. 나아가 법적으로 생각하는 방법, 즉 리걸 마인드를 갖추면 '문제를 해결하는 무기'를 가진 것이라며 책을 읽어야 할 이유를, '우리에게 민법이 필요한 이유'를 차근차근 설명하고 있었습니다.

장 교수는 오랜 제자입니다. 1998년 서울대 법대에 입학하여 제 민법 강의를 열심히 들었고 대학원 석·박사과정 지도반 학생으로 민법을 전공했습니다. 학위논문을 쓸 당시에는 제가 대법관으로 임명되어 6년 동안 학교를 떠나게 되면서 지도교수를 맡을 수는 없었지만, 배우고 가르치며 익히는 학문적 소통을 해왔습니다. 책장을 넘기며 그 시간이 떠올랐습니다.

민법은 인간의 삶에서 가장 기본적인 내용을 규율하는 법입니다. 오랜 역사를 가지고 있습니다. 그만큼 방대하고 심오합니다. 법학도가 맨 먼저 배우기 시작하는 법이 민법인데도 계속 새로운 문제가 나옵니다. 그러하니 학생들이 민법을 공부하면서 흥미를 잃지 않고 방대한 양에 주눅이 들지 않도록 하는 것이 민법 교수가 해야 할 중요한 일이라고 생각했습니다.

장 교수는 이 책을 통해서 일반 독자를 상대로 '중요하지만 어려운 민법 강의'를 하고 있습니다. 일상에서 일어나는 사례를 소재로 독자들의 지적 호기심을 자극하면서 민법의 세계로 안내합니다. 계약을 체결하고 소유권을 취득하며 임차를 하면서 살아가는 인간의 삶 속에서 민법 이야기를 들려줍니다. 불법행위에 대해 손해배상을 청구하고 부당하게 얻은 이익을 돌려주어야 하는 이치를 법적으로 설명합니다. 경제생활에서 보증을 서고 담보를 제공하는 이유도 알려줍니다. 혼인과 이혼, 그리고 상속에 이르기까지 민법이 어떻게 인간사에 관여하고 있는지 설명해 주고 있습니다. 현대생활에서 중시되고 있는 사생활 침해나 명예훼손을 비롯한 인격권에 이르러서는 민법의 미래를 전망하는 혜안을 보여줍니다.

　　독자 여러분, '내 삶을 지켜주는 비밀병기'를 갖고 싶으시지요? 일독을 권합니다. 책의 행간에 있는 장 교수의 친절한 미소도 찾아보시기 바랍니다.

　　　　　　　　　　　　　　　　　　－ 김재형(전 대법관, 서울대학교 로스쿨 교수)

대학 시절 '민법총칙'이라는 과목을 수강했다. 법대생도 아니었고, 법과 관련된 일을 하고 있지도 않지만, 그 수업에서 배운 것들이 여전히 삶에 영향을 미친다. 특히 '권리의 행사와 의무의 이행은 신의에 좇아 성실히 하여야 한다'라는 민법 제2조 제1항의 문장은 핏줄에라도 새겨진 듯 잊히지 않아, 살아가는 데 일종의 나침반 역할을 하게 되었다.

　　쉽고 명랑한 언어로 이야기하듯 적힌 이 책을 읽어가면서, 줄곧 20여 년 전 그 수업 시간을 떠올렸다. 계약과 상속, 채권과 물권 같은 단어와 개념이 당시에는 무척 딱딱하고 어렵게 여겨졌는데, 친절하고 체계적인 저자의 설명 덕에 그때 가졌던 여러 의문이 부드럽게 해소되었다.

　　우리 사회는 '법 없이도 살 사람'이라는 말을 칭찬으로, '법 너무 좋아하면 못쓴다'는 말을 격언처럼 여기는 경향이 있지만 사회 시스템이 올바르게 작동하기 위해서는 법적 절차를 적극적으로 밟아 자신의 권리를 지킬 줄 아는 이들이 많아져야 한다고 생각한다. 다정하고 상냥한 이 책이 좀 더 많은 사람이 자신을 지키고, 남을 지키며, 사회 구성원으로서 책무를 다하는 데 도움이 되리라 믿는다.

– 곽아람(〈조선일보〉 출판팀장,《공부의 위로》저자)

일러두기

- 한글맞춤법에 따라 표기했으나, 필요한 경우 국가법령정보센터, 한국법제연구원 등의
  표기를 우선 적용했습니다.
- 본문을 이해하기 위해 필요한 법조문을 발췌하여 수록했습니다. 전문은 국가법령정보
  센터 등에서 찾아볼 수 있습니다.

현명한 사회생활을 위해, 민법을 권하며

저는 로스쿨 교수입니다. 법을 공부하고 가르치는 사람이지요. 대학에서 법학을 전공할 때부터 저는 법이 참 좋았습니다. 쉽고 재미있다기보다는, 어렵지만 논리적이고 깊이가 있었습니다. 교수님 중 한 분이 법은 스펙트럼이 아주 넓고 다양해서 누구라도 자기와 맞는 법을 찾을 수 있다고 말씀하셨습니다. 정말이지 한 과목, 한 과목을 들을 때마다 세상을 보는 렌즈를 하나씩 획득하는 느낌이었습니다. 비밀을 알게 된 것 같은 뿌듯함이랄까요?

고백하건대 민법은 쉽지 않은 과목이었습니다. 가장 기본적이지만, 가장 깊이가 있었습니다. 이런 민법을 가르치는 교수님들은 정말 대단한 사람들로만 보였으니, 훗날 제가 민법 교수가 되리라고는 상상도 하지 못했던 일입니다.

교수가 되고 보니, 예전의 저처럼 민법을 힘들어하는 학생들이 많았습니다. 사실 민법은 우리 생활에 가장 근접해 있는 법이기에 마냥 어렵게 생각할 것은 아닌데 말이죠. 저는 어렵고 복잡한 부분일수록, 그 제도가 왜 만들어졌는지, 어떤 원리로 돌아가는지 먼저 설명하곤 합니다. 그러고 나면 더 깊이 있는 내용도 보다 쉽게 이해하게 되더군요.

그런데 민법이 법조인들에게만 중요한 건 아닙니다. 많은 사람이 '민법' 하면 별로 관심도 없고 나와는 무관하다고 생각하는 듯합니다. 혹시 여러분도 그렇게 생각하지는 않으셨나요? 그런데 이건 진짜 큰 오해입니다. 사실 민법은 사람들의 삶과 가장 밀접하게 관련된 법이고, 그런 면에서 개개인에게는 그 어떤 법보다 중요하고 영향력도 큽니다.

민법은 사람들의 경제생활과 가족생활을 규율합니다. 우리는 누구나 물건을 사거나 서비스를 이용하고, 살 집을 임대하거나 매매하기도 하며, 결혼해서 아이를 낳고, 부모님이 돌아가시면 상속을 받을 수도 있지요. 이 모든 게 민법의 영역입니다. 자본주의 경제질서를 움직이고, 가족관계를 유지하기 위해 민법이 제 역할을 열심히 하고 있는 거지요.

'민법을 몰라도 사회생활을 하는 데 큰 문제가 없던데?' 하는 의문이 드시나요? 어떤 게임을 할 때 그 룰을 정확하게 알지 못해도 몇 번 하면 대충은 어떻게 돌아가는지 알 수 있는 경우가 있을 겁니다. 그래도 게임을 잘하고 싶으면 룰을 제대로 아는 게 필요하겠죠? 게임은 룰에 따라서 운영되고 있으니까요.

우리가 무인도에 표류하지 않는 이상, 사회를 떠나서 살 수 없습니다.

다른 사람들과 관계를 맺고 거래를 하고 재산관계도 형성이 될 겁니다. 가족 안에서 성장하고 결혼해서 새로운 가족을 이루기도 합니다. 이와 관련해서 우리 사회가 어떤 룰에 따라 돌아가는지, 기본적인 제도와 그 원리를 이해하는 건 우리가 살아가는 데 아주 큰 무기가 되어줄 겁니다.

이 책은 법을 전공하지 않은 사람들도 쉽게 민법을 접하고 기본적인 민법 지식을 이해할 수 있도록 썼습니다. 이런 점에서 그야말로 '실용서'라고 할 수 있습니다. 그렇지만 단편적인 상식을 나열하거나 마냥 흥미 위주로 쓰는 것은 지양했습니다. 여러분들이 이를 토대로 더 많은 생각을 하고 다양한 법을 접할 텐데, 기초를 튼튼히 할 필요가 있으니까요.

여러분은 이 책을 통해 우리의 경제생활과 가족생활의 기초를 이루는 중요한 제도들을 잘 이해하게 될 겁니다. 이렇게 우리는 비밀을 공유한 사이가 되는 거지요. 책의 특성상 참고자료를 따로 열거하지는 않았습니다만, 여러분이 궁금한 부분이 생겼거나 민법을 더 공부하고 싶다는 생각이 들어서 다른 책들도 찾아볼 수 있다면 더 바랄 게 없겠습니다. 그리고 혹시 또 아나요? 저랑 다른 기회로 만나게 된다면, 그때는 이 책의 내용을 토대로 더 많은 이야기를 할 수 있을 듯합니다.

그럼, 이제 우리의 수업을 시작하겠습니다.

차례

모든 권리는 의무를 전제로 한다.

베른하르트 빈트샤이트 *Bernhard Windscheid*

수업을 시작하며

우리에게 민법이 필요한 이유

이렇게 책으로 만나게 되어 정말 반갑습니다. 어떤 이유에서든지 민법을 만나게 되신 것을 진심으로 환영합니다. 여러분이 어떤 마음으로 이 책을 열게 되셨는지, 어떤 표정으로 이 글을 읽고 계실지 무척 궁금합니다. 저는 지금 첫 수업을 준비하는 설레는 마음으로 이 글을 쓰고 있습니다. 정말 아끼는 사람을 소개하는 것 같기도 합니다. 알게 되면 진국인데 낯을 좀 가리는 친구라, 정말 잘 소개하고 싶네요.

법이라고 하면 왠지 어렵고 멀게 느껴지나요? 법정 드라마 같은 데서 보는 것처럼 법은 나쁜 사람을 처벌하려는 것이지 나와는 별로 관련이 없고, 가급적 엮이고 싶지 않다고 생각할지도 모르겠습니다.

우리는 민법으로 둘러싸여 있다

그런데 산속에서 아무도 모르게 혼자 사는 '자연인'이 아닌 이상, 법과 무관한 사람은 아무도 없습니다. 특히 여러 법 중에서도 민법은 기본적으로 사람들이 살아가면서 누가 어떤 권리를 갖는지 정하는 법이니, 내게 어떤 권리가 있고, 어떤 의무가 있는지 이해하고 사회생활을 잘하기 위해 반드시 알아야 하는 법이라고 할 수 있습니다.

우리는 민법에 둘러싸여 있습니다. 이 책을 구매했거나 도서관에서 대여하셨다면, 이미 여러분은 계약을 체결한 겁니다. 책을 사서 건네받았다는 건 책에 대한 소유권을 가지게 되었다는 뜻이에요. 혹시 지금 책을 읽으면서도 다른 한 손에는 휴대폰을 가지고 있지는 않으신가요? 휴대폰 서비스를 이용하는 것은 물론, 여러 앱을 이용해서 물건을 사거나 음식을 주문하거나 투자를 하는 것도 다 민법의 영역입니다. 그러니 민법을 공부하는 건 여러분의 삶에 아주 유용할 거예요.

문제를 해결하는 무기, 리걸 마인드

우리 수업에서 제가 진짜 여러분과 하고 싶은 건, 단순히 지식을 전달하고 습득하는 게 아니라, 민법의 기본 개념과 원리를 통해 '법적으로 생각하는 방법'을 연습하는 겁니다. 혹시 '리걸 마인드legal mind'라는 말을 들어보셨나요? 이게 참 설명하기가 까다로운데, 법적인 개념과 원리를 이해하고 분석해서 적용하는 능력 또는 변호사처럼 분석하고 이성적으로 추론하면서 논쟁하는 능력을 말합니다. 민법은 이런 리걸 마인드를 키우기에 안성맞춤이지요. 아마 여러분은 앞으로 단 몇 번의 수업 만에 '아, 법은 이런 식으로 생각하는구나' '권리관계를 이렇게 이해하는구나' 알아챌 수 있을 겁니다.

이렇게 법조인처럼 사고하는 건 실제로 여러 문제를 해결하는 데 큰 도움이 될 수 있습니다. 나는 어떤 권리가 있고 다른 사람들은 어떤 권리가 있는지, 이런 권리들이 충돌하거나 갈등이 일어나는 지점이 어디인지, 이를 어떻게 조정하고 해결해야 하는지 그 원칙들을 알게 되면, 문제를 바라보는 시각이나 분쟁을 해결하는 방식이 달라질 테니까요. 이건 여러분이 법조인이 아니더라도 어떤 일을 하든지, 심지어 가족들이나 친구들과의 관계에서도 틀림없이 아주 유용한 도구가 될 겁니다.

그럼 이제 본격적으로 민법이 무엇인지, 왜 민법을 배워야 하는지 이야기해 보겠습니다.

민법과 친해지는 첫걸음: 민법전 찾아보기

국가법령정보센터

민법을 공부한다고 하면, 민법의 각 조문을 하나씩 살펴보는 걸 떠올릴 수도 있습니다. 실제로 법전을 가까이에 두고 자주 찾아보는 건 아주 좋은 습관입니다. 법전은 법률을 모아놓은 사전 같은 책입니다. 법전이 없더라도 법제처 국가법령정보센터나 대법원 종합법률정보, 국회 사이트, 더 쉽게는

1. Introduction ‖ 우리에게 민법이 필요한 이유

포털 사이트 검색창에 '민법'이라고만 치면, 민법의 모든 조문을 확인할 수 있습니다. 정말 그런지 한번 봅시다. 앞서 나온 소제목 옆 큐알 코드를 스캔하면 바로 확인할 수 있을 겁니다.

제1편 총칙

제1장 통칙

제1조(법원) 민사에 관하여 법률에 규정이 없으면 관습법에 의하고 관습법이 없으면 조리에 의한다.

참고로 우리나라는 법체계상 성문법주의 국가입니다. 성문법成文法은 법전에 규정된 법을 생각하면 됩니다. 방금 민법을 검색해서 제1조부터 조문을 확인했나요? 혹은 앞에 나와 있는 민법 제1편 총칙을 보셔도 좋겠습니다. 그런 게 바로 성문법입니다. 성문법주의 국가에서는 이렇듯 국가 권력에 의해 만들어진 헌법이나 법률 등이 가장 기본적인 법이 됩니다. 프랑스, 독일 같은 유럽 대륙의 국가들이 이런 성문법주의를 따르고 있어서 대륙법이라고도 합니다.

그런데 영국에서는 전통적으로 법원에서 분쟁을 해결할 때 이전 사안에서 어떤 판단을 내렸는지를 중요하게 보았습니다. 그래서 이전 판례들로 형성된 선례가 그 자체로 가장 기본적인 법이 되었습니다. 이런 법 전통은 영국의 식민지였던 미국에도 이어졌는데, 이런 법체계를 대륙법에 대비하여 영미법이라고 합니다. 영미법은 판례가 가장 기본적인 법이라는 점에서 판례법case law 또는 보통법common law이라 합니다. 대륙법과 영미법 같은 개념은 민법을 공부하려는 사람으로서 가벼운 상식선에서 알아두면 좋겠습니다.

그러면 민법전이 우리가 말하려는 민법일까요? 민법이라는 법률이 있고, 중요한 내용이 대부분 민법전에 들어 있으니 틀린 말은 아닙니다. 우리 논의에서 제일 중요한 부분이라고 할 수도 있겠네요. 그렇지만 이 책의 내용을 법전에 쓰인 것으로만 제한하거나, 민법전의 내용을 한 조문, 한 조문 뜯어보고 알려고 든다면, 민법의 기본 개념과 원리를 이해하려는 우리의 목적에 맞지 않을 것입니다. 민법전은 민법이라는 성문법, 즉 의회가 만든 법률을 말하는 형식적이고 좁은 개념이고, 우리는 우리의 목적에 맞게 민법이라는 개념을 다시 한번 생각해 봅시다.

공법과 사법 구분하기

우리의 논의를 형식적인 민법전으로 국한할 것이 아니라면, 더 실질적인 의미에서의 민법은 어떻게 이해할 수 있을까요? 민법에서 '민_民'은 시민을 뜻하는 것으로, 영어로 민법은 시민법_{civil law} 이라고 말합니다. 쉽게 말하면 민법은 사람들 사이의 관계를 규율하는 법입니다. 민법은 누구에게나 일반적으로 적용되는 대표적인 사법_{私法} 입니다.

사법이라고 하니, 사법부의 사법_{司法} 을 생각하실 수도 있는데, 한자가 다릅니다. 사법부는 판사들이 있는 법원을 떠올리면 됩니다. 법원에서는 재판을 합니다. 그러니까 이때 사법_{司法} 은 구체적인 사안에 대해 법을 적용하여 판단하는 것을 의미합니다.

민법은 사법이다

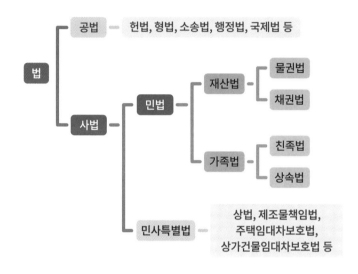

그림 1

그러면 민법이 사법私法이라고 할 때, 그 의미는 무엇일까요? 우선 사법과 대비되는 개념을 생각해 봅시다. 그림 1에서 볼 수 있듯이 사법私法과 대비되는 개념은 공법公法입니다. 공법은 말 그대로 공공의 영역을 규율하는 법을 말합니다. (법에서 어떤 개념을 명확히 하기 위해 주로 활용되는 방법들이 있는데, 그 중 하나는 대비되거나 유사한 다른 개념과 비교하는 것입니다. 그 외에 추상적인 개념에 해당하는 여러 내용을 유형화하거나 그 구성요건들을 하나씩 나누는 방법도 자주 볼 수 있습니다.)

사람들은 사회를 이루고 살아갑니다. 우리의 사회생활을 들여다보면,

국가나 공공기관과의 관계와 개인들끼리의 관계로 나눌 수 있습니다. 헌법이나 행정법, 형법, 세법 같은 법들은 국가나 공공기관이 개인과 맺는 관계를 다루는 공법으로, 국민의 권리와 의무를 정합니다.

그런데 우리는 국가의 구성원이기 이전에 인간으로서 다른 여러 관계를 맺으며 살고 있습니다. 의식주를 해결하거나 취미 생활을 위해 물건을 사서 소비하고, 남의 물건이나 돈을 빌리기도 하고, 내가 하기 어렵거나 귀찮은 일들에 대해 각종 서비스를 이용하는 것들은 국가와의 관계라고 보기 어렵습니다. 더 나아가 사랑하는 사람과 결혼하고, 아이를 낳고, 돌아가신 부모님의 유산을 상속받는 것은 가족이라는 울타리에서 일어나는 일입니다. 사법은 이렇게 우리가 인간으로서 살아가며 맺는 관계에서의 권리와 의무를 정합니다.

일상에서의 사법과 공법: 데이트하러 가는 길에서

조금 더 예를 들어보겠습니다. 여러분이 '썸'을 타고 있는 사람과 데이트를 약속한 상황을 생각해 봅시다. 그 사실을 알게 된 친구들은 잘 보이려면 이렇게 해라, 저렇게 해라 훈수를 둡니다. 어떤 친구는 '썸남, 썸녀에게 잘 보이는 법'이라는 글을 찾아서 보내줍니다. 물론 이건 일종의 요령일 뿐이지, 진짜 법, 국가와 여러분 또는 여러분과 썸남, 썸녀 사이의 권리·의무를 정하는 '법'은 아닙니다.

그 지침서에 나오는 내용을 숙지한 다음, 이제 차를 운전해서 약속 장소로 향합니다. 약속 시간이 다가오는데, 차에 기름이 다 떨어졌습니다. 가까운 주유소를 찾아 기름을 넣습니다. 여기에는 어떤 법이 관련이 있을까요? 순식간에 여러분은 주유소 주인과 매매계약을 하나 체결하고 이행했습니다. 이 계약에 따르면 여러분은 주유소 주인으로부터 기름을 받을 권리가 있고, 주유소 주인에게 그에 대한 돈을 지급할 의무가 있습니다. 주유를 마치고 계산을 했으니, 이제 주유한 기름은 여러분의 것이 되었습니다. 사법의 영역입니다.

주유를 다 하고 나니 약속 시간에 늦을 것 같습니다. 가속 페달을 밟은 순간 과속 단속 카메라가 번쩍합니다. 차를 운전하는 건 사실 위험한 행위입니다. 그렇다고 운전을 금지할 수는 없는 일이지요. 그 대신 도로에서 운전할 때 지켜야 할 규칙들을 법에 정해두었습니다. 제한속도 지키기, 음주운전하지 않기 같은 의무를 위반하면 과태료 처분이나, 벌금 등 처벌을 받을 수 있습니다. 사람들의 안전을 위해 국가가 나서는 겁니다. 그래서 교통법규는 공법에 해당합니다.

마음을 다잡고 목적지에 도착했는데, 주차하다 급한 마음에 옆에 주차된 차와 부딪히고 말았습니다. 옆 차가 찌그러졌네요. 그렇다고 처벌을 받는 건 아닙니다. 조심해도 실수할 수 있지요. 그렇지만 이 경우 자신이 입힌 손해에 책임을 저야 합니다. 옆 차의 주인은 여러분에게 손해배상을 청구할 권리가 있고, 여러분은 손해를 배상할 의무가 생긴 겁니다. 이건 국가나 공공기관이 아닌 개인 간의 관계이고, 사법의 문제입니다.

일반법과 특별법 구분하기

다시 정리하면 법은 크게 공법과 사법으로 나눌 수 있고, 민법은 사법 중 일반적인 사람들 '누구에게나' 적용되는 '일반법'입니다. 일반법이 있으면 '특별법'이 있겠지요? 특별법은 '특정한 사람들'에 대해 일반법을 수정하거나 보완하는 내용을 따로 정하는 경우가 많습니다. 민법이 생각하는 '일반적인 사람들'은 어떤 사람들일까요?

그 전에 우리 민법이 만들어진 배경을 살펴볼까요? 민법은 기본적으로 서양의 근대정신을 담고 있습니다. 우리나라에 근대적인 민법이 들어온 건 일제강점기 때부터로, 우리 민법이 만들어져 시행되기 전까지 해방 이후 얼마간은 기본적으로 일본민법이 적용되었습니다. 당시 일본은 서양의 제도들을 빠르게 받아들여 근대화를 추진했지요. 일본민법은 프랑스민법의 영향을 많이 받았습니다. 우리 민법은 기존에 적용되던 일본민법을 기초로 하되, 그동안 나타난 문제점이나 의문들을 반영해 수정하고, 프랑스민법뿐만 아니라 독일민법, 스위스민법 등 여러 나라의 법을 참조하여 만들었습니다.

서양의 근대는 봉건제가 무너지면서 시작되었습니다. 누구든 신분에 구애받지 않고 계약을 체결하고, 자기 소유의 물건을 가지게 되었습니다. 이런 토대에서 만들어진 민법은 자유롭고, 평등하고, 합리적인 인간상을 전제로 합니다. 그래야 개개인이 자신의 자유로운 의지대로 계약을 체결하고 소유권을 취득하는 것이 유효할 수 있을 테니까요.

변화하는 인간상

시간이 흐르고 특히 자본주의가 고도로 발달하면서, 민법이 전제했던 인간상이 여전히 유효한지 의문이 들기 시작했습니다. 회사와 체결하는 고용계약은 자유롭고 평등한 관계에서 체결되나요? 잘나가는 CEO를 스카우트해서 계약을 체결할 때는 그럴 수도 있습니다. 그런데 우리가 회사에 취직할 때, 회사와의 관계에서 정말 자유롭고 평등하게 협상해서 근로시간과 임금을 정하는 게 가능할까요? 그렇지 않은 경우가 더 많을 겁니다.

제품을 구매하는 소비자와 이런 제품을 제조하거나 판매하는 회사를 생각해 봅시다. 여러분은 언제나 합리적인 소비를 하시나요? 소비자와 회사가 평등한 관계라고 할 수 있을까요? 은행 직원의 권유로 복잡한 금융 상품에 가입한 소비자는 자유로운 선택을 한 것일까요? 소비자가 구입한 제품 때문에 다치거나 아프게 되었다면, 그 제품에 어떤 결함이 있는지, 자기가 입은 손해가 그 결함 때문인지 알아내는 게 과연 쉬운 일일까요? 비슷한 사례가 많아 전체적인 피해 규모는 크더라도, 소비자 개개인으로서는 이를 문제 삼는 게 아주 번거로울 수도 있지요. 회사가 이런 점을 악용할 수도 있습니다.

일반법으로서의 민법과 특별법

이처럼 소비자, 노동자 등 특정한 대상에 대해 특별한 보호가 필요할 경우 특별법이 만들어집니다. 회사와 노동자 간의 고용계약에 관해서는 민법에 관련 규정도 있지만, 민법에 비해 특별법인 근로기준법 등이 먼저 적용됩니다. 여기에는 노동자를 보호하는 내용이 다수 담겨 있습니다. 소비자를 보호하기 위한 특별법은 전자상거래, 금융, 방문판매, 할부 거래 등 다양한 분야에서 마련되어 있습니다. 제조물책임법은 제품의 결함으로 발생한 손해에 대해 제조업자의 손해배상책임에 관한 특별한 규정들을 두어 피해자를 보호하기 위한 것으로, 민법에 비해 특별법에 해당합니다.

그런데 이 일반법과 특별법의 구별은 상대적이고, 특별법에서 발전된 규범들이 다시 민법으로 들어오기도 합니다. 이런 의미에서 앞으로 민법에 대해 이야기할 때 그 범위를 엄격하게 일반법에 해당하는 민법만으로 제한하기보다는, 사법 분야에서도 우리 목적에 맞는 내용이면 함께 다루려고 합니다.

민법의 두 기둥: 재산법과 가족법

이처럼 민법은 우리 경제생활과 관련해서 아주 중요한 역할을 하고 있습니다. 우리는 하루에도 여러 번 계약을 체결하고 이를 이행하고 있습니다. 식료품을 사거나, 버스를 타거나, 돈을 빌리거나, 전셋집을 구하는 등의 일이 모두 민법의 영역입니다. "난 오늘 집 밖으로 한 발짝도 안 나갈 거예요. 그러니 계약 없이도 살 수 있어요" 하실 수 있는데, 집에서 OTT 서비스나 인터넷을 이용하는 것도, 전기를 사용하는 것도 계약관계입니다.

최근에 집이나 차를 사신 분이 있으실까요? 그렇게 거창한 게 아니더라도 갖고 싶던 옷이나 신발을 사거나, 휴대폰을 바꾸는 등 물건을 소유하는 건 우리가 경제생활을 하는 데 매우 중요한 근거가 됩니다. 이러한 소유권

그림 2

은 민법의 주요 관심 분야 중 하나입니다.

이처럼 민법의 한 축이 재산에 관한 것이라면 그림 2에서 볼 수 있듯이 또 다른 한 축은 가족법입니다. 사람이 살아가는 데 경제생활 말고도 중요한 게 있지요. 사랑하는 사람을 만나 가정을 이루고 아이를 낳아 키우는 가족 관계도 민법이 규율하는 아주 중요한 분야입니다.

앞으로 재산법과 가족법을 차례로 살펴볼 겁니다. 이 중에서는 아무래도 역사가 긴 재산법에 조금 더 많은 무게가 실릴 것입니다. 누가, 어떤 재산에 관하여, 어떤 권리를 가지는지에 대한 이해는 민법에서 가장 핵심적인 내용입니다.

가족법은 부부와 자녀를 기초로 하는 '친족'과 사람이 죽은 이후 재산관계에 관한 '상속'을 다룹니다. 가족법은 우리 사회가 생각하는 친족의 의미, 가족 구성원들 간의 관계 등이 바뀌면서 최근 가장 많이 변화한 법 영역 중 하나입니다.

아무래도 사회마다 친족과 상속에 관한 시각과 관습이 다른 탓에, 각국의 가족법은 상당히 다른 모습을 하고 있습니다. 일제강점기에 일본민법이 적용될 때도 가족법 영역만큼은 우리 관습이 존중되었습니다. 예전에는 결혼하고 아이 낳는 게 당연했는지 몰라도 이제는 그렇지 않다고요? 한 사회 안에서도 가족에 대한 인식이 빠르게 변하면, 가족법은 그만큼 변화가 커질 수 있습니다. 우리 사회의 가족 개념이 어떻게 바뀔지, 그에 대해 민법은 또 어떻게 대응할지 지켜봐야겠습니다.

·————·

첫 수업의 미덕은 조금 일찍 끝내는 것이라고 하는데, 민법을 잘 소개하고 싶은 마음에 생각보다 길어졌네요. 오늘 수업은 여기까지입니다. 다음 수업부터는 본격적으로 재산법을 다루겠습니다. 그중에서 우리가 늘 마주하는 '계약'을 이해하는 게 다음 시간의 목표입니다.

사적 자율은 단순한 자의가 아니라 책임을 의미한다.

칼 라렌츠*Karl Larenz*

PART II

슬기로운 경제생활을 위한
재산법

2. 계약

자본주의 경제를 움직이는 약속

지난 시간에 예고한 것처럼 이번 시간에는 재산법 중 계약에 대해서 이야기해 볼 겁니다. 그런데 왜 계약을 제일 먼저 다루는지 생각해 보셨나요? 혹시 민법전에 가장 처음 나오는 개념이 계약은 아닐까 생각하신 분도 있나요? 아, 논리적인 시도였는데, 아쉽게도 정답은 아닙니다.

말이 나온 김에 '민법'을 한번 열어볼까요? (지난 시간에 우리가 '법률로서의 민법'과 '실질적인 의미에서의 민법'을 나눠보자고 했는데요. 앞으로 전자를 가리킬 때는 작은 따옴표를 붙여서 실질적인 의미에서의 민법과 구분하겠습니다.) 법전이 없어도 간단한 검색으로 '민법'의 모든 조문을 볼 수 있다고 말씀드렸죠? 책을 읽으면서 뭘 또 찾아보는 게 무척 귀찮은 일이지만, 눈으로 보는 게 정말 도움이 된답니다. 이제 준비되셨나요? 좋습니다!

민법의 구조 이해하기

목차를 먼저 한번 보세요. 가장 큰 분류는 '편'입니다. '민법'은 제1편 총칙부터 제5편 상속까지 총 다섯 개의 편으로 구성되어 있습니다. 각 편은 '장'으로, 각 장은 다시 '절'로 나뉘고, 절 밑에 '관'이 있기도 합니다.

지난 시간에 민법의 두 기둥이 재산법과 가족법이라고 했습니다. 제2편 물권과 제3편 채권이 재산에 관한 법이고, 제4편 친족과 제5편 상속이 가족에 관한 법입니다. 제1편 총칙은 민법의 법적인 근거와 일반 원칙, 권리의 주체와 객체, 법률행위 등 더 일반적인 개념을 다룹니다. 계약은 어디에 있을까요? 제3편 채권 아래로 제2장 제목이 계약이네요. 찾으셨나요? 일단 계약이 재산법 중에 채권에 관련되는 것이로구나 하는 정도로 기억해

둡시다.

이제 아까 질문으로 돌아가서, 우리가 왜 제1조부터 공부하지 않고 계약을 먼저 다룰 건지 말씀드릴게요. 목차를 보고 느끼셨을 텐데, '민법'은 아주 논리적으로 구성되어 있습니다. 이건 민법을 처음 배우는 사람들을 위한 것이 아니고, 민법을 많이 연구한 사람들이 그 내용을 체계적으로 정리해서 만든 겁니다. 총칙에 담긴 내용은 이해하기 쉽거나 기초적인 개념이라기보다는 민법 전반, 특히 재산법 전반에 걸쳐 공통적인 내용을 빼서 정리한 것입니다. 그러면 제2편에서는 물권에만 해당하는 내용을 따로 규정하고, 제3편에서는 채권에만 해당하는 내용을 따로 규정해서 같은 내용을 반복할 필요가 없게 되겠지요.

이런 경향은 세부 목차에서도 확인할 수 있습니다. 계약이 속한 제3편 채권 부분을 다시 한번 볼까요? 제3편의 제1장 제목이 총칙인 거 보이시죠? 채권에 공통적인 내용을 앞으로 빼서 총칙으로 정한 겁니다. 제2장 계약에서는 제1장 총칙에서 이미 정한 것을 제외하고 계약에만 적용되는 나머지 내용이 들어 있습니다. 제2장의 제1절 총칙에서는 계약에 일반적으로 적용되는 내용을 정하고, 제2절 이하에서 개별 계약의 특이한 사항을 정하고 있습니다.

이런 방식을 '판덱텐pandekten 체계'*라고 하는데, 독일민법전이 이런 형태로 되어 있고, 우리 '민법'도 이 체계를 따랐습니다. 총칙에 해당할수록 더 일반적이고 추상적인 내용이 담겨 있습니다. 법을 학문적으로 연구할 때는

✻ 독일에서 법학자들이 로마법을 연구하며 체계화했던 방식.

체계적인 게 유리할 수도 있지만, 민법을 처음 배울 때는 추상적으로 접근하기보다 구체적인 내용을 먼저 이해하고 그것을 도구 삼아서 다시 추상적인 내용을 이해하는 게 효과적입니다. 그래서 법전 순서대로 처음부터 공부하는 게 아니라, 우리가 이해하기 쉬운 개념을 먼저 보자고 하는 겁니다.

그러기에 '계약'은 적절한 출발점입니다. 계약은 우리가 경제생활을 하는 데 너무나 중요하고 또 그만큼 우리가 알게 모르게 많이 접해온 개념이거든요. 이 책을 읽는 분들이라면 계약을 한 번도 안 해본 사람은 없을 겁니다. 그런 경험을 토대로 계약을 이해하고, 다시 그 이해를 토대로 민법의 다른 개념을 이해하는 게 우리의 전략입니다.

계약으로 둘러싸인 우리의 일상

A는 매일 아침 지하철을 타고 회사로 향합니다. 지하철 안에서는 휴대폰으로 문자도 확인하고 앱을 켜서 넷플릭스를 보거나 주식 투자를 하기도 하지요. 회사 앞 카페에 들러 모닝커피를 한 잔 사면 이제 정말 하루가 시작됩니다.

A가 지하철을 타는 것은 운송계약을 했기 때문이고, 회사에 가는 건 고용계약을 맺었기 때문입니다. 휴대폰을 사용할 수 있는 건 통신사와 서비스이용계약을 체결했기 때문이고, 휴대폰의 여러 앱을 이용할 수 있는 건 그에 대한 이용계약이 있기 때문입니다. 앱을 통해 물건을 사거나 주식 투자를 하는 것, 또 커피를 사는 건 매매계약에 해당합니다. 이렇게 우리의 일상

은 수많은 계약에 둘러싸여 있습니다.

계약이란 무엇일까?

민법에서 말하는 계약이란 무엇일까요? 계약은 간단히 말해 '법적으로 의미 있는 약속'입니다. 혼자서는 계약을 할 수 없고, 적어도 둘 이상의 당사자가 있어야 합니다. 법적으로 의미 있는 약속이란, 서로 간에 법적인 권리와 의무가 생기는 것을 뜻합니다.

　권리·의무라고 하니 잘 와닿지 않을 수도 있겠네요. 예를 들어 생각해봅시다. 여러분이 꿈에 그리던 집을 계약했습니다. 이 계약의 내용은 여러분이 그 집을 사고, 상대방이 그 집을 파는 것입니다. 보통 부동산 계약은 매매대금이 크기 때문에 계약하면서 매수인(물건을 사는 사람)이 매도인(물건을 파는 사람)에게 계약금을 일부 지급한 뒤, 중간에 중도금을 한번 내고, 마지막에 잔금을 지급하면서 매도인으로부터 소유권이전등기를 하는 데 필요한 서류를 넘겨받는 식으로 구성됩니다.

매도인과 매수인의 권리와 의무

　계약서를 썼으니 이제 그 집이 여러분의 것이 되었나요? 아직은 아닙니다. 나중에 다시 살펴보겠지만, 법적으로 부동산에 관한 소유권을 갖기 위해서는 여러분 앞으로 소유권 등기를 이전해야 합니다. 그러면 계약을 통해 여러분은 어떤 권리를 갖게 되었나요?

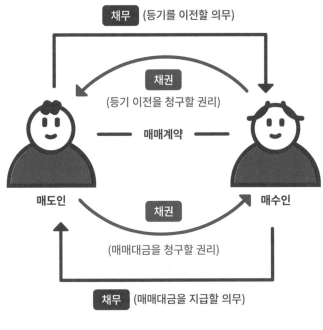

채무 (등기를 이전할 의무)

채권
(등기 이전을 청구할 권리)

매매계약

매도인   매수인

채권

(매매대금을 청구할 권리)

채무 (매매대금을 지급할 의무)

그림 3

　　그림 3에서 볼 수 있는 것처럼 여러분은 이 계약에 정한 대로 상대방에게 그가 가진 주택의 소유권을 넘겨달라고 청구할 수 있는 권리를 갖게 되었습니다. 여러분에게만 권리가 생긴 게 아닙니다. 계약을 통해 상대방은 어떤 권리를 갖게 되었을까요? 상대방에게는 계약에서 정한 대로 여러분에게 주택의 매매대금을 지급하라고 청구할 수 있는 권리가 생겼습니다.

　　여기서 하나 눈여겨볼 것은 권리와 의무는 동전의 양면이라는 점입니다. 여러분이 상대방에게 주택의 소유권을 이전해 줄 것을 청구할 수 있는 권리가 있다는 말은 상대방이 여러분에게 주택의 소유권을 이전해 줄 의무가 있다는 뜻입니다. 여러분이 상대방에게 매매대금을 지급할 의무가 있다는 말은 상대방은 여러분에게 대금을 청구할 권리가 있다는 뜻입니다.

채권과 채무는 동전의 양면

이처럼 민법, 특히 재산법에서 특정인이 특정인에게 특정한 행위를 하라고 청구할 수 있는 권리를 채권債權이라고 하고, 이를 이행해야 하는 의무를 채무債務라고 합니다. 채권자·채무자라는 말을 들어보셨죠? 이때 채권·채무가 바로 이겁니다. 채권을 가진 사람이 채권자이고, 채무를 부담하는 사람이 채무자입니다.

법적으로 권리·의무는 재산관계뿐만 아니라 신분관계에서도 발생합니다. "나와 결혼해 줄래?"라는 말은 로맨틱하게 들리지만, 덜컥 승낙하기 전에 정신을 차리고 생각해 볼 일입니다. 가족법을 배우며 알게 되겠지만, 법적으로 혼인은 당사자 사이에 복잡하고 다양한 권리와 의무를 낳는 일입니다. 그런 의미에서 혼인도 일종의 계약이라고 볼 수 있겠지요.

예상하시겠지만 이런 신분상의 권리·의무 관계는 재산상의 관계와는 다른 특성이 있습니다. 친족의 관계나 상속의 방법 등에는 일정한 질서가 필요하고, 재산적인 고려 외에도 사회적인 관습이나 개개인의 감정이 중요한 부분도 있기 때문이지요. 이때의 계약은 재산법상 계약과는 조금 다른 취급이 필요할 겁니다. 이 이야기는 일단 나중으로 미루고, 이번 시간에는 계약의 범위를 좁혀서 재산상 권리·의무, 특히 채권·채무를 발생시키는 약정만을 살펴보겠습니다.

사람들 사이의 법적인 권리관계가 생기는 경우

계약이 아니더라도 사람들 사이에 법적인 권리관계가 생기는 경우가 있습니다. 운전하다가 과실로 사고를 내면 다른 사람에게 손해를 배상해야 하는 의무가 생깁니다. 눈에 보이는 손해가 없더라도, 예를 들어 만일 집단적으로 친구를 따돌려서 정신적인 고통을 주었다면, 그런 정신적인 손해에 대해서도 배상을 해야 합니다. 손해를 입은 사람 입장에서는 이를 배상하라고 청구할 수 있는 권리가 생기는 것이지요. 이처럼 위법한 행위의 결과로 채권·채무 관계가 생기는 것을 '불법행위책임'이라고 합니다.

또 다른 예를 들어볼까요? 여러분이 온라인 뱅킹으로 친구에게 송금하려다가 계좌번호를 잘못 입력하여 엉뚱한 사람에게 송금했다고 합시다. 송금을 받은 사람이 잘못한 건 없습니다. 하지만 법적으로 정당하게 그 돈을 가질 근거가 있는 건 아니지요. 여러분은 그 돈을 돌려달라고 할 수 있고, 상대방은 이를 돌려줄 의무가 있습니다. 민법에서는 이런 것을 '부당이득 반환'이라고 합니다. 이 두 개념에 대해서는 각각 9강과 11강에서 자세히 다루겠습니다.

당사자들의 의사에 따라 체결되는 계약

이런 제도들에 비해 계약이 특별한 건, 당사자들의 의사로, 당사자들이 원하는 바에 따라 법적인 권리·의무를 발생시킨다는 데 있습니다. 더욱이 이건 한쪽 당사자의 일방적인 의사에 기한 것이 아니라, 당사자들의 의사가 합치한 것입니다. 앞에서 살펴본 부동산을 사고파는 계약에서 매도인의 의

사는 정해진 대금을 받고 자기 집을 팔려는 것이었고, 매수인의 의사는 정해진 대금을 주고 그 집을 사려는 것이었습니다. 양 당사자의 의사가 맞아떨어져서 계약이 성립되었고, 이로써 상호 법률관계가 발생하였습니다.

민법에서 개개인의 의사는 아주 중요합니다. 민법은 사람들이 모두 자유롭고 합리적이고 서로 평등한 존재라고 전제합니다. 그런 사람들이 자기들의 생각에 따라 법률관계를 만들기로 합의하였다면, 그것은 존중되어야 마땅하지 않겠습니까? 누가 시켜서도, 법이 정해서도 아니고, 서로 합의해서 권리를 가지고 의무를 부담하기로 한 것이니, 그에 대해서는 제3자가 함부로 간섭할 수 없는 겁니다.

따라서 계약을 해석하는 건 그 계약을 체결한 당사자들의 의사가 무엇이었는지 탐구하는 것에서 시작해야 합니다. 훌륭한 판사나 변호사가 당사자들보다 법률 지식이 더 많고 바람직한 계약이 무엇인지에 대해 객관적인 기준을 제시할 수 있을지는 모르지만, 계약을 체결한 당사자는 아닙니다. 해당 계약으로 누가 어떤 권리·의무를 가지고자 했는지, 이와 관련해 어떤 이해관계를 가지는지 가장 잘 아는 것은 다른 누구도 아닌 그 계약의 당사자들이라는 점을 기억해야 합니다.

다양한 모습의 계약들

이렇게 말하니, 계약이라는 말이 어쩐지 거창하게 들립니다. 땅을 사고팔 때, 살 집을 얻을 때, 회사에 취직할 때, 은행에서 돈을 빌릴 때 계약서를 쓰지요. 운동선수나 연예인이 매니지먼트사와 계약을 체결했다는 말도 들어보셨을 겁니다. 큰 책임이 따를 수도 있으니, 신중하게 검토하고 서명해야 할 것 같습니다. 혹시 좀 전에 제가 '이 책을 읽는 분들이라면 계약을 한 번도 안 해본 사람은 없을 것'이라고 할 때, '나는 이렇다 할 계약을 해본 적이 없는데' 하고 생각하신 분이 계신가요? 계약이라고 하면 뭔가 대단한 내용을 담고 있어야 하고, 적어도 계약서에 근엄하게 도장을 찍거나 사인이라도 몇 번 해야 할 것 같나요?

방금 언급한 계약들은 중요한 계약이 맞습니다. 이름을 붙이자면 토지매매계약, 주택임대차계약, 고용계약, 소비대차계약, 전속계약에 해당합니다. 그런데 민법은 원칙적으로 어떤 내용이 담겨 있어야 계약이라거나, 어느 정도 이상의 가치가 있어야 한다거나, 반드시 계약서에 서명해야 한다는 등의 제한을 두고 있지 않습니다.

여러분이 식당에서 음식을 사 먹는 것도 음식을 팔겠다는 식당 주인의 의사와 사겠다는 여러분의 의사가 서로 딱 맞았으니 매매계약입니다. 문구점에서 볼펜 한 자루를 사는 것도, 아이에게 아이스크림을 사주는 것도 모두 계약입니다. 집이나 공유 킥보드, 자전거를 빌리는 것도 이걸 빌려주겠다는 의사와 빌리겠다는 의사가 합치했으니 일종의 임대차계약이라고 할 수 있습니다. 단 몇 시간 동안 아르바이트를 하거나 친구에게 급하게 데이트 비용을 빌리는 것도 같은 이유로 모두 계약입니다. 택시는 물론이고 버스나 지하철을 타는 것도, 휴대폰을 사용하는 것도 모두 서비스를 제공하는 측과 그것을 이용하고자 하는 여러분의 의사가 일치했기 때문에, 즉 계약이 있었기 때문에 가능한 일입니다.

계약서를 써야 유효한 계약이 될까?

유효한 계약을 체결하기 위해 계약서를 꼭 써야 하는 경우도 있습니다. 예를 들어 '민법' 제428조의2에는 다른 사람이 돈을 빌릴 때 보증을 서는 건 '기명날인'* 또는 서명이 있는 서면으로 보증의 의사가 표시되어야 효력이 발생한다'라고 되어 있습니다. 보증은 채무자가 돈을 못 갚으면 내가 대신 갚겠다는 뜻인데, 경제적인 부담에 대해 합리적인 고려를 하기보다는 우리 특유의 인정주의 때문에 특별히 대가도 받지 않고 보증인이 되는 경우가 많습니다. 그러다 채무자의 빚을 떠안게 되어 보증인은 물론이고 그 가족까지 극심한 고통을 겪기도 하고요. 오죽하면 '보증 서지 마라'가 가훈이라는 이야기도 있을까요. 이런 폐해를 줄이기 위해 법에서는 보증을 서려면 계약서에 기명날인 또는 서명하도록 하여 계약을 체결할지 한 번 더 숙고하도록 한 것입니다.

그렇지만 이렇게 법에서 특별히 정한 경우가 아니라면 꼭 서면으로 계약을 해야 계약이 유효한 건 아닙니다. 서면이 없더라도, 계약금이 없더라도 사람들이 서로 의사에 기해 약속하면 효력이 있는 겁니다. 친구에게 급하게 돈을 빌려놓고, 기껏 급하게 아르바이트를 시켜놓고, 서면이 없으니 무효라고는 못하겠지요.

---

* 자기 이름을 쓰고 도장을 찍는 행위.

계약서의 의미

그러면 사람들은 왜 중요한 계약을 할 때 계약서를 쓸까요? 그건 언젠가 계약을 한 게 맞는지 그 여부나 내용에 대해 다툼이 생길 것을 대비하기 위함입니다. 실제로 소송에서 문서는 가장 중요한 증거로 다뤄집니다. 요즘에야 휴대폰이 있지만 예전에는 녹음이나 녹화가 쉽지 않았고, 예나 지금이나 사람들이 중요하게 생각하는 계약을 체결할 때는 서면을 작성하는 게 일반적이지요. 당사자들의 도장이 찍혀 있는 계약서는 진정한 계약서로 추정되고, 거기 기재된 내용에 따라 당사자들의 의사를 인정하는 게 원칙입니다. 이런 계약서 내용을 부정하려면, 자기가 도장을 찍은 게 아니라 누군가가 무단으로 도장을 찍었다거나 계약서 기재와는 다른 이면 합의가 있었다는 점을 입증해야 할 텐데 쉬운 일이 아닙니다. 그러니 계약서는 신중하게 작성해야 하고, 도장은 잘 보관해야 하는 겁니다.

요즘은 종이가 아니라 전자 서면으로 계약을 체결하기도 하고, 상대방과 대면하지 않고 온라인으로도 많은 계약이 이루어집니다. 온라인 쇼핑몰에서 옷을 구입하고, 배달 앱을 통해 음식을 주문하는 것, 매달 구독으로 음악이나 영화 스트리밍 서비스를 이용하는 것도 모두 계약입니다. 매장에 가서도 직원을 상대로 계약을 체결하는 게 아니라 키오스크를 이용해 계약을 하기도 합니다. 경제활동의 방식이 변화하면서 계약의 모습도 바뀌고 있는 겁니다. 그럼에도 우리 경제생활에서 다양한 계약이 중요한 역할을 하고 있다는 사실은 변함이 없습니다.

계약의 단면: 청약과 승낙

계약이 성립되는 단면을 잘라본다면, 일방 당사자의 청약과 상대방의 승낙으로 나눠볼 수 있습니다. 매도인이 얼마에 이 집을 팔겠다고 하는 것이 일종의 청약이고, 매수인이 그에 대해 승낙을 하면 계약이 성사되는 것이지요.

문구점에서 볼펜 한 자루를 사는 경우도 마찬가지입니다. "이거 얼마예요?" "이거 주세요" 하는 간단한 대화에 얼마에 팔겠다는 상대방의 청약과 그에 대한 승낙이 다 들어 있습니다. 식당에서 메뉴판을 보고 주문을 했다면, 식당 주인의 청약에 대해 승낙하는 것이라고 할 수 있습니다.

청약의 구속력

여기에는 원칙이 있는데, 일단 상대방에게 청약을 했다면 그가 승낙을 할지 말지 결정하는 동안 마음대로 번복할 수 없습니다. 문구점이나 식당에서처럼 바로 계약이 체결되는 경우에는 큰 의미가 없을 수도 있겠지만, 집을 사고팔기로 하는 것처럼 숙고가 필요한 경우라면 생각해 볼 일입니다.

그래서 이런 경우에는 청약을 하면서 언제까지 승낙할지 여부를 알려 달라고 이야기하기도 합니다. 그러면 상대방은 승낙을 할지 말지 자유롭게 정할 수 있습니다. 계약에서 제일 중요한 건 당사자들의 의사이니까요. 기간이 정해져 있다면 그 기간 동안 말이지요. 청약을 한 사람은 철회할 수 없으니 승낙을 하는 사람에 비해 불리한 것 아닌가 생각할 수도 있겠지만, 청약을 할지 말지, 어떤 내용으로 할지 정한 건 누구죠? 청약을 한 당사자도 자기 의사에 따라 자유롭게 청약을 한 것이니 불리할 것은 없습니다.

청약한 대로 승낙하는 게 아니라면

상대방의 청약에 그대로 승낙하지 않고 흥정하기도 하지요. 여러분이 동창회 식사 모임을 잡게 되었다고 합시다. 생각해 둔 식당에 연락해서 동창회가 잡힌 날 저녁 모임을 예약하려고 하는데 얼마인지 물어봤더니, 한 명당 4만 원씩 해서 20명이면 80만 원이라고 합니다. 식당 주인이 청약을 한 거라고 볼 수 있습니다.

식당은 마음에 드는데 예산을 고려하여 가격을 5,000원만 좀 깎아달라고 한다면, 여러분은 식당 주인의 청약을 승낙한 게 아닙니다. 이건 한 명당 3만 5,000원에 계약을 하자는 새로운 청약입니다. 이제 여러분의 제안에 대해 식당 주인이 승낙을 하면 계약이 성립하는 겁니다. 물론 승낙을 할지 여부는 식당 주인의 마음(의사)입니다.

교차 청약

누가 먼저라고 할 것도 없이 청약이 이루어지기도 합니다. 마치 썸을 타던 드라마 주인공들이 "우리 사귈까?"라고 동시에 말하는 것처럼 말이죠. 이처럼 청약이 교차되면, 굳이 승낙을 기다릴 것 없이 계약이 성립합니다. 물론 이때 청약은 똑같은 내용이어야 하고, 조금씩 다른 내용이라면 계약이 바로 성립하기는 어렵겠지요?

비교적 간단한 계약이나 일상적으로 되풀이되는 계약들은 굳이 말하지 않아도 '척하면 척'인 경우가 있습니다. 셀프 주유소에서 기름을 넣거나 키오스크를 이용해 주문할 때는 아무 말도 하지 않지요. 그렇지만 판매하는 사람의 청약이 있고, 여러분의 승낙이 있기 때문에 유효하게 계약이 성립했다고 할 수 있습니다.

계약을 알아야 권리를 지킬 수 있다

그러면 밥을 사 먹을 때마다, 기름을 넣을 때마다, 온라인으로 주문을 할 때마다, '내가 지금 계약을 하는구나' 생각하냐고 저에게 묻고 싶으신가요? 사실 저도 일상에서 매번 이런 일을 할 때마다 '잠깐, 지금 청약을 받은 건데 승낙을 하면 계약이 성립하겠군. 이게 이런 계약이니까, 이제 나는 이런저런 권리·의무가 생기겠구나' 생각하지는 않아요. 제가 그렇게 이상한 사람이 아니라서 다행이죠?

아니, 그럼 이렇게 따져보는 게 무슨 의미가 있나 싶으신가요? 세상일이 원래 의도한 대로 잘 돌아가면 별걱정은 없습니다. 문제는 그렇지 않은 경우이지요. 키오스크를 통해 주문한 메뉴가 나오지 않거나 다른 메뉴가 나오면 여러분은 내가 주문한 메뉴를 달라고 요구할 수 있습니다. 가게 주인은 계약 내용대로 내가 주문한 메뉴를 줄 의무가 있기 때문이죠. 온라인으로 예약한 호텔 방이 큰 침대가 두 개라는 설명과 달리 작은 침대가 하나밖에 없는 방이라면, 온라인으로 예약한 것도 계약이니, 그 내용대로 큰 침대가 두 개인 방으로 바꿔줄 것을 청구할 권리가 있습니다.

만일 투숙하다가 낡은 옷장 문이 갑자기 떨어져서 다쳤다면, 여러분은 호텔과의 계약에 기초해 그에 대한 책임을 물을 수도 있습니다. 계약에 명시하지 않았더라도, 호텔 같은 숙박업소들은 고객을 안전하게 묵을 수 있도록 해야 하는 숙박계약상 의무가 있기 때문입니다. 이처럼 계약이 성립했는지, 언제 성립했다고 볼 것인지, 어떤 내용의 계약이 성립했는지 따져보는 게 필요한 경우가 있습니다.

분쟁을 방지하는 계약의 역할

세상에는 간단한 계약만 있는 건 아닙니다. 계약서만 수백 페이지가 넘는 복잡한 계약도 있습니다. 계약서 문구 하나를 조율하기 위해 여러 명의 변호사가 몇 주 동안 협상하기도 합니다. 이렇게 복잡한 계약을 신중하게 체결하는 건 향후 분쟁이 생길 일을 대비하기 위해서입니다. 당사자들이 계약으로 어떤 권리·의무가 생기게 되는지 명확하게 적어두는 것 이외에도, 당사자들이 어떤 이해를 가지고 어떤 의도로 계약을 체결하는 것인지, 상대방이 약속을 지키지 않거나 계약을 이행하기 어려운 일이 발생하면 그것을 어떻게 해결할 것인지, 그사이 시장의 상황이 바뀌거나 생각했던 인허가가 나오지 않는다면 그 위험을 누가 어떻게 부담할 것인지 등에 대해 자세히 정해두면 그만큼 다툼이 생길 여지를 줄일 수 있습니다.

물론 계약 내용을 아무리 자세히 정하더라도 앞으로 생길 모든 문제를 피할 수는 없을 테고, 이렇게 협상하는 것 자체가 시간과 비용이 많이 드는 일이니 모든 계약을 이렇게 체결할 수는 없을 겁니다. 그렇지만 중요한 계약이라면, 이렇게까지 자세하지는 않더라도 앞으로 어떤 문제가 발생할 수 있을지 예측해 보고, 그런 일이 일어나면 어떻게 해결할지 미리 상대방과 협의해서 정해두세요. 이건 향후 불필요한 분쟁을 예방할 수도 있고, 또 한편으로 협상에서 유리한 카드가 될 수도 있습니다. 협상은 복잡한 인수합병 계약을 체결할 때만 등장하는 게 아닙니다. 개인들 간에 중고 거래를 하더라도 협상을 통해 가격이나 거래 장소를 조정할 수가 있는 겁니다.

협상이 결렬된 경우

협상이 결렬되면 계약은 어떻게 되는 걸까요? 오랜 기간 협상을 하더라도 협상은 협상일 뿐, 아직 계약이 체결된 건 아닙니다. 결국 계약의 내용을 두고 당사자들의 의사가 합치되지 않았다면, 계약이 성립되지 못한 것이고 원칙적으로 당사자들 사이에 채권·채무가 생기지 않습니다. 그런데 계약을 전제로 그 내용을 조율하기 위해 한참 성실하게 협상을 진행하고 있는데, 갑자기 상대방이 더는 계약을 하고 싶지 않다고 일방적으로 통보했다면 부당하다고 느껴지지 않을까요? 그동안 계약을 체결할 것처럼 철석같이 믿도록 해서 계약 준비를 위해 이미 상당한 비용도 지출한 경우라면요? 이런 정도라면 상대방의 행위는 위법하다고 판단될 수 있습니다. 비록 계약이 성립하지는 않았지만, 위법하게 교섭을 중단한 상대방에 대해서는 계약이 성립하리라 믿고 지출한 비용을 배상하라고 청구할 수 있습니다.

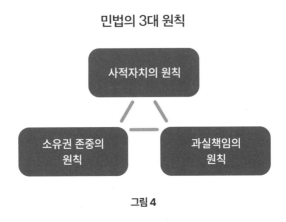

민법의 3대 원칙

사적자치의 원칙

소유권 존중의 원칙

과실책임의 원칙

그림 4

계약 자유의 원칙

민법을 지탱하는 세 가지 대원칙을 꼽으라고 하면, '사적자치私的自治의 원칙' '소유권 존중의 원칙' '과실책임의 원칙'을 들 수 있습니다. 다른 원칙들은 다음에 자세히 다룰 기회가 있을 테니, 오늘은 이 가운데 계약과 관련이 있는 사적자치의 원칙을 먼저 소개하려고 합니다. 사적자치의 원칙은 자기의 일을 스스로 결정하는 것을 의미합니다.

계약은 개인이 자기 의사에 따라 법률관계를 형성하는 것으로, 우리 일상이 계약으로 둘러싸여 있다는 점을 앞에서 말했지요? 사적자치가 가장 대표적으로 나타나는 것이 바로 계약입니다. 이런 면에서 사적자치의 원칙의 다른 이름을 '계약 자유의 원칙'이라고 하는 것은 틀린 말이 아닙니다.

즉, 계약 자유의 원칙이란 당사자들이 자유롭게 계약의 내용을 합의할수 있다는 것을 말합니다. 개인이 자기 의사에 기해 법률관계를 형성할 때 국가나 제3자가 함부로 개입할 수 없다는 뜻이기도 하고, 당사자들이 이렇게 계약을 체결했다면 그 내용대로 법률관계를 인정해야 한다는 의미이기도 합니다.

어떤 내용으로 계약을 할지만이 아니라 누구와 계약을 할 것인지, 어떤 방식으로 계약을 할 것인지도 원칙적으로 모두 개인이 자유롭게 결정할 일입니다. 가장 먼저 거래를 제안한 사람과 계약을 해야 하는 것도, 가장 유리한 조건을 제안한 사람과 계약을 해야 하는 것도 아니고, 자유롭게 계약의 상대방을 정할 수 있습니다. 계약서를 작성할 것인지, 계약금을 지급할 것인지, 공증을 받을 것인지 등은 원칙적으로 당사자들이 정하기 나름입니다.

보다 궁극적으로 계약을 할지 말지도 개인이 결정할 문제입니다. 계약을 체결하는 게 경제적으로 유리하다거나 바람직하더라도 국가나 제3자가 계약을 하도록 압력을 가할 수는 없습니다. 계약에 대한 협상을 한참 진행해 왔더라도, 그것만으로 계약을 체결해야 하는 의무가 생기는 것도 아닙니다. 앞에서 말한 것처럼, 상대방에게 계약 체결에 대한 믿음을 주고도 별다른 이유 없이 갑자기 교섭을 파기하면 이에 대해서는 책임을 질 수 있을 테지만요.

계약을 통해 법적으로 어떤 권리·의무에 구속될 것인지 여부는 자기 스스로 결정해야 하는 것이고, 당사자들이 그렇게 하기로 결정했다면 국가는 법적으로 그런 권리·의무를 부여함으로써 그 의사를 존중해야 한다는 것이 계약 자유의 원칙입니다. 민법은 자유롭고 합리적이고 서로 평등한 개인을 전제로 합니다. 그런 개인이 자기의 권리·의무를 스스로 형성하는 것이야말로 그 인격을 발현하는 바람직한 모습이라고 생각할 수 있겠지요.

계약 자유의 원칙의 수정

자본주의가 고도로 발달하면서 계약 자유의 원칙을 형식적으로 관철하는 것이 원래의 취지에 부합하지 않는 경우도 생겨났습니다. 국가가 개인의 경제활동에 관여하지 않는 것이 절대적인 가치가 되는 것이 아니고, 오히려 자유롭고 공정한 경쟁을 위해 필요한 경우 국가의 개입이 필요할 수도 있습니다. 당사자들 간에 경제력 차이나 계약상 지위의 차이가 너무 커서 합리적인 협상을 기대하기 어렵기도 하지요. 판매자와 계약을 체결하는 소비자, 사업자와 고용계약을 체결하는 노동자를 생각해 보세요. 계약을 당사자들의 자유에만 맡겨서는 계약 자유의 원칙의 원래 취지를 실현하기 어려울 겁니다. 이를 위해 일부 법률은 계약의 내용을 일부 미리 정해두거나, 특정한 내용으로는 계약을 체결할 수 없도록 강제하기도 합니다.

다만 그렇다고 해서 계약 자유의 원칙을 포기한 것은 아닙니다. 어디까지나 민법에서는 계약 자유가 원칙이고, 이를 통해 실현하고자 하는 취지, 즉 자유롭고 합리적인 인격의 발현을 위해 필요한 범위에서 그 원칙을 수정하는 것으로 이해해야 합니다.

·————·

이번 시간에 우리는 민법에서 계약이 어떤 의미인지, 어떻게 성립하는지, 계약의 근간이 되는 민법상 원칙이 무엇인지에 대해 배웠습니다. 민법에서 계약은 너무 중요한 개념이라 계약에 대한 이야기를 조금 더 이어가려고 합니다. 다음 시간에는 계약의 대표 선수인 매매계약을 소재로 계약이 유효하기 위한 요건에 대해 살펴보겠습니다.

3. 계약의 내용

계약의 효력이 인정되려면

계약을 구성하는 요소

지난 시간에 우리는 계약에 대해 배웠습니다. 계약은 서로에 대한 당사자들의 의사에 따라 법적인 권리·의무가 발생하는 것입니다. 즉, 계약은 당사자들이 어떤 권리·의무를 발생시키기로 하는 서로에 대한 의사표시(청약과 승낙)가 일치하면 성립합니다. 그렇다면 계약을 구성하는 요소는 ①계약을 체결하는 당사자들, ②어떤 권리·의무를 발생시키고자 하는지, 즉 계약의 목적이나 내용, ③그러한 의사표시의 합치로 나눠볼 수 있습니다. 구체적인 계약을 보면서 이야기해 봅시다. 지난 시간에 봤던 주택 매매계약이 좋겠습니다.

당사자들이 무언가를 사고팔기로 하는 계약, 즉 매매는 가장 대표적인 계약입니다. 필요한 물건을 모두 스스로 만들어 쓰고, 스스로 재배한 것만 먹는 사람은 없지요. 분업화된 사회에서 경제생활은 사람들끼리의 거래를 통해 이루어집니다. 그런 거래의 가장 기본적인 방법이 바로 자기가 가진 물건을 팔고, 자기에게 필요한 물건을 사는 것, 즉 매매입니다. 매매는 아주 오래되고 가장 빈번한 계약이기 때문에, 민법에서 계약에 관련된 여러 법리가 매매를 기초로 발전했다고 해도 과언이 아닙니다. 그래서 우리는 앞으로도 여러 번 계약의 대표 선수인 매매계약을 등장시켜서 계약의 여러 측면을 살펴보려고 합니다.

자, A가 B에게 자기 집을 팔고, B는 A에게 그 집을 사기로 약정했습니다. 이런 경우에는 서면으로 계약서를 작성하면서 계약금 일부를 주고받고, 나머지 매매대금은 중도금과 잔금으로 나눠 지급하기로 하지요. B가 잔금을 지급하면서 A에게 소유권 이전에 필요한 서류를 받는 식으로 계약을 하는 게 일반적이지만, 서면으로 계약서를 작성했는지, 계약금을 지급했는지 등은 이 주택 매매계약이 유효하게 성립하는 데 필요한 요건은 아닙니다.

그러면 이 계약을 구성하는 요소들은 무엇인가요? ①이 계약을 체결하려는 당사자 A와 B가 있습니다. ②이들은 집을 사고파는 내용으로 권리·의무를 발생시키려는 의사로 계약을 체결했습니다. ③이를 위해 A는 B에게 자기 집을 팔겠다는 의사를, B는 A로부터 그 집을 사겠다는 의사를 표시한 것입니다.

계약이 유효하게 작동하기 위해서는 당사자, 계약의 내용, 의사표시의 각 요소에 문제가 없어야 합니다. 이 중 하나라도 문제가 있으면, 계약이 무효가 되거나 취소할 수 있게 됩니다.

당사자는 계약을 정상적으로 체결할 수 있는 사람이어야 한다

하나씩 찬찬히 보겠지만 결론부터 말하자면, 먼저 당사자는 계약을 정상적으로 체결할 수 있는 사람이어야 합니다. 그런데 지난 시간에 배울 때는 모든 사람이 자유롭게 계약을 체결할 수 있어야 한다고 했잖아요. 그러면 계약을 정상적으로 체결할 수 없는 사람이 누구인지, 왜 그런 제한을 두는지 알아보면 좋겠네요. 이에 대해서는 4강에서 자세히 살펴보겠습니다.

계약의 내용은 법적으로 보호할 만한 것이어야 한다

계약은 그저 당사자들의 약속으로 끝나는 게 아니라, 당사자들 스스로의 의사에 구속되어 그로부터 법적인 효과가 발생하는 것이라고 했지요. 법이 나서서 이 계약이 지켜지도록 도와줄 수 있습니다. 그러려면 계약의 내용이 법이 나설 만한 것이어야 합니다. 법이 도와주고 싶어도 도와줄 수가 없다거나, 차마 도와줄 수 없는 것을 목적으로 한다면, 법이 나설 수가 없겠지요.

당사자의 의사표시에 문제가 없어야 한다

계약에서 당사자의 의사는 아주 중요합니다. 양 당사자의 서로를 향한 의사가 딱 맞아서 계약이 되는 것이니까, 그런 당사자의 의사가 무엇인지 잘 탐구해야 한다고 말했지요. 당사자는 자신의 의사를 상대방이 알 수 있게 겉으로 표시할 겁니다. 그런데 당사자의 의사표시에 하자가 있다면, 이를 전제로 체결된 계약의 효력에는 어떤 영향이 있을까요? 이에 대해서는 의사표시에 어떤 문제가 있는지, 왜 그런 문제가 생겼는지에 따라 경우를 나눠서 생각해 볼 겁니다. 이번 시간에는 이 중에서 두 번째 요소, 즉 계약이 유효하다고 하기 위해 계약의 목적이나 내용은 어떤 요건을 갖춰야 하는지 먼저 살펴봅시다.

계약의 구속력

지난 시간에 우리는 계약 자유의 원칙을 배웠습니다. 민법의 근간을 이루는 3대 기본 원칙 중 하나인 계약 자유의 원칙은 당사자들이 자유롭게 계약의 내용을 합의할 수 있다는 것이었습니다. 국가는 당사자들이 체결하는 계약의 내용에 함부로 개입할 수 없고, 당사자들이 체결한 계약의 내용대로 법률관계를 인정해야 합니다. 그런데 왜 계약이 유효하려면 계약의 목적이나 내용에 대해서 이야기해야 하는 걸까요?

계약을 체결하면 법적인 구속력이 생깁니다. 누군가를 감옥에 가두면 그 범위에서 그 사람은 자유가 제한됩니다. 계약의 구속력이란 당사자들이 자기 의사로 계약을 맺으면 그 계약에 서로 구속된다는 뜻입니다. 로마법에서 유래한 아주 유명한 법 격언이 있습니다. '계약은 지켜져야 한다.' 라틴어로는 '*pacta sunt servanda*'라고 합니다. 너무 당연한 말 같지만, 아주 중요한 의미가 있습니다.

　우리는 평소에 많은 약속을 하고 삽니다. 늦어도 다음 주 초까지는 과제를 꼭 제출하겠다거나, 이번 주 금요일 12시에 학교 앞 식당에서 만나자거나, 다음에는 내가 한번 식사에 초대하겠다는 등 말이죠. 이런 약속들은 계약일까요? 물론 이런 약속들도 우리가 사회에서 좋은 평가를 받거나 좋은 평판을 쌓기 위해 지켜야 하는 것들이지요. 약속을 잘 지키지 않는 사람은 아무래도 신뢰를 얻기 어려울 겁니다.

　그렇지만 이런 약속을 지키지 않았다고 법적인 제재가 따르는 건 아닙니다. 과제를 제출하지 않으면 평가가 낮아질 수는 있지만 과제를 제출하라고 소송을 제기할 수는 없는 일이죠. 친구가 약속에 늦거나 펑크를 냈다면 화를 내거나 심하면 절교를 할 수 있을지는 모르지만, 자기가 기다린 것에 대해 돈으로 배상을 하라고 청구할 수는 없을 겁니다. 이처럼 우리가 하는 모든 약속이 법적인 의미의 구속력이 있는 계약은 아닙니다. 계약은 법적인 권리·의무에 스스로 구속되려는 당사자들의 의사가 전제된 것입니다.

　A와 B의 주택 매매계약에는 법적인 효력이 있습니다. 이는 계약이 지켜지도록 법이 나설 수 있다는 의미입니다. 이건 계약이 문제없이 지켜질 때보다 그렇지 않을 때 빛을 발합니다. 만일 B가 대금을 제때 지급하지 않으면 A는 무엇을 할 수 있을까요? A는 일정한 절차를 거쳐 계약관계를 해소하거나 B에게 손해배상을 청구할 수 있고, 국가의 힘을 빌려 B가 대금 채무를 이행하도록 강제할 수도 있습니다. 이제 '계약은 지켜져야 한다'는 말의 무게가 느껴지시나요?

계약의 효력이 인정되지 않는 경우

당사자들의 계약이 단순히 둘 사이의 약속에 그치지 않고 구속력이 생기는 법적인 효력을 가지려면 계약의 목적이나 내용은 어때야 할까요? 당사자들이 약속한 계약이 지켜질 수 있도록 법이 나서려면, 그럴 수 있어야 하고 또 그럴 만한 것이어야 합니다. 이렇게만 이야기하면 마치 법이 엄격하고 무시무시한 감독관이 되어서 계약 하나하나를 검사하고 합격인지 불합격인지 따지는 것 같은데, 이런 의미는 아니에요. 만일 그렇다면 국가가 당사자들이 체결하는 계약 내용을 규제하고 검열하는 것이 되겠죠.

계약 자유의 원칙과의 관계를 고려하면, 계약이 법으로 보호할 만한지, 그래서 그 법적인 효력이 유효해지는지는 제한적이고 소극적인 의미로 이해해야 합니다. 즉, 우리는 어떤 경우에 당사자들의 계약이 유효하다고 법이 승인해 주는지가 아니라, 법이 나서서 당사자들에게 계약을 지키라고 하고 싶어도 그럴 수 없는 경우가 언제인지 살펴볼 겁니다.

예를 들어 일방 당사자가 계약에서 정한 의무를 이행하지 않더라도 의무의 내용이 불분명하면, 법이 나서서 그 의무를 이행하라거나 그로 인한 손해를 배상하라고 하기가 어려울 겁니다. 또 당사자들이 약정한 내용이 애초에 실행하기가 불가능한 일이었다면, 그런 계약을 지키라고 법이 나선다고 해도 할 수 있는 게 없겠지요. 법에서 금지하는 행위를 하기로 약정한 계약이나 사회질서에 반하는 내용의 계약은 어떤가요? 이런 계약을 지키지 않는다고 해서 법이 나서서 당사자들에게 위법한 행위나 우리 사회의 질서를 부정하는 행위를 하라고 요구할 수는 없을 겁니다.

이런 종류의 계약들은 법적 효력을 인정할 수가 없습니다. 반대로 이런 종류의 계약이 아니라면 당사자들은 얼마든지 자기가 원하는 내용으로 계약을 체결할 수 있습니다. 이렇게 제한적인 경우에만 계약의 효력이 부정된다는 건, 민법에서 실제 계약 자유의 원칙이 작동하는 모습을 보여주는 대목이기도 합니다. 이제 계약의 효력이 인정되지 않는 경우를 구체적으로 하나씩 살펴볼까요?

계약의 목적이나 내용이 불확정적인 경우

계약의 목적이나 그 내용이 불확정적이라면 그러한 계약에 법적인 효력을 인정할 수 없습니다. 계약의 이행을 위해 법이 나서고 싶어도, 그럴 수가 없기 때문입니다.

A와 B의 주택 매매계약을 다시 봅시다. A의 집을 사고파는 내용의 계약이지요? 'A의 집'이라고만 했는데, 사실은 A가 수십 채, 아니 수백 채의 집을 가지고 있었다고 합시다. 이 계약에서 A와 B가 A의 집 중에 어떤 집을 사고팔려는 것인지 알 수가 없다면 이 계약은 유효할까요?

도대체 그 대상이 무엇인지가 특정되지 않는다면 당사자들에게 구속력이 있는 계약이라고 할 수 없습니다. A가 소유권이전등기 절차를 이행하지 않아도 어떤 주택에 대한 소유권이전등기 절차를 이행하라고 해야 하는지 법이 알아서 정할 수는 없습니다. A가 임의로 자기 집 중 하나를 골라서 이행을 하겠다더라도, 당사자들의 의사 합치가 없는 것이니 B가 동의하지 않는 이상 계약에 따른 이행이라고 볼 수 없습니다. 이런 계약은 유효하지 않습니다.

그런데 여기서 하나 짚고 넘어갈 게 있습니다. 매매계약의 대상이 확정적이어야 한다는 것이 반드시 'A 소유의 집 중에 X 주택'이라고 확정해서 명시하라는 건 아니에요. 계약을 체결할 때 그 대상이 확정적이지 않더라도 장차 계약을 이행할 때 확정될 수 있는 기준이 정해져 있다면 그런 계약은 유효합니다. 예를 들어 당사자들이 계약을 하면서 'A 소유의 집 중에 B가 선택한 것'을 매매하는 것으로 약정했다면, A는 B가 선택한 집을 이전하면 되는 것입니다. 그렇게 매매 대상을 특정하기로 하는 것 자체가 당사자의 의사이고, 계약을 이행할 때는 B가 선택한 주택이 매매 대상이 되는 것이니 계약이 유효한 것이 됩니다.

또 X 주택이라고 명시하지 않았더라도 A와 B가 X 주택을 매매계약의 대상으로 하는 게 분명한 경우도 있습니다. X 주택을 전제로 협상을 진행해왔거나, B가 X 주택이 필요한 이유가 있는데 A도 이걸 잘 알고 있는 것처럼 여러 사정에 비추어보면 당사자들의 의사가 X 주택을 대상으로 하는 것임을 알 수 있는 거죠. 이때는 X 주택을 목적으로 매매계약이 체결된 것이니 유효한 계약이라고 할 수 있습니다. 이처럼 계약에서는 당사자들이 어떤 생각으로 계약을 체결하는지 밝혀내는 것, 즉 당사자들의 의사를 해석하는 게 매우 중요합니다.

불가능한 일을 약정하는 경우

계약의 내용은 가능한 것이어야 합니다. 애초에 불가능한 계약이라면, 이를 지키지 않았다고 해서 법적인 제재를 할 수 없을 것입니다.

A가 자기 소유의 주택을 B에게 팔고, B는 이걸 사는 주택 매매계약을

체결했는데, 사실 주택은 며칠 전 번개를 맞아서 다 타고 없어지고 말았다고 합시다. A와 B는 있지도 않은 걸 사고팔기로 한 것이네요. 그렇다면 이 계약은 유효할까요? 이 계약은 처음부터 이행할 수 없는 것을 약속한 것이었기 때문에, A가 계약을 이행하지 않는다 해도 법이 나설 수가 없습니다. A가 이행하지 않는데, B만 이행하라고 할 수도 없겠지요. 이런 계약은 무효입니다.

민법에서 어떤 행위가 가능한지 여부는 어떻게 따질까요? 우선 그 계약의 당사자를 기준으로 주관적으로 가능한지 여부가 아니라, 객관적으로 가능한 것인지 따져보아야 합니다. 또 자연법칙이나 과학적으로 실현 가능한지 판단하는 게 아니라, 사회 관념에 따라 그 행위가 가능한지 여부를 따져보아야 합니다.

A와 B가 주택 매매계약을 체결했는데, 사실 B가 얼마 전 파산을 해서 아무리 봐도 매매대금을 지급할 수가 없는 상황이었다고 합시다. B의 대금 지급이 불가능한 것이어서 이 계약은 유효하지 않을까요? 그렇지 않습니다. 이행이 가능한지 여부는 B를 기준으로 평가하는 게 아니죠. B가 파산을 해서 수중에 돈이 없더라도, 다른 사람에게 빌려서 대금을 지급할 수도 있는 겁니다. 채무자가 채권자에게 돈을 지급해야 하는 채무를 금전채무라고 부르는데, 우리 사회에서 금전채무가 불가능해지는 경우는 없을 거예요. 나에게 돈이 없을지는 몰라도, 세상에 돈이 없어지지는 않으니까요.

법에 위반하는 일을 약정하는 경우

법률에서는 당사자들에게 어떤 행위를 하지 말라고 하는 경우가 있어요. 특히 그런 행위를 했을 때 법적인 효력을 발생시키지 않는 규정을 강행규정 또는 효력규정이라고 합니다. 당사자들이 이런 강행규정에 반하는 행위를 하기로 계약하면, 그 계약을 지키지 않았다고 법적인 제재를 할 수 있을까요? 법이 한편으로는 금지하면서, 또 한편으로는 이행하라고 하는 건 자기모순이지요. 이렇게 위법한 내용의 계약에 법적 구속력을 인정할 수 없으니, 이런 계약은 유효하지 않습니다.

A와 B가 주택 매매계약서를 작성했는데, 사실은 주택의 소유권을 B에게 이전하려는 것이 아니라 A가 세금을 줄이기 위해 주택의 부동산 명의만 B 앞으로 이전하려고 한 것이었다면 이런 계약은 유효할까요?

우선 당사자가 하려는 계약이 어떤 내용인지를 분명히 해둡시다. A와 B가 주택 매매계약서라는 서면을 작성하기는 했지만, A와 B의 의사는 진짜로 주택을 사고팔려는 게 아니었습니다. 매매가 목적이 아니라 소유권의 명의만 이전해 둘 목적이었던 거지요. 이렇게 당사자들 간에는 부동산 소유권은 A에게 두기로 하면서 그 명의만 B에게 이전하려는 것을 명의신탁약정이라고 합니다.

과거에는 이런 명의신탁약정이 투기, 탈세, 탈법행위 등의 목적을 위해 악용되는 경우가 많았습니다. 예전 판례는 당사자 사이의 계약으로서 명의신탁약정의 효력을 유효하다고 인정했습니다. 그러다 1995년 '부동산 실권리자명의 등기에 관한 법률'이 제정되었는데, 이 법은 명의신탁약정을 금지하고 있습니다. 이 법을 줄여서 부동산실명법이라고 하는데, 들어본 적이 있으신가요? 부동산실명법 조문도 인터넷 검색으로 확인할 수 있냐고요? 그럼요, 물론입니다.

법 조문에서 '제 몇 조' 아래 ①, ②, ③ 이런 식의 숫자 표시는 '항'이라고 읽습니다. 1, 2, 3 등 아라비아 숫자로 표시한 것을 '호'라고 읽고요. 부동산실명법 제2조 제1호에서는 명의신탁약정에 대해 정의하고 있습니다. 제3조 제1항은 '누구든지 부동산에 관한 물권을 명의신탁약정에 따라 명의수탁자의 명의로 등기하여서는 아니 된다'라고 하고 있고, 제4조 제1항에서는 '명의신탁약정은 무효로 한다'라고 되어 있지요? 따라서 부동산실명법에 따르면 명의신탁약정을 해서는 안 되고, 그런데도 당사자인 A와 B가 명의신탁약정을 했다면 이는 강행규정을 위반한 것으로 유효한 계약이라고 볼 수 없습니다.

부동산 실권리자명의 등기에 관한 법률

제3조(실권리자명의 등기의무 등)
① 누구든지 부동산에 관한 물권을 명의신탁약정에 따라 명의수탁자의 명의로 등기하여서는 아니 된다.
제4조(명의신탁약정의 효력)
① 명의신탁약정은 무효로 한다

사회질서에 어긋나는 일을 약정하는 경우

이렇듯 계약할 때 하면 안 되는 행동을 모두 법에 정해두면 좋을 텐데, 그럴 수는 없을 거예요. 법에서 정한 것들이 모두 우리 사회의 일반적인 도덕관념을 반영하는 것도 아니고요. 그렇다면 당사자가 체결한 계약의 내용이 특정한 강행규정에 위반하는 것이 아니더라도, 우리 사회질서에 반하는 경우가 있을 겁니다. 이때에도 그러한 계약에 법적인 효력을 부여한다면, 법이 사회질서를 부정하는 꼴이 되겠지요. 법이 나서서 그 효력을 인정할 수야 없는 것입니다.

범죄에 해당하는 행위를 하면 돈을 주겠다는 계약을 한번 생각해 보세요. 어릴 적부터 머리가 비상했던 A가 B의 로스쿨 입학시험을 대신 봐주고 대가를 받기로 했다고 합시다. 약속대로 A는 대리 시험을 봐주고 B가 그 덕에 로스쿨에 합격했는데도 B가 약속한 대가를 주지 않는다면, 법이 나서서 A를 구제해 줄 수 있을까요? 가족의 병원비 때문에 어쩔 수 없이 정말 마지막으로 마약 운반책을 하고 대가를 받기로 하는 계약은 어떤가요? 아무리 사정이 딱한 경우라도 범죄나 부정행위에 가담하기로 하는 건 우리의 정의 관념에 반합니다. 이런 걸 목적으로 하는 계약에 법적인 효력을 부여할 수는 없습니다.

대리모가 대가를 받고 출산하여 이를 인도하기로 하는 내용의 대리모 계약은 어떤가요? 대리모 계약이 유효하다고 인정하는 일부 외국 사례가 있기는 하지만, 우리 사회의 윤리적 기준에서는 받아들이기 어렵습니다. 일부일처제를 근간으로 하는 가족법 질서에서 본처가 아닌 이른바 첩이 되기로 하고 대가를 받는 내용의 계약도 인정되지 않습니다. 이런 계약들을 인정하면 우리 사회의 기본 질서가 흔들릴지도 모릅니다.

당사자들이 계약을 체결할 때 어느 정도 협상력에서 차이가 나는 것은 어찌 보면 당연한 일입니다. 그런데 일방 당사자가 경제적으로나 사회적으로 상대방에 비해 아주 우월한 지위에 있어서 이를 이용해 불공정한 내용으로 계약을 체결하면 어떨까요? 가령 신인 연예인이 대형 소속사와 전속계약을 하는데 조건을 하나하나 협상하기가 쉽지는 않을 거예요. 만일 소속사에서 이 점을 이용해서 기간도 길고, 계약 해지는 어렵고, 위약금도 크고, 수익 배분 조건이나 비율도 연예인에게 일방적으로 불리한 계약을 제시해서 계약이 체결되면, 그런 전속계약은 공서양속公序良俗에 반한다고 판단될 수 있습니다.

민법 제103조와 일반조항

우리가 생각하는 정의 관념이나 기본적인 윤리관 등에 반하는 행위들을 하나도 빠짐없이 모두 법률에 규정하기란 사실상 불가능합니다. 그보다 더 중요한 건 사회적으로 어떤 게 윤리적인 것인지, 어떤 게 사회질서에 반하는 것인지가 고정된 게 아니라는 사실이에요. 사회가 변화하면서 사람들의 생각이 바뀌기도 하고, 생각하지 못했던 문제가 새롭게 발생하기도 합니다. 그래서 '민법'은 사회질서에 반해서 효력을 인정할 수 없는 계약이 무엇인지 자세하게 정해놓는 것 대신, 이에 관한 일반 원칙을 분명하게 규정하는 방식을 택했습니다.

제103조를 찾아봅시다. 법조인들은 민법 조문 정도 다 외우는 거 아닐까 생각하실 수도 있는데, 그런 건 드라마에나 나오는 이야기입니다. 이 책을 다 읽을 때쯤이면 드라마 주인공처럼 사안을 볼 때마다 머릿속에 말풍선이 떠올라서 "잠깐, 민법 제 몇 조 몇 항, 이에 따르면 피고가 원고에게 이런 의무를 이행해야 하는 것을 모르시나요!"라고 하는 모습을 기대하나요? 안

타깝지만 저 같은 민법 교수도 중요한 몇 개 조문만 기억하고 있을 뿐이고, 그때그때 필요한 조문을 찾아서 볼 때가 많아요.

제103조(반사회질서의 법률행위) 선량한 풍속 기타 사회질서에 위반한 사항을 내용으로 하는 법률행위는 무효로 한다.

그런데 제103조는 법조인들은 물론이고, 민법을 공부한 사람이라면 누구나 알고 있는 조문입니다. '민법 제103조에 따라 무효'라는 식으로 자주 언급이 되거든요. 그러니 이건 정말 찾아볼 가치가 있어요.

제103조는 '선량한 풍속 기타 사회질서에 위반한 사항을 내용으로 하는 법률행위는 무효로 한다'라고 되어 있네요. '선량한 풍속'과 '기타 사회질서'를 공서양속이라고 줄여서 말하기도 해요. 혹시 '공서양속 위반'이라는 말을 들어보셨다면, 그게 바로 제103조 이야기입니다. 선량한 풍속은 우리 사회의 일반적인 도덕이나 윤리 관념을 말하고, 사회질서는 우리 사회의 공공적인 질서나 일반적 이익을 말합니다.

일반조항 이해하기

민법 제103조와 같이 구체적인 내용을 자세히 규정하지 않고, 원칙적인 내용을 추상적으로 규정하는 것을 일반조항이라고 합니다. 일반조항이 어떤 의미인지, 특히 구체적인 사안에서 이를 어떻게 이해할 것인지에 대해서는 추가적으로 판단해야 합니다. 계약의 효력에 대해 당사자들 사이에 다툼이 생기면, 법원의 판단을 받을 수 있습니다. 소장을 접수하고 재판이 진행됩니다. 그러면 마지막에 판사가 구체적인 사실관계를 두고 계약의 내용이 우리 사회의 선량한 풍속이나 기타 사회질서에 위반하는지, 그래서 해당 계약이 제103조에 따라 무효가 되는지 여부를 결정하게 될 겁니다.

구체적인 사안에 대한 판결이 쌓이면 이것들이 모여서 다른 재판에 대한 지침이 되기도 합니다. '이런 사안에 대해서는 법원의 판례가 어떻다'라는 식으로 이야기하는 경우가 많은데, 이때 '판례'라는 건 하나하나의 재판에 대한 판결문 자체보다 법원이 구체적인 사안에 대한 판결을 통해 법을 어떻게 해석하고 적용하는지 말하는 것입니다.

사회질서 위반 행위의 대표적인 유형

제103조에서 말하는 선량한 풍속 및 사회질서에 반하는 계약의 유형 은 어떤 것들이 있을까요? 민법 제103조는 일반조항이기 때문에 자세한 내용이 나열되어 있지 않아서, 이에 관한 사안들을 모아서 유형화해 보며 그 내용을 이해해야 합니다. 대체로 다음과 같은 유형들을 생각해 볼 수 있습니다.

1. 범죄나 부정행위를 권하거나 이에 가담하기로 하는 계약은 우리 사회의 정의 관념에 반하는 것입니다.

2. 일부일처제 같은 기본적인 가족 질서나 기본적인 윤리에 반하는 계약도 공서양속 위반입니다.

3. 인신매매나 장기매매, 매매춘과 같이 인격을 모독하거나 개인의 자유를 너무 심하게 제약하는 계약도 사회질서에 반합니다.

4. 지나치게 사행성이 높은 계약도 우리 사회질서에 반합니다. 법에서 허용되는 경우가 아닌 이상, 도박을 하기로 하거나, 도박을 하라고 돈을 빌려주는 계약은 모두 무효입니다.

5. 일방 당사자가 경제적·사회적으로 우월한 지위를 이용해서 불공정한 계약을 체결하는 것은 그대로 인정할 수 없는 일입니다.

6. 당사자가 약정한 권리·의무의 내용 자체는 사회질서에 반하는 게 아니라도 이걸 하도록 강제하거나 사회질서에 반하는 조건이나 금전적 대가를 결부시키는 게 문제가 될 수도 있습니다. 그래서 부당한 일을 부탁하거나 허위 증언을 하도록 증인을 매수하는 건 당연히 문제지만, 공무원이 정상적으로 직무를 수행하는 것에 대해 뇌물을 준다거나, 사실대로 증언하는 대가로 증인에게 대가를 주는 것 또한 사회질서에 반하는 것입니다.

부동산의 이중매매

부정한 행위와 관련해서 교과서에 자주 등장하는 사례가 있는데, 이걸 소개하는 게 좋겠군요. 부동산에 관한 이중매매 사안입니다.

A와 B가 주택에 관한 매매계약을 체결하고, 이 계약에 따라 B는 계약 당일에 계약금을 일부 지급하고, 중도금 지급 날짜에 중도금까지 지급했다고 합시다. 이제 남은 것은 잔금 지급 날짜에 B가 A에게 잔금을 지급하고 A는 B에게 주택의 소유권 이전에 필요한 서류를 인도하는 것이지요.

이미 B한테
팔았는데...

B한테 판 가격의
두 배로 살 테니,
나한테 파세요!

A　　　　C

그림 5

그런데 그림 5에서 볼 수 있듯이 B의 사촌 C가 이 소식을 듣고는 갑자기 주택이 너무 갖고 싶어졌습니다. C는 A를 찾아가서 주택을 자기에게 팔라고 합니다. A가 B와 매매계약을 체결했고 이미 중도금까지 지급받은 상태라 안 되겠다고 했지만, C는 B에게 판 가격의 두 배를 주겠다고 하면서 A를 설득했습니다. 마침내 A는 C와 주택에 관한 매매계약을 체결하였습니다. 이 계약은 유효할까요?

B에게 주택의 소유권을 넘겨줘야 할 의무가 있는 A가 이런 계약을 체결하는 건 B에 대해 일종의 배임행위에 해당합니다. C는 A와 B 사이의 계약 밖에 있는 제3자로 직접 B에 대해 어떤 의무를 부담하고 있는 건 아니지만, A에게 주택을 자기에게 팔면 돈을 더 많이 주겠다고 하여 A가 이런 배임행위에 나서도록 했습니다. 이처럼 C가 A에게 부정행위를 권유하며 적극적으로 가담했다면, 이는 공서양속에 반하는 행위입니다. 우리 법질서가 인정해 줄 수가 없습니다. 그래서 A와 C의 주택에 관한 매매계약은 무효가 됩니다.

이제 이번 시간 내용을 정리해 봅시다. 확정될 수 없거나 불가능한 것을 목적으로 하거나, 강행규정에 반하거나 공서양속에 위반하는 내용의 계약은 법적인 효력을 인정할 수 없습니다. 그런 게 아니라면 당사자들은 자유롭게 계약의 내용을 정할 수 있는 거지요.

다음 시간에는 계약의 당사자와 당사자가 하는 의사표시를 중심으로 계약이 정상적으로 작동하기 위해 어떤 요건을 갖춰야 하는지 이어서 보도록 하겠습니다.

4. 계약의 당사자와 의사표시

'누가' '어떻게' 유효한 계약을 체결할 수 있을까?

계약은 누가 할 수 있나?

이번 시간에는 계약이 정상적으로 작동하기 위한 당사자의 요건과 당사자가 하는 의사표시의 요건을 살펴보겠습니다.

먼저 계약의 당사자를 봅시다. 계약이 유효하려면 당사자는 어떤 요건을 갖춰야 할까요? 사람은 누구나 갓난아이일 때부터 죽기 직전까지 법적 권리·의무의 주체가 될 수 있습니다(제3조). 민법에서 개인은 모두 자유롭고 합리적이고 평등하다고 했으니, 누구나 계약을 체결할 수 있는 것 아닌가 생각하셨나요? 맞아요. 원칙적으로 사람들은 누구나 자유롭게 자기 의사로 계약을 체결할 수 있습니다. 무슨 자격증이나 허가가 필요한 건 아니지요.

그런데 만일 자기 의사를 형성할 수 없는 사람이라면 어떨까요? 다섯 살짜리 아이가 엄마 몰래 집 앞에 있는 장난감 가게에 가서 고가의 장난감을 사겠다고 합니다. 가게 주인이 그러라고 했다면, 매매계약이 성립했다고 볼 수 있나요? 이 아이는 자기 말에 구속되어 가게 주인에게 매매대금을 지급할 의무가 생긴다는 점을 알 수 있었을까요? 이 아이는 자기 행위가 사회적으로, 법적으로 어떤 의미가 있는지 이해한다고 보기 어렵습니다.

술에 너무 취해 인사불성이 되어서 몸도 가누지 못하는 사람이 친구에게 자기 집을 증여하겠다는 내용의 계약서에 도장을 찍었다면 이 사람은 정말 그 집을 친구에게 줄 의사로 계약을 한 것일까요? 그렇게 보기는 어렵고, 자기 의사에 따라 계약을 체결한 게 아니라고 해야 할 거예요.

그러니 계약을 체결하기 위해 대단한 자격 조건이 필요한 건 아니더라도, 최소한 계약의 당사자는 자기 행동의 사회적인 의미를 이해하고, 자기가 계약에서 정하는 특정한 권리·의무의 주체가 될 의사를 형성할 수 있어야 합니다. 이런 능력을 의사능력이라고 하는데, 의사능력이 없는 사람이 한 계약은 무효가 됩니다.

미성년자가 체결한 계약은 유효할까?

이번에는 장난감을 사겠다던 다섯 살 아이가 자라서 게임을 좋아하는 중학생이 되었다고 합시다. 엄마 카드를 몰래 가지고 나가 고가의 게임기를 할

부로 구매하는 계약을 체결했습니다. 중학생 정도가 되었으면 이런 계약을 체결할 때 대금을 지급할 의무가 생긴다는 것 정도는 이해할 수 있겠지요? 의사능력이 없다고는 못합니다. 그러면 이 계약은 유효할까요?

계약은 자기의 의사에 따라 법률관계를 맺는 거지요? 계약을 통해 권리도 생기지만 보통은 의무도 따르기 마련입니다. 계약이 유효하게 성립되면, 특별한 사정이 없는 한 계약을 쉽게 무르지 못합니다. '계약은 지켜져야 하는 것'이거든요. 민법이 전제하는 인간상이 자유롭고 합리적이고 평등한 개인이라고 했는데, 이건 기본적으로 정상적인 성인을 생각한 겁니다. 성인이 되지 않은 아이들은 사회적으로 충분히 성숙하지 않아서 법의 보호가 필요하다는 의미입니다.

그래서 민법은 의사능력이 인정되는 경우라도 미성년자는 좀 특별하게 취급합니다. 민법상 성년의 기준은 19세(제4조)니까, 미성년자는 19세 미만인 사람을 말하는 겁니다. 19세 생일이 되면 이제 성년이 되는 거예요. 19세 미만이라도 어른이 될 수 있는 방법이 하나 있습니다. 법적으로 혼인을 하면, 나이가 어려도 성인으로 봅니다(제826조의2). 결혼을 한다는 건 그만큼 책임이 따르는 일입니다.

미성년자의 법정대리인

미성년자는 아무리 지적인 능력이 우수해도, 아무리 똑 부러지고 야무져도 혼자 내버려둘 수 없습니다. 미성년자에게는 법에서 정한 대리인이 있습니다. '법정대리인'이라고 합니다. 미성년자의 법정대리인은 누구일까요? 기본적으로는 친권자인 부모이고(제911조), 친권자가 없거나 친권자가 친권을 행사할 수 없는 경우에는 후견인을 선임해야 합니다(제928조).

'대리인'은 다른 사람을 위해서 대신해서 계약처럼 법적인 효과가 발생하는 행위를 해주는 사람을 말합니다. 대리인이 법률행위를 해주는 사람을 '본인'이라고 하는데, 대리인이 한 행위는 본인에게 직접 효과가 발생합니다. 보통은 대리인이 필요한 경우 나 대신 어떤 계약을 해달라거나 소송을 대신해 달라는 식으로 대리인을 선임하지요. 그런데 미성년자는 따로 대리인을 선임하지 않더라도 언제든지 도움을 받을 수 있도록 법에서 대리인을 정해둔 겁니다.

미성년자가 체결한 계약은 어떻게 취급할까?

법정대리인은 미성년자를 위해서 대신 계약을 체결할 수 있습니다. 그런데 미성년자가 의사능력이 있다면, 직접 계약을 체결할 수는 없을까요? 법정대리인의 동의를 받으면 가능합니다. 동의를 받지 않고 한 계약은 그 자체로 무효가 되는 건 아니지만, 동의를 받지 않았다는 이유로 법정대리인이나 그 미성년자가 계약을 취소할 수 있습니다(제5조).

계약을 취소할 수 있다는 건 계약의 효력을 그대로 유지할지, 아니면 무효로 만들지 선택할 수 있다는 의미입니다. 계약을 취소하지 않으면 계약이 그대로 유효하고, 취소하면 계약이 처음부터 무효인 게 됩니다. 더욱이 당사자들끼리 주고받은 게 있는 경우 계약이 취소되면 이걸 다시 반환해야 하는데, 미성년자가 동의 없이 한 계약이라는 이유로 계약이 취소되면 미성년자가 받은 이익은 남아 있는 것만 반환하면 된다고 합니다(제141조). 민법이 미성년자 보호에 정말 진심이지요? 미성년자와 계약을 하려는 사람은 주의가 필요하겠네요.

그런데 청소년이 용돈을 받아서 간식을 사 먹거나 용돈을 모아 뭔가 살 때마다 부모님 허락을 받았는지 확인하는 건 현실적이지 않지요? 용돈을 주는 것처럼 법정대리인이 처분하도록 허락했다면, 그 범위에서는 동의 없이도 유효하게 계약을 할 수 있습니다(제6조). 더 나아가 법정대리인이 미성년자가 영업을 하도록 허락했다면, 그 범위에서는 성인과 동일한 능력이 있다고 보고요(제7조). 그렇지 않으면 영업을 하는 게 거의 불가능해질 테니까요.

후견인의 도움이 필요한 사람

미성년자 외에도 정신적인 제약으로 제대로 일을 처리하기 어려운 사람들도 보호가 필요합니다. 질병이나 장애가 있거나 나이가 들어서 정신적으로 완전하지 않으면 계약을 체결할 때도 도움이 필요할 거예요. 그런데 정신적인 제약이 있더라도 상황이 조금씩 달라서 어떤 사람은 더 많이 도와줘야 하거나 어떤 사람은 조금만 도와줘야 할 수도 있고, 정신적 제약에도 불구하고 어느 정도는 자기 의사를 가질 수도 있습니다. 그래서 이런 사람들의 의사를 최대한 존중하면서도 필요한 도움을 주기 위해 몇 가지 단계를 나눠 각각의 경우에 맞게 보호 방안을 마련해 두었습니다.

질병·장애·노령 등의 사유로, 정신적 제약으로, 사무 처리할 능력이 없는 경우는 성년후견, 이런 능력이 부족한 경우는 한정후견, 일시적으로 또는 특정 사무에 대한 도움이 필요한 경우는 특정후견의 대상이 됩니다(제

9조~제14조의2). 예전에는 금치산자禁治産者, 한정치산자限定治産者라는 말을 썼고, 이들을 행위무능력자라고 했습니다. 대체로 성년후견을 받는 사람이 금치산자와, 한정후견을 받는 사람이 한정치산자와 유사했고요. 행위할 능력이 없는 사람들이라거나, 재산 처분이 금지되거나 제한되는 사람들이라는 게 듣기가 썩 좋지는 않네요. 이제는 그런 말들을 쓰지 않고, 대신 후견제도를 운영하는데 이들을 보호하고 도와준다는 취지에 잘 맞는 것 같습니다.

미성년자는 성년에 이르지 않은 사람을 말하니 그 경계가 명확한 데 반해, 후견인이 필요한 사람은 그렇지 않습니다. 하지만 특별한 일이 발생할 때마다 그 당사자가 보호할 만한 사람인지, 그 당사자를 어느 정도 보호해야 하는지 정하는 것은 번거롭고, 법률관계를 불분명하게 만들기도 합니다. 그래서 어떤 사람에게 어느 정도의 후견이 필요한지 여부는 법원이 심판하도록 하였고, 후견인이 필요하다는 심판을 받은 사람만이 계약 등을 할 수 있는 능력, 즉 행위능력이 제한됩니다.

민법이 보호해 주는 사람들

민법이 미성숙이나 정신적 능력을 이유로 행위능력을 제한하는 이유는 그들의 행위를 규제하려는 것이 아니라 보호하기 위한 것입니다. 원칙적으로 사람들은 의사능력이 있으면 누구나 유효하게 계약을 체결하는게 가능하지만, 예외적으로 보호가 필요한 사람들은 계약을 체결할 수 있는 능력을 제한하거나 대리인의 도움을 받도록 합니다.

이들과 계약을 체결하는 사람들은 생각하지 못한 희생을 치르게 될 수도 있습니다. A와 B가 주택에 관한 매매계약을 했는데, B가 미성년자이거나 한정후견개시 심판*을 받은 사람이어서 법정대리인의 동의가 필요했음에도 그런 동의 없이 계약을 했다면, 이 계약은 취소될 수 있습니다. A가 이런 사실을 몰랐다고 하더라도 마찬가지입니다.

A에게 너무 불리한 것 아닌가요? 이런 예외적인 경우에는 A의 이익을 다소 희생하더라도 행위능력이 제한되는 B를 보호하려는 게 우리 민법의 태도라는 걸 이해하기 바랍니다. A가 이런 사실을 모르고 계약을 했다면 A는 계약이 취소되기 전에 자기가 의사표시를 철회하거나, B의 법정대리인에게 계약을 그대로 승인할 건지 취소할 건지 확실히 말해달라고 요구할 수 있을 뿐입니다(제15조, 제16조).

만일 이 점을 악용해서 B가 주민등록증이나 법정대리인의 동의서를 위조해서 속임수를 썼다면 어떨까요? 이런 경우까지 A의 이익을 희생하면서까지 B를 보호할 필요가 없겠지요? 이렇게 속임수를 썼다면 취소권이 인정되지 않습니다(제17조).

＊ 가정법원은 질병·장애·노령, 그 밖의 사유로 인한 정신적 제약으로 사무를 처리할 능력이 부족한 사람 본인, 배우자, 4촌 이내의 친족, 미성년후견인, 미성년후견감독인, 한정후견인, 한정후견감독인, 특정후견인, 특정후견감독인, 검사 또는 지방자치단체의 장의 청구에 따라 한정후견개시를 심판함(민법 제12조 제1항).

당사자의 의사표시

이제 계약이 정상적으로 작동하기 위해 마지막으로 당사자들의 의사표시를 살펴봅시다. 지난 시간에 계약은 당사자들의 의사에 따라 법적인 권리·의무가 생기는 것이라고 했습니다. 양 당사자들의 의사가 딱 맞아떨어져서 계약이 되는 것이니, 그런 당사자의 의사가 무엇인지 잘 탐구해야 한다고도 했고요.

당사자가 어떤 의사로 계약을 하는지는 어떻게 알 수 있을까요? 우리가 그 마음속으로 들어가 볼 수는 없으니, 그 의사가 표시되는 걸 보고 알 수 있을 거예요. A와 B의 매매계약서에는 B에게 주택을 팔겠다는 의사, A로부터 주택을 사겠다는 의사가 표시된 것이지요. 의사표시는 꼭 명시적으로 해야 하는 건 아니에요. 행동이나 상황 등으로 알 수 있는 경우도 있습니다. 말하지 않아도 아는, 서로 척하면 척인 경우도 있고요.

의사표시에 문제가 있다는 건 어떤 경우일까요? 당사자들의 의사표시대로 체결된 계약은 정상적으로 작동하는 데 문제가 없을 거예요. 자기 의사대로 표시를 하지 않은 경우, 의사는 없는데 표시만 한 경우, 자기의 진짜 의사라고 하기 어려운 경우 등 의사와 표시 사이에 어디에선가 고장이 났을 수 있습니다.

당사자가 진심이 아닌데 계약한 경우

당사자가 진짜 의사와는 전혀 다른 내용의 의사표시를 했더라도, 원칙적으로 그런 의사표시에는 문제가 없습니다(제107조). A가 주택을 팔 생각이 전혀 없으면서 매도 의사를 표시했더라도, 우리는 A의 진짜 마음을 알기가 어렵죠. 특별한 이유가 없다면, A의 진심이 무엇인지와 무관하게 유효한 청약이 될 겁니다. B가 A가 주택을 팔겠다는 게 실제 의사가 아니라는 걸 알았거나 알 수 있었으면 모를까, 이에 대해 B가 승낙을 하면 계약이 성립합니다.

당사자끼리 서로 짜고 허위로 계약한 경우

그런데 만일 당사자들이 짜고서 허위로 의사표시를 했다면 어떻게 될까요? A가 가진 재산이라고는 주택밖에 없는데 아무래도 채권자들을 피해 A의 재산을 빼돌려놓아야 할 것 같은 생각이 들어서 친구인 B와 매매계약서를 썼다고 합시다.

A도, B도 주택을 매매하려는 의사는 아니었지요. 채권자들을 속이기 위해 서로 짜고 매매계약을 체결하고, 이제 주택의 명의를 B 앞으로 돌려놓으려고 할 것 같군요. 아무리 계약서를 완벽하게 썼더라도, 이 매매계약은 허위이고 무효입니다(제108조).

참고로 이에 기해서 B 명의로 주택에 관한 소유권이전등기를 마쳤더라도, B가 주택의 소유권을 갖게 되는 건 아닙니다. 소유권에 대해서는 5강에서 자세히 알아봅시다.

일방적으로 착각해서 계약한 경우

착오로 의사표시를 했다면 어떻게 될까요? 원칙적으로는 '앗, 나의 실수'라며 이를 취소할 수는 없을 거예요. 착각을 한 사람이 잘못이지 상대방이 불이익을 봐서는 안 되겠죠.

그런데 계약에서 아주 중요한 부분, 예를 들면 매매 목적물을 착각했다면 어떨까요? A와 B가 X 주택에 관한 매매계약을 체결했는데, 사실 B는 X 주택 옆에 있는 Y 주택이 X 주택이라고 착각을 한 것이었고, 얼마 전까지 A가 X 주택이 아니라 Y 주택을 소유하며 거주했었기 때문이라고 합시다. 계약의 상대방이나 대상처럼 중요한 내용에 착오가 있었고, 거기에 중대한 과실이 없다면 착오에 빠졌던 당사자는 계약을 취소할 수 있습니다(제109조). 중대한 과실이라는 건 조금만 주의를 기울였으면 그런 착각을 하지 않았을 거라는 의미입니다.

실제로 더 자주 문제가 되는 건 그런 의사표시를 하게 된 동기가 있는데, 거기에 착오가 있었던 경우입니다. A가 주택을 매도한 이유가 주택을 보유하면 세금을 많이 내야 해서인데 법 해석을 잘못한 탓에 사실은 생각한 만큼 세금이 많이 나오지 않을 것이었다거나, B가 주택을 매수한 이유가 근처에 부동산 개발이 될 거라는 정보 때문이었는데 잘못된 정보였다는 식으로 말입니다. 일반적으로는 당사자가 계약을 체결하게 된 동기에 착오가 있었기 때문에 계약을 취소하겠다고 하는 건 받아들일 수 없습니다. 법 해석을 잘못한 것이나 잘못된 정보를 입수한 책임은 본인이 져야지, 상대방에게 이를 전가해서는 안 되니까요.

그런데 이런 동기도 표시해서 이미 상대방도 잘 알고 있었고, 그게 계약 내용만큼이나 중요한 것이었다면 이야기가 좀 달라집니다. 더욱이 착오를 일으킨 게 상대방이거나 양 당사자가 둘 다 착오에 빠져 있다면 그런 계약을 그대로 유지해야만 하는지 의문이 듭니다.

예를 들어 A와 B가 주택에 대한 매매대금을 정하면서 시가대로 하기로 하고, 한 달 전 자료를 기준으로 매매대금을 정해서 매매계약을 체결했다고 합시다. 그런데 그 사이 개발 계획이 발표되어 매매계약 당시의 시가는 한 달 만에 거의 1.5배가 되었는데, 당사자들이 한 달 전 시가와 차이가 없는 것으로 생각한 것이었죠. 이건 계약 내용 자체를 착각했다기보다는 그렇게 대금을 정하게 된 동기에 착오가 있었던 거네요. 시가가 2억 원이라고 생각했는데, 실제로는 3억 원 가까이였다면 이건 중요한 문제죠. A는 계약을 취소할 수 있다고 해야 할 겁니다.

사기나 협박을 당해서 계약한 경우

사기나 협박을 당해서 주택을 사겠다거나, 팔겠다는 의사표시를 한 것이라면, 이건 어떨까요? 이런 경우 계약의 당사자가 의사를 자유롭게 형성한 것이라고 할 수 없고, 계약을 취소할 수 있습니다(제110조).

A가 아파트를 새로 지어 대대적으로 광고를 했고, B가 광고를 보고 이 아파트의 한 호실인 주택을 분양받기로 계약을 했다고 합시다. 보통 아파트나 상가는 그 전체를 한 사람에게 파는 게 아니라 한 호실씩 나눠서 여러 명에게 분양하는 게 일반적이죠. 이런 분양 계약의 실질은 매매계약입니다.

문제는 광고 내용이었는데, 인테리어는 최고급 자재만을 사용했고, 아파트 상가는 100퍼센트 임대가 완료되어 각종 편의시설이 들어올 것이며, 도심으로 바로 이어지는 도로가 확정되었다고 했어요. B는 이런 내용을 A에게 다시 확인하고 계약을 했는데, 사실 사용한 인테리어 자재는 형편없었고, 아파트 상가는 임대가 거의 되지 않았으며, 도로가 확정되기는커녕 그런 계획마저 존재하지 않는 것이었습니다.

광고에는 어느 정도 과장된 표현이 들어가는 게 통상적이라고 치더라도, '100퍼센트 임대 완료' '도로 확정'처럼 사실이 아닌 말들로 광고를 채웠다면 이건 사기지요. B는 A의 광고를 보고 속아서 주택을 사겠다고 했으니, 이 분양 계약을 취소할 수 있습니다.

그런데 사기를 치거나 협박을 한 사람이 매매계약의 상대방이 아니라면 어떨까요? A와 B가 매매대금에 대한 이견이 너무 커서 주택에 관한 매매계약이 체결되지 못하고 있었습니다. 평소 B를 흠모하던 C는 이 소식을 듣고 A를 찾아가, B가 제시하는 가격으로 주택을 B에게 팔지 않으면 A가 탈세를 한 사실을 신고하겠다고 했습니다. 돌아오는 길에 B에게 전화를 해서 "계약은 잘될 테니 걱정하지 말라"는 말을 남겼죠. C가 탈세를 신고할 게 무서워진 A는 곧 B에게 연락해 B가 제시한 대로 계약을 체결하겠다고 했고, 다음 날 A와 B는 주택에 관한 매매계약을 체결할 수 있었습니다.

B가 A가 마음을 바꾼 이유를 전혀 몰랐다면, C의 협박을 이유로 A가 이 계약을 취소할 수는 없습니다. A가 협박을 당한 건 맞지만, 이건 계약의 상대방인 B와는 무관한 것이니까요. 그런데 B가 C가 이런 일을 했다는 걸 알았거나 알 수 있었다면, 그때도 계약에 아무 문제가 없다고 하기는 어렵습니다. A는 B가 C의 협박을 알거나 알 수 있었다는 이유로 이 계약을 취소할 수 있습니다.

잘못된 의사표시였다고 제3자에게 말할 수 있을까?

계약은 당사자들 간에 의미가 있는 겁니다. 계약은 당사자 간에 권리·의무 관계를 발생시키고, 이걸 채권·채무라고 부른다고 했지요. 채권이 뭐였지요? 채권은 채권자가 채무자에게 특정한 행위를 청구할 수 있는 권리였어요.

즉, A는 B에게 매매대금을 청구할 수 있는 권리가 있고, B는 A에게 주택의 소유권을 이전하라고 청구할 수 있는 권리가 있는 겁니다. A가 C에게 매매대금을 달라고 청구할 수 있는 권리는 없지요. C가 B를 자기 목숨처럼 사랑하는 사람이거나 법적으로 혼인한 배우자라도 계약의 당사자는 아니니까요. B가 계약의 당사자가 아닌 D에게 주택의 소유권을 이전하라고 하는 것도 아무런 근거가 없습니다.

그러니 당사자들의 의사표시에 문제가 있어서 서로 간의 계약이 무효가 되거나 계약을 취소할 수 있다는 건 원칙적으로 당사자들 간의 문제입니다. 계약 밖에 있는 제3자는 당사자들 사이에 계약이 유효하든 아니든 관련이 없는 거죠. 그런데 A와 B의 계약이 유효한 것을 전제로 다른 사람에게도 이해관계가 생겼다면 어떨까요? 그림 6을 한번 봅시다.

A는 B에게 자기의 건물을 팔기로 하는 매매계약을 체결했습니다. A는 B로부터 매매대금을 지급받을 권리가 생겼지요? 한편 A는 C에게 돈을 갚을 게 있었는데, 그 대신 B로부터 매매대금을 받을 권리를 C에게 넘기기로 하고 B에게 이런 사실을 알렸습니다.

이에 대해서는 조금 더 설명하면 좋겠네요. A가 B에 대해 매매대금을

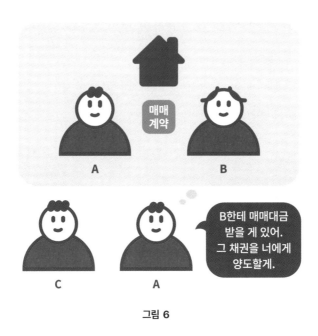

그림 6

지급하라고 청구할 수 있는 권리는 채권입니다. 채권은 원칙적으로 다른 사람에게 넘겨줄 수 있어요. 이걸 채권양도라고 합니다(제449조).

채권양도를 하고 그 대가를 받거나, 이 경우처럼 원래 가지고 있던 채무를 면할 수 있습니다. 채권자의 권리를 실현하기 위해서는 채무자가 채무를 이행해야 하지만, 그 이전에 채권자가 자기가 가진 채권을 양도함으로써 재산적인 이득을 얻을 수도 있습니다. 채권을 양도할 수 있다는 건 채권이 재산권이라는 점을 보여주는 대목이기도 합니다.

이제 채권양도로 C는 B에게 매매대금에 해당하는 돈을 자기에게 지급하라고 청구할 수 있게 되었습니다. 그런데 A와 B 사이의 계약이 사실은 서로 짜고 허위로 한 것이어서 무효였다거나, B가 중요한 부분에 대해 착오를 해서 이 계약을 취소하겠다면, 계약에 이런 무효나 취소 사유가 있다는 사실을 알지 못했던 C는 당황스러울 겁니다.

당사자의 의사와 제3자의 신뢰 사이에서

의사와 표시 사이에 문제가 있다는 이유로 계약이 무효라거나 계약을 취소할 수 있게 하는 건 당사자의 진짜 의사를 존중하는 것입니다. 민법은 개인의 의사를 중요하게 여기니까요. 그런데 우리 사회에는 계약의 두 당사자만 있는 게 아니라 많은 사람이 함께 살아가고, 다양한 거래관계로 얽혀 있기도 하지요. 그러면 당사자의 의사도 중요하지만, 사회의 거래관계를 계속 유지할 수 있도록 사람들의 신뢰를 보호하는 것도 중요한 일이 됩니다.

당사자의 의사와 제3자의 신뢰가 충돌하는 순간순간에는 그 균형을 잘 잡아줘야 합니다. 당사자 사이에서는 의사와 표시가 일치하지 않는다거나 의사를 형성하는 과정에서 문제가 있었다면 계약을 무효화하거나 취소할 수 있도록 하여 그 의사를 우선시합니다.

그런데 이들의 계약을 전제로 이해관계가 생긴 제3자가 무효나 취소 사유가 있다는 걸 알지 못했다면, 이들에게는 계약의 무효나 취소를 주장할 수 없습니다. 이 범위에서는 거래관계에서의 신뢰를 더 우선시하는 걸 알 수 있습니다. 의사표시와 관련된 민법 조문들(제107조 제2항, 제108조 제2항, 제109조 제2항, 제110조 제3항)이 '무효(취소)는 선의의 제3자에게 대항하지 못한다'라고 하는 것은 이런 의미입니다.

일상용어로 '선의'는 좋은 뜻, '악의'는 나쁜 뜻이라는 의미로 많이 쓰이지요? 그가 선의로 그런 것이니 이해하라거나 그에게 어떤 악의가 있는 건 아니었다는 식으로 말이에요. 그런데 법률 용어로 선의, 악의는 좋고 나쁘다는 가치판단이 개입되는 게 아니고, 선의는 어떤 것에 대해 모른다, 악의는 어떤 것에 대해 안다는 것을 말합니다. 제3자가 새롭게 이해관계가 생길 때 A와 B 사이의 계약에 무효나 취소 사유가 있다는 것을 몰랐다면 '선의의 제3자'이고, 이런 사정을 알고 있었다면 '악의의 제3자'입니다.

•————•

이제 우리는 민법상 계약이 어떤 의미고, 왜 중요하고, 어떻게 성립하고, 유효하게 되는지에 대해 이해할 수 있게 되었습니다. 다음 시간에는 예고한 대로 소유권을 살펴보겠습니다. 재산법에서 계약만큼이나 중요한 게 소유권입니다. 계약에 이어 소유권까지 알게 되면, 민법이 한결 친숙하게 느껴질 겁니다.

내가 가진 물건에 대한 권리

자본주의 시장경제의 핵심 원리, 소유권

이제 민법상 소유권에 대해 이야기할 차례입니다. 지난 수업들에서 계약이 우리 경제생활에서 아주 중요하다는 걸 느낄 수 있었습니다. 그런데 이런 계약만큼이나 중요한 게 소유권입니다. 왜 그럴까요?

우리 민법은 서양의 근대정신을 담고 있습니다. 서양의 근대는 봉건제가 무너지면서 등장했습니다. 시민들이 자유롭고 평등한 관계에서 거래를 통해 경제생활을 하게 되면서, 그가 가진 재산은 절대적으로 보호해야 한다는 생각이 생겨났습니다. 민법의 3대 원칙 중 하나라고 소개한 소유권 존중의 원칙이 바로 그것입니다.

자본주의 사회는 자유경쟁과 시장경제를 기반으로 합니다. 사람들은 이윤을 얻기 위해 상품을 생산하고 소비하지요. 민법의 주요 관심사인 개인들의 경제활동은 사유재산과 분업을 기초로 돌아갑니다. 개인들 사이의 분업과 교환이 계약관계에서 잘 드러난다면, 사유재산을 보장하는 것은 소유권으로 나타납니다. 소유권을 절대적으로 존중하는 것은 자본주의 경제 체계를 유지하는 밑바탕이 됩니다.

헌법에 명시된 소유권 보장의 원칙

헌법

제23조

① 모든 국민의 재산권은 보장된다. 그 내용과 한계는 법률로 정한다.

② 재산권의 행사는 공공복리에 적합하도록 하여야 한다.

③ 공공필요에 의한 재산권의 수용·사용 또는 제한 및 그에 대한 보상은 법률로써 하되, 정당한 보상을 지급하여야 한다.

민법은 개인 간의 관계를 규정하는 법입니다. 그러면 우리나라, 즉 대한민국의 기본 질서를 규정하는 법은 무엇일까요? 네, 바로 대한민국헌법입니다. 헌법 제2장에서는 국민의 권리와 의무를 규정하고 있는데, 제23조를 한번 볼까요? 헌법 제23조 제1항은 '모든 국민의 재산권은 보장된다. 그 내용과 한계는 법률로 정한다'라고 되어 있지요? 국가가 국민의 재산권을 보장한다는 건 헌법에 규정된 것이네요. 무엇을 보장하는지, 어느 범위에서 보장하는지 명확해야 하니까 그 내용과 한계는 법률로 규정하도록 했고요. 개인의 재산권에 대한 내용을 정하고 있는 대표적인 법률이 바로 민법이고, 소유권은 재산권의 핵심이라고 할 수 있습니다.

소유권 절대의 원칙의 수정

자본주의가 고도로 발전하면서 계약 자유의 원칙을 수정할 필요가 생긴 것처럼, 개인의 소유권을 절대적으로 보호해야 한다는 생각도 수정할 필요가 생겼습니다. 자본주의의 발전으로 드러난 모순이 심해지고 대규모 자본이나 기업이 독점화되면서 아무리 자기 것이라도 소유권을 마음대로 행사하는 것은 제한해야 한다는 문제의식이 생겨난 거지요. 헌법 제23조 제2항에서 재산권 행사는 공공복리에 적합하도록 해야 한다는 것은 이런 생각이 반영된 것입니다.

물론 그렇다고 해도 어디까지나 개인의 소유권을 보장하는 것이 원칙이고, 이를 제한하는 것은 예외에 해당합니다. 꼭 필요한 경우에만, 그것도 법률에 근거가 있어야 국가가 개인의 소유권을 제한할 수 있고, 법률에 따라 소유권을 제한하는 경우에도 반드시 보상이 따라야 합니다. 이 점을 규정하고 있는 헌법 제23조 제3항은 소유권을 보장해 주는 게 그만큼 중요하다는 것을 보여줍니다.

자, 그러면 이제 민법상 소유권에 대해 자세히 알아봅시다.

채권과 물권

제563조(매매의 의의) 매매는 당사자 일방이 재산권을 상대방에게 이전할 것을 약정하고 상대방이 그 대금을 지급할 것을 약정함으로써 효력이 생긴다.

민법은 재산법과 가족법이라는 두 개의 큰 기둥으로 이루어져 있고, 재산법은 다시 채권과 물권으로 나뉜다고 했습니다. 지금까지 계약을 통해 다뤘던 것이 채권이지요? 채권은 채권자가 채무자에게 특정한 행위를 하라고 청구할 수 있는 권리를 말합니다. A와 B가 주택에 관한 매매계약을 체결했다면, B는 A에게 주택에 관한 소유권을 이전하라고 청구할 권리가 있고, A는 B에게 매매대금을 청구할 권리가 있습니다.

말이 나온 김에 매매에 관한 조문을 한번 찾아봅시다. 제563조 이하는 매매계약을 규정하고 있습니다. 제563조에서 매매를 어떻게 정의하고 있는지 봅시다. 매매는 당사자 일방이 재산권을 상대방에게 이전할 것을 약정하고 상대방이 그 대금을 지급할 것을 약정하는 것이라고 되어 있죠? 이렇게 A와 B가 약정을 하면 그 약정대로 효력이 생기는 걸 알 수 있습니다.

이처럼 채권은 채권자와 채무자 둘 사이의 일입니다. 매매계약 밖에 있는 C나 D는 이 계약으로부터 발생한 권리·의무의 당사자가 될 수 없습니다. 지난 시간에 살펴본 대로, A가 C에게 매매대금을 지급하라고 할 수도, B가 D에게 주택의 소유권을 이전하라고 할 수도 없는 것이지요. 채권은 이렇게 그 효력이 채권자와 채무자 사이에만 미치는 것입니다. 그래서 상대적인 권리, 즉 상대권이라고 합니다. 이 관계를 화살표로 표시하면, 그림 7처럼

매매대금 지급 청구

소유권 이전 청구

매도인   매수인

그림 7

서로 수평적인 관계의 당사자 사이로 상대방을 향한 평행선이 생깁니다.

소유권에 기한 권리관계는 채권이 아니라 물권입니다. 물권은 개인이 물건 자체에 대해 가지는 권리를 말합니다. A가 소유자로서 주택에 대해 가지는 권리는 주택을 직접 지배하며 사용, 수익, 처분할 수 있는 것입니다(제211조). 이 관계를 화살표로 표시하면, 그림 8처럼 물건을 대상으로 하는 수직적인 관계를 나타낼 수 있습니다.

소유권

그림 8

물권의 특징

사람들 사이의 관계에서 출발하는 채권에 비해 물권은 개인이 물건에 대한 지배권을 가진다는 개념이라서 아무래도 이해하기가 조금 까다로울 수 있습니다. 그래도 다행인 건 우리가 계약을 통해서 채권을 잘 알게 되었다는 것이지요. 민법을 공부할 때 새로운 개념을 이해하기 위해 이미 아는 다른 개념과 비교해 보는 방법이 있다고 했죠? 이제 소유권으로 대표되는 물권이 어떤 특징이 있는지, 채권과는 어떤 면이 다른지 한번 살펴봅시다.

우선 A는 주택에 대한 소유권을 실현하기 위해 다른 사람에게 뭔가를 청구할 필요가 없습니다. A는 주택의 소유자로서 자기 뜻대로 이걸 이용하거나 이로부터 이득을 얻거나 처분을 할 수 있는 것입니다. 여기에 다른 사람의 관여가 있어야 하는 것이 아님은 물론이고, 오히려 다른 사람이 소유자로서 A의 권리를 방해하면 안 됩니다. C가 주택을 무단으로 이용하거나 자기 소유라고 우기면 A는 소유자로서 C에게 주택에서 나가라거나 주택을 돌려달라고 할 수 있습니다.

이렇게 소유권은 다른 사람을 배제할 수 있습니다. 그래야 소유자가 온전하게 소유권을 누릴 수 있으니까요. 어떤 물건이 '내 것'이라는 건 내가 그 물건에 대한 주인으로 그 물건을 지배하고 그로부터 나오는 내 권리를 다른 사람이 침범할 수 없도록 하는 겁니다. 이런 의미에서 물권은 배타적 지배권의 성격이 있다고 합니다. 말이 좀 어렵게 들리지만, 무슨 뜻인지 이해할 수 있겠죠?

이렇게 소유자가 직접 물건을 지배하며 배타적으로 사용, 수익, 처분할 수 있는 권리가 소유권이라면, 소유자는 자신의 소유권을 누구에게나 주장할 수 있어야 합니다. A가 주택이 자기 소유라는 걸 매매계약의 상대방인 B에게만 이야기할 수 있는 건 아니죠. 주택에 무단으로 침입한 C에게도 "당장 내 집에서 나가"라고 할 수 있습니다. B, C뿐만 아니라 D에게도, 저나 여러분에게도, 이 세상 사람들 누구에게나 주택은 A의 소유입니다. 소유권이 채권처럼 특정한 사람에게만 효력이 있다면, 사유재산을 보장하는 것이 아닙니다. 이처럼 개인이 물건에 대해 가지는 배타적 지배권으로서의 물권은 특정인 사이에서만 효력이 있는 상대권이 아니라 누구에게나 효력이 있는 절대권입니다.

물권법정주의: 내 마음대로 소유권의 내용을 바꿀 수 있을까?

그렇다면 소유권에 대한 법리 구성은 계약과는 조금 다른 접근이 필요할 것 같습니다. 어떤 내용으로 계약을 할지는 당사자들이 그 의사에 따라 정하기 나름입니다. 그 내용이 특정될 수 없거나 애초에 불가능하다거나, 법을 어기거나 사회질서에 반하는 것이 아닌 한, 당사자들이 정한 대로 계약이 효력이 있고 법적인 권리·의무가 발생합니다. 계약은 당사자들의 문제이고, 계약에 따라 발생하는 채권은 상대권이니까 당사자들이 어떻게 합의했는지가 제일 중요하겠지요. 우리는 이걸 계약 자유의 원칙이라는 이름으로 살펴봤습니다.

그런데 소유권은 절대권입니다. 소유자는 누구에게나 "이건 내 거"라고 할 수 있습니다. A가 주택의 소유자로서 가지는 권리는 주택에 관한 배타적 지배권을 행사하는 것입니다. 즉, A는 직접 주택에 살면서 이 집을 이용할 수도 있고, 주택을 다른 사람에게 빌려주고 전세금이나 월세를 받을 수도 있고, A의 자식이 결혼할 때 자식에게 주거나 B에게 팔 수도 있고, 아니면 그냥 그대로 둘 수도 있는 겁니다. A가 가지는 소유권은 그런 겁니다.

채권은 당사자들끼리 합의해서 권리·의무 관계를 만드는 것이지만, 물권은 마음대로 혹은 다른 누군가와 합의해서 물건에 대한 새로운 내용의 권리를 만들거나 그 내용을 변형할 수 있는 게 아닙니다. 만약 그럴 수 있다면, 우리 경제 질서에는 대혼란이 발생할지도 모릅니다. 어떤 물건이 누구 것인지, 어떤 범위에서 누가 어떤 권리가 있는지 알기가 어렵고, 이걸 절대적으로 보장하는 건 거의 불가능하게 될 것입니다. 그래서 '민법'에서는 물권은 법률(또는 관습법)에 정해진 것 외에는 마음대로 만들지 못한다고 못 박아두었습니다(제185조). 이렇게 물권은 법에서 정한다는 말을 물권법정주의라고 합니다.

따라서 소유권을 비롯한 물권에 대한 이 수업에서는 법이 정하고 있는 물건에 대한 지배권에는 어떤 것이 있는지, 구체적으로 어떤 권리가 누구에게 귀속되는 것인지 이해하는 게 우리의 목표입니다.

일물일권주의: 하나의 물건, 하나의 소유권

소유권은 대표적인 물권이고, 또 가장 완전한 물권입니다. 그래서 물권을 이해하는 출발점은 소유권입니다. 소유권은 소유자가 법률의 범위 내에서 그 소유물을 사용, 수익, 처분할 수 있는 권리입니다(제211조).

하나의 물건에는 하나의 소유권만 존재할 수 있습니다. 만약 한 물건에 대한 소유권이 여러 개라면, 서로 '이건 내 거'라고 주장하는 소유자들 사이에서 어떤 소유자도 완전한 물권을 행사할 수 없습니다. 이처럼 하나의 물건에 서로 양립할 수 없는 동일한 내용의 물권이 동시에 둘 이상 성립하지 못한다는 것을 일물일권주의라고 합니다.

물권을 배우려니 새로운 용어가 많이 나오지요? 절대권, 지배권, 물권법정주의, 일물일권주의 같은 말들은 평소에 잘 들을 일이 없어서 생소할 수 있습니다. 이런 용어들은 여러분을 괴롭히기 위해 만든 어려운 말들이 아니라, 관념적일 수 있는 물권의 성질을 이해하기 위한 노력의 산물입니다. 여러분의 이해를 돕기 위한 용어인데, 거꾸로 이걸 외우느라 애쓰지는 마세요. 물권에 대해 배우면서 몇 가지 용어는 자연스럽게 기억하게 될 거고, 그걸로 충분합니다.

일물일권주의, '하나의 물건에는 하나의 소유권만 있을 수 있다는 말이구나, 그렇지' 하고 이해하면 됩니다. 그런데 이렇게 고개를 끄덕이다가, '잠깐, 공동명의의 부동산도 있지 않나? 그러면 소유권이 두 개 아닌가?' 하는 의문이 들 수도 있습니다. 주택은 A가 혼자 소유하는 게 아니라 남편 B와 공동으로 소유하는 거라고 합시다. 이건 뭘 보면 알 수 있을까요? 부동산 매매나 임대차계약을 해보신 분은 아시겠지만, 부동산등기부를 보면 누가 그 부동산의 소유자인지가 표시되어 있습니다. 부동산등기에 대해서는 6강에서 조금 더 자세히 배우겠습니다.

그러면 주택의 소유권은 두 개일까요? 아니요. 여전히 주택이라는 하나의 물건에는 하나의 소유권만 존재할 뿐입니다. 이 하나의 소유권을 A와 B가 함께 나눠 갖는 거죠. 소유자는 여럿일 수 있고, 심지어 회사나 단체도 소유자가 될 수 있지만, 여전히 하나의 물건에 대한 소유권은 하나입니다. 그래서 공동소유에서는 이 하나의 소유권을 여러 명이 어떻게 나눠 가지는 것인지, 구체적으로 어떻게 사용, 수익, 처분할 것인지가 중요한 문제가 됩니다.

소유권과 제한물권

소유권이 가장 완전한 물권으로, 어떤 물건을 영구적으로 또 전면적으로 지배할 수 있는 권리를 말한다면, 그 외의 다른 물권들은 일시적이거나 제한적으로 물건을 지배하는 것입니다. 소유권이 완전한 물권이라면, 다른 물권들은 제한적인 물권이라고 할 수 있습니다. 그래서 제한물권이라고 부릅니다.

물건의 재산적 가치는 크게 물건을 사용할 때의 효용과 그 물건을 팔았을 때의 효용으로 나눠볼 수 있습니다. 소유권은 이런 재산적 가치를 모두 가지는 것이고, 제한물권은 권리자가 그중에 일부만 가지는 것입니다. 제한 물권에는 물건의 이용가치를 지배하는 지상권, 지역권, 전세권과 채권을 담보하기 위해 물건의 교환가치를 지배하는 유치권, 질권, 저당권이 있습니다.

물건에 제한물권을 설정하는 것은 그 물건에 대한 일종의 처분입니다. 소유자가 자기 물건을 다른 사람에게 팔아서 그 소유권 자체를 넘길 수도 있지만, 그 물건 위에 제한물권을 설정해 줄 수도 있습니다. A는 자기가 소유한 주택을 B에게 파는 대신, C에게 전세금을 받고 주택을 빌려줄 수도 있고, D에게 돈을 빌리면서 그 담보로 주택에 저당권을 설정해 줄 수도 있는 거죠.

이렇게 주택에 전세권이나 저당권 등의 제한물권이 생기면, A가 가지는 소유권의 행사는 그만큼 제한됩니다. C가 주택을 사용하는 것을 용인해야 하고, D에게 돈을 갚지 못하면 주택이 경매에 부쳐질 수도 있습니다. 제한물권이 목적을 다하고 없어지면 다시 주택에 관한 소유권은 완전하게 회복됩니다. 이런 소유권의 성질을 가리켜 '소유권의 탄력성'이라는 말로 설명하기도 합니다.

소유권의 대상이 되려면

물권은 개인이 가지는 물건에 대한 지배권입니다. 많은 노래 가사가 "넌 내 거"라든지 "내 거인 듯, 내 거 아닌, 내 거 같은 너"처럼 마치 사람을 가질 수 있는 것처럼 말하지만, 그 누구도 다른 사람을 지배하면서 거기에서 재산적인 이득을 얻을 수는 없습니다. 사람은 물권의 대상이 될 수 없습니다.

그러면 물권의 대상이 되는 물건은 어떤 것이어야 할까요? 일물일권주의를 생각하면 하나의 물건마다 하나의 소유권이 있겠죠? 그러려면 적어도 특정되고 독립적인 물건이어야 물권의 대상인 물건이라고 할 수 있습니다. A가 소유한 주택은 하나의 특정되고 독립된 물건입니다. 그중에서도 부동산이고요. 여러분이 보고 있는 이 책도, 법조문을 찾아보기 위해 옆에 두고 있는 휴대폰이나 컴퓨터도 각각 특정되고 독립된 물건입니다. 이것들은 부동산은 아니죠? 부동산이 아닌 물건은 동산이라고 합니다.

이처럼 물건이라고 하면 기본적으로 특정되고 독립된 유체물을 의미합니다. 그런데 어떤 형태가 있는 물질이 아니더라도 사람이 관리해서 지배권을 행사할 수 있는 것이라면 내 거라고 할 수 있지 않을까요? 그런 의미에서 민법은 '유체물과 전기처럼 사람이 관리할 수 있는 자연력'*도 물권의 객체인 물건이라고 합니다(제98조). 그러니까 남의 집 전기를 마음대로 끌어다 쓰는 건 다른 사람의 소유권을 침해하는 위법한 행위입니다.

토지와 건물은 하나의 물건일까?

어떤 물건이 특정되고 독립된 것인지 늘 분명한 건 아닙니다. 부동산을 한

---

* 생산 요소의 하나. 사람의 노동력을 돕는 자연의 힘으로, 풍력風力·수력水力·광력光力 따위의 원시적 자연력과 전기력·증기력 따위의 유도적 자연력을 말함.

번 볼까요? 부동산은 글자 그대로 움직일 수 없는 재산을 말하는데, 땅이나 건물이 여기에 해당합니다. 법적인 정의로는 토지와 그 정착물이 부동산이고, 그 외의 물건은 동산입니다(제99조).

토지는 어디서부터 어디까지가 하나의 물건일까요? 이어져 있는 큰 땅덩어리는 하나의 물건이라고 해야 할까요? 어떤 물건이 독립적인지 여부는 논리적으로만 판단할 게 아니라, 사회 통념이나 거래 관념상 어떤지도 중요하게 보아야 합니다. 소유권만이 아니라 우리가 어떤 사회제도를 구상할 때는 논리적인 것에만 지나치게 얽매이기보다, 우리에게 필요한 것이 무엇인지, 어떻게 해야 이용하기가 편리한지 충분히 고려해야 합니다.

이어져 있다고 해서 하나의 토지로 보아야 한다면 작은 섬이 아닌 이상 혼자서 토지를 소유하기는 쉽지 않을 것 같습니다. 거래도 무척 불편할 테고요. 사람들은 토지에 인위적으로 경계를 정해서 큰 땅덩어리를 여러 개로 나눠 각각의 물건으로 만들었습니다. 이렇게 독립적인 하나하나의 토지를 '필筆'이라고 셉니다. 한 필의 토지를 다시 여러 필의 토지들로 나눌 수도 있고(분필分筆), 여러 필의 토지들을 한 필의 토지로 합칠 수도 있습니다(합필合筆).

토지의 정착물로 가장 대표적인 것은 건물입니다. A가 소유하는 주택도 건물이지요. 토지와 그 위에 있는 건물을 하나로 볼 것인지, 별개의 독립된 부동산으로 볼 것인지는 어떤 게 맞고 틀리고의 문제라기보다 사회 구성원들의 생각을 토대로 법에서 정하기 나름입니다. 토지와 건물을 하나의 물건으로 취급하는 나라도 많은데, 우리 민법은 후자를 택하고 있습니다. 건물은 토지 위에 존재하는 것이지만 토지와 건물은 별개의 물건이고, 두 물건의 소유자는 다를 수도 있습니다.

지식재산권의 등장

전기나 자연력이 아니더라도 형태는 없지만 가치를 품은 것들이 있지요? 어떤 책을 쓴 작가가 모든 책의 소유권을 갖는 건 아닙니다. 책 자체의 소유권은 출판사나 서점이나 책을 구매한 독자에게 있습니다. 작가는 책 자체보다 그 책에 쓰여 있는 글에 어떤 권리를 가져야 할 것 같습니다. 글을 쓴 작가의 창작의 고통은 보상받을 만한 경제적 가치가 있는 것이니까요. 이처럼 사람들이 지적인 능력으로 만든 창작물에 대한 권리는 '지식재산권'이라고 합니다.

민법이 처음 생길 때는 지식재산권을 보호해야 한다는 생각이 반영되지 않았습니다. 무형의 지식재산권을 보호해야 한다는 인식이 생기면서 이걸 보호할 것인지 고민했지요. 물권의 대상이 되는 물건의 개념을 넓힌다거나 지식재산권에 관한 권리를 새롭게 규정하는 식으로 민법의 내용을 시대에 맞게 개정하는 것도 한 가지 방법입니다.

그런데 지식재산권이 더 중요해지고, 다양해지면서 소유권과 같은 기존의 재산권과는 조금 다른 특성이 있다는 것을 알게 되었고, 이걸 더 효과적으로 보호하기 위해서 개별 권리별로 특별법을 만드는 방식을 택하게 되었습니다. 이런 법률에는 저작권법, 특허법, 상표법, 디자인보호법, 실용신안법 등이 있습니다.

시대에 따라 달라지는 권리의 개념

이렇게 시대가 바뀌면서 사람들이 중요하게 생각하는 가치나 보호해야 하는 권리가 달라질 수도 있습니다. 민법은 오랜 역사를 가지고 논리적인 틀을 잘 갖추고 있는 법이어서 잘 변하지 않을 것 같지만, 새로운 시대의 가치를 반영할 수 있도록 민법을 개정하려는 노력은 계속되고 있습니다.

예를 들어 정보나 데이터의 경제적 가치에 대해서는 누구도 부정하기 어렵게 되었지요. 이런 데이터는 우리가 알고 있는 다른 물건이나 지식재산권과도 무척 성격이 다릅니다. 우선 데이터를 특정하기가 어렵고 생성 경로도 매우 다양합니다. 쉽게 복제되어 동시에 여러 사람이 사용할 수도 있고, 다른 사람이 사용한다고 그 가치가 떨어지는 것도 아니지요. 데이터는 지금까지 우리가 알고 있던 것과는 다른 새로운 유형의 권리 객체입니다. 법학계에서는 이런 데이터를 어떻게 이해해야 할 것인지, 누구에게 어떤 권리를 인정할 수 있을지에 대한 논의가 활발하게 진행되고 있습니다.

또 제21대 국회에서는 물건의 정의와 관련해서 '동물은 물건이 아니다'라는 내용을 추가하는 내용의 민법 개정안이 나왔지요. 국회의 임기 만료로 법안이 폐기되기는 했지만, 이런 내용이 추가될 가능성은 여전히 있습니다. 현행 민법상 사람은 물건이 아니라는 건 분명하지만, 동물은 유체물의 하나로 다른 물건과 동일하게 취급되고 있습니다.

그런데 동물을 죽이거나 반려동물을 버리는 게 다른 물건을 망가뜨리거나 버리는 것과 동일한 것은 아니지요. 민법 개정안의 내용은 민법에서부터 동물이 다른 물건과는 다르다는 점을 규정해야 한다는 논의를 반영한 것

101

입니다.

·————·

　지금까지 우리는 소유권을 중심으로 재산권에서 한 축을 담당하는 물권이 어떤 권리인지, 어떤 특성이 있는지, 무엇에 대한 권리인지에 대해 살펴봤습니다. 다음 시간에는 소유권을 다른 사람들에게 주장하기 위해서 '내 거'라고 표시하는 방법에 대해 알아보고, 소유권을 이전한다는 것이 어떤 의미인지 생각해 보려고 합니다.

6. 공시

내 것임을 표시하는 방법

소유권을 어떻게 표시할 수 있을까?

소유권은 물건을 배타적으로 지배하는 절대적인 권리입니다. 소유자는 누구에게나 자기 물건에 대한 권리를 주장할 수 있고, 다른 사람들은 그 권리를 함부로 침해해서는 안 됩니다. 그러려면 어떤 물건이 내 거라는 표시를 해둬야 합니다. 채권처럼 어떤 특정한 상대가 있어서 그 상대에게만 알려주면 되는 것도 아니고, 마음속으로만 굳게 내 거라고 믿고 있다고 해서 될 일은 더욱 아닙니다. 어디에 어떤 표시를 해두면 될까요?

지난 시간에 물권의 객체가 되는 물건은 동산과 부동산으로 나눌 수 있다고 했습니다. 토지와 건물 같은 부동산에 비해 동산이라는 말은 좀 낯설

게 느껴질 수도 있겠는데, 부동산 외의 물건이 동산이 됩니다(제99조). 그러면 동산에 내 거라는 표시는 어떻게 할까요? 아이들이 학교에 준비물을 가져갈 때처럼 이름표를 붙이면 어떨까요? 그럴 수도 있겠네요.

실제로 소유자를 표시하기 위해 나무 둘레에 줄을 치고 이름표를 세우거나 나무껍질을 벗기고 거기에 소유자 이름을 표시하는 경우도 있습니다. 수목에 소유권을 표시하는 관행적인 방법으로, 이를 명인방법이라고 합니다. 그렇지만 모든 물건에 이름을 쓸 수는 없지요. 여러분도 모든 물건에 다 이름을 쓰지는 않지만, 이름을 쓰지 않은 물건이라고 소유권이 없어지는 건 아닙니다.

동산에 대한 공시 방법: 점유

동산에 소유권을 표시하는 방법은 점유입니다. 점유란 물건을 사실상 지배하는 것을 말합니다(제192조 제1항). 여러분이 지금 책이나 휴대폰을 가진 것, 가방에 여러 소지품을 넣은 것은 이 물건들을 점유하고 있는 것입니다. 그러면 집에 놓고 온 침대나 책상, 비싸게 주고 산 전자제품이나 목걸이 등은 어떨까요? 이걸 다 들고 다닐 수도 없는데, 어쩌나 싶은가요? 이것도 여러분이 점유하고 있는 겁니다. 점유는 '사실상 지배하고 있는 것'을 말하는데, 사실상 지배하고 있는지는 물리적으로 휴대하고 있는지가 아니라 사회 관념상 그 물건이 어떤 사람의 지배 아래 있다고 볼 수 있는지를 기준으로 판단해야 합니다.

사회 관념에 따라 어떤 물건을 사실상 누가 지배하는지 따진다는 건 어떤 걸까요? 여러분이 《나를 지키는 민법》을 읽고 있는 걸 보고 친구가 책을 좀 빌려달라고 했다고 합시다. 친구에게 책을 빌려줘서 친구가 그 책을 점유하고 있더라도, 여러분이 점유를 잃어버린 건 아니에요. 여전히 여러분은 간접적으로 그 책을 지배하고 있는 것이고(제194조), 이런 간접점유는 책에 대한 소유권을 표시하는 방법으로 유효합니다. 여러분이 아이스크림 가게를 열었는데, 어떤 날은 아르바이트생에게 가게를 맡기고 출근하지 않기도 합니다. 사회 통념상 이 가게를 사실상 지배하며 점유하는 건 아르바이트생이 아니라 여러분이라고 보아야 할 겁니다(제195조).

공개적으로 소유권이나 다른 물권을 표시하는 것을 공시公示라고 합니다. 사람들에게 어떤 물건이 누구 것인지 표시하는 행위죠. 동산은 워낙 종류도 다양하고 소유권도 자주 바뀔 수 있는데, 물건마다 모두 이름을 쓰라고 하거나 소유권을 기재하는 장부를 두는 것은 현실적이지 않습니다. 그래서 동산은 누가 그 물건을 사실상 지배하는지, 즉 점유로 소유권을 표시합니다.

부동산에 대한 공시 방법: 등기

그런데 부동산에 대한 공시 방법은 점유로 충분하지 않습니다. 어떤 부동산이 누구 것인지 점유로 표시한다면, 소유자는 자기가 아끼는 땅에 대한 소유권을 잃지 않기 위해 그 땅을 떠나지 못할지도 모릅니다. 부동산은 유한

하고 희소한 자원이기 때문에, 그 소유권을 분명하게 표시하는 것이 더 중요합니다. 소유권을 분명하게 하는 것은 소유자에게만 유리한 것이 아니라, 그 부동산에 관한 거래를 하려는 사람들에게도 필요한 일입니다.

자기가 소유자라는 사람에게 부동산을 샀는데 알고 보니 소유자가 따로 있었거나, 제한물권이 잔뜩 설정된 사실을 모르고 부동산을 샀다면 매수인에게는 낭패일 수밖에 없습니다. 그래서 부동산에 관한 물권의 존재와 그 내용을 분명하게 공시하기 위해, 부동산마다 이를 표시하는 공적인 장부가 마련되어 있습니다. 부동산에 대한 공시는 이런 공적 장부에 기재하는 것, 즉 등기를 통해서 하는 것입니다.

부동산과 관련된 거래를 해본 분이라면, 부동산등기부를 확인한 경험이 있으실 겁니다. 우리 민법이 토지와 건물을 별도의 물건으로 취급한다고 했었지요? 부동산등기부는 토지등기부와 건물등기부가 있습니다. 등기부에는 부동산의 주소, 현황, 현재 소유자와 지금까지 거래 내역, 소유권 외에 제한물권 등이 기재되어 있으니, 부동산 거래를 하는 사람이라면 등기부를 잘 확인해야 합니다.

소유권 양도의 의미

소유자는 그 소유물을 배타적으로 지배하면서 이용할 수 있을 뿐만 아니라, 이를 처분할 수 있습니다. 자기가 가진 물건을 처분할 수 있다는 것은 소유권을 재산권으로서 더욱 의미 있게 하는 것입니다. 소유권을 다른 사람에게 넘길 수 없다면, 재산권으로서의 의미가 반감될 것입니다. 부동산이나 자동차 같은 물건을 살 수는 있지만, 팔 수는 없다고 상상해 보세요. 재산적인 매력이 아무래도 떨어지지 않을까요? 도매상에서 물건을 사다가 소비자에게 판매하는 소매업은 존재하기도 어려울 겁니다.

채권도 양도할 수 있는 게 원칙이지만, 당사자들 사이의 권리이기 때문에 채권자와 채무자가 채권을 양도하지 말자고 미리 약속할 수도 있습니다 (제449조). 채무자 A의 입장에서는 채권자가 B이기 때문에 특정한 채무를 지겠다고 한 것일 수도 있으니까요. 또 어떤 채권은 성질상 양도하는 게 불가능하기도 합니다. 고등학생에게 물리 과외를 해주기로 했는데, 그 고등학생이 자기 마음대로 자기가 과외를 받을 채권을 유치원생에게 넘겼다고 해서, 갑자기 그 유치원생에게 어려운 고등학교 물리 과정을 가르쳐야만 하는 건 아닐 거예요.

이에 반해 물권은 누구에게나 주장할 수 있는 절대권으로, 상대방이 있는 권리가 아닙니다. 물권은 물건을 직접 지배할 수 있는 권리이기 때문에, 물권을 가진 사람은 물건을 통해 이익을 얻거나 물권 자체를 양도함으로써 이익을 얻을 수도 있어야 합니다. 개인이 물건에 대해 가지는 권리인 물권의 양도를 제3자가 금지할 수는 없습니다. 이처럼 물권은 채권에 비해 강한 양도성이 있는 게 또 하나의 특징입니다.

부동산 소유권의 이전

A가 주택에 관한 자신의 소유권을 다른 사람에게 양도하려면 어떻게 해야할까요? 주택을 사겠다는 사람에게 주택을 팔아야겠지요. 마침 B가 주택을 사겠다고 합니다. 이들의 의사표시가 합치하면, 주택에 대한 매매계약이 체결됩니다.

이제 이 매매계약에 따라서 B는 A에게 주택에 관한 소유권을 이전하라고 청구할 권리가 생겼고, A는 B에게 매매대금을 청구할 권리가 생겼습니다. 이것은 채권이지요. 아직 물권이 이전된 것은 아닙니다.

A가 가지는 주택의 소유권을 B에게 이전하는 방법은 무엇일까요? 부동산등기부에 소유권이전등기를 마쳐서, 소유자를 A에서 B로 변경해야 소유권이 넘어가는 겁니다(제186조). 그래야 A와 B가 아닌 다른 사람들도 주택의 소유자가 B가 된 것을 알 수 있을 테니까요.

부동산등기부

부동산에 관한 권리관계는 등기부에 기재가 됩니다. 여기에 기재하는 것을 등기라고 하는 거고요. 지금은 등기부를 종이가 아닌 전산으로 관리하지만 여전히 등기부라는 말을 사용하고 있습니다. 부동산이 토지와 건물로 나눠지니, 등기부도 토지등기부와 건물등기부로 구분됩니다. 등기부에 기재되는 등기 기록은 크게 표제부, 갑구, 을구의 세 부분으로 구성됩니다.

표제부는 부동산을 표시하는 부분입니다. 토지등기부의 경우에는 소재와 지번, 지목, 면적 등이 포함되고, 건물등기부는 소재, 지번 및 건물번호,

[토지] 서울특별시 동대문구 이문로 107107107				
【갑구】 소유권에 관한 사항				
순위 번호	등기목적	접수	등기원인	권리자 및 기타사항
…				
5	소유권 이전	2012년 3월 31일 제2500호	2012년 3월 1일 매매	소유자: 김에이 거래가액 금 250,000,000원
6	소유권 이전	2025년 2월 20일 제4500호	2025년 2월 1일 매매	소유자: 박비 거래가액 금 280,000,000원

표 1

건물의 종류, 구조와 면적 등이 포함됩니다.

갑구는 소유권에 관한 사항을 기록하는 부분입니다. 등기부의 일부를 발췌한 표 1은 토지등기부의 갑구를 보여주고 있습니다. (순위번호 6번의 등기 사항을 보면, 소유자가 김에이에서 박비로 소유권이 이전된 것도 확인할 수가 있네요. 2025년 2월 1일자 매매계약을 원인으로 2025년 2월 20일 소유권이전등기를 신청한 것을 알 수 있습니다.)

을구는 소유권 외의 권리에 관한 사항을 기록하는 부분입니다. 물권에는 소유권 외에도 제한물권들이 있다고 했지요? 제한물권은 갑구가 아니라 을구에 기록됩니다. (을구는 12강에서 다시 볼 기회가 있을 거예요.)

원칙적으로 등기를 이전하기 위해서는 A와 B가 함께 등기소에 가서 등기이전을 신청해야 합니다. 그런데 실제로는 법무사 등의 대리인을 통해 등기를 신청하는 경우가 많습니다. 그래서 큰 금액의 부동산 매매계약을 체결할 때는 계약할 때 매수인이 계약금의 일부를 먼저 지급하고, 중간에 중도금을 지급하고, 마지막에 나머지 잔금을 지급하는 동시에 매도인이 매수인에게 부동산등기 신청에 필요한 각종 서류를 건네주는 것으로 약정하는 것이 일반적입니다.

동산 소유권의 이전

동산의 공시 방법은 점유입니다. 동산의 소유권은 점유를 넘겨주면 이전됩니다. 여러분이 이 책을 서점에서 사는 걸 생각해 봅시다. 서점에 가서 서점 주인에게 "《나를 지키는 민법》주세요"라고 하면 매매계약이 체결되었다고 볼 수는 있겠지만 그걸로 소유권이 넘어온 것은 아닙니다. 책값을 내고 책을 넘겨받으면, 물건을 인도받았으니 이제 이 책은 여러분 소유가 되는 겁니다(제188조).

채권과 물권의 관계

채권과 물권은 서로 전혀 다른 권리인 것처럼 보이지만, 실제 경제생활에서는 양자가 긴밀하게 연결되어 작동합니다. A와 B가 주택에 관한 매매계약(채권)을 체결한 이유는 A가 가지는 주택의 소유권(물권)을 B에게 양도하기 위한 것이었습니다. 이처럼 많은 계약이 물건에 대한 권리를 취득하기 위해 체결됩니다. 다시 말해 소유권은 계약을 통해 그 기능을 제대로 발휘할 수 있게 되는 것입니다.

그러면 A와 B의 매매계약에 문제가 생기면, 주택에 관한 물권 변동에는 어떤 영향이 있을까요? A와 B가 주택에 대한 매매계약을 체결하고 이에 따라 소유권이전등기까지 다 마쳐서 물권 변동까지 이루어졌다고 합시다. 그런데 알고 보니 A가 의사능력이 없는 상태에서 체결한 계약이라서 애초부터 무효거나, B가 미성년자임에도 부모 동의 없이 매매계약을 체결해서 계약이 취소되면 소유권은 어떻게 될까요?

소유권 변동의 근거가 된 매매계약이 무효이거나 취소되어 처음부터 무효인 것처럼 되었다면, 소유권도 이전되지 않은 것처럼 원래대로 돌아갑니다. 등기부상 소유자가 B로 남아 있어도 그럴까요? 네, 그렇습니다. A에서 B로 소유권을 이전하는 내용의 소유권이전등기는 매매계약이 무효 또는 취소되면서 이제 그렇게 해야 할 원인이 없어진 겁니다. 이건 지워져야 할 운명의 등기일 뿐입니다. 이렇게 기재한 등기를 지우는 것이 말소등기입니다.

그럼 등기만 보면 물권 현황을 완벽하게 알 수 있는 건 아니네요. 다른 사람들에게 물권의 내용을 보여주기 위해 등기를 해야 하는 것은 맞지만, 등기가 되어 있다고 해서 무조건 등기 내용대로 물권의 효력이 발생하는 것은 아니라는 걸 알 수 있습니다. 보이는 대로 신뢰할 수 있다는 말을 공신력이라고 하는데, 등기의 공신력은 인정되지 않습니다. 다시 말하지만 어려운 말을 외우는 게 중요하지 않아요. 등기의 성질을 이해하면 됩니다.

매매 목적물이 동산인 경우에도 채권과 물권과의 관계는 마찬가지입니다. 엄마 카드를 들고 가서 게임기를 사온 고등학생의 부모님이 이 계약을 취소하면 게임기는 누구의 소유인가요? 지금 누구의 손에 있더라도 이건 가게 주인에게 돌려줘야 하는 겁니다. 이처럼 물권 변동의 원인이 된 채권관계에 문제가 생기면, 물권관계에도 문제가 생깁니다. 당사자들이 그런 계약을 체결한 이유가 소유권을 넘기기 위한 것, 소유권을 갖기 위한 것이었다는 점을 생각하면 당연한 결론이라고 볼 수도 있습니다.

소유권을 지키기 위한 무기: 물권적 청구권

소유권은 물건에 대한 배타적인 지배권입니다. 그래서 다른 사람이 함부로 방해하면, 그것을 하지 말라고 말릴 수 있어야 합니다. 물론 남의 소유권을 방해하는 것은 그 자체로 위법한 행동이고, 나중에 불법행위책임을 배우며 자세히 이야기하겠지만, 이렇게 위법한 행동에 대해서는 손해배상을 청구할 수 있습니다.

그런데 소유자가 소유권을 제대로 행사할 수가 없는데, 그에 대한 구제수단이 '손해가 발생하면 나중에 돈으로만 배상받을 수 있다'는 것뿐이라면 소유권을 절대적으로 보장한다고 하기 어려울 겁니다.

소유자가 소유권 방해를 당장 그만둘 것을 청구할 수 있는 것은 소유권을 제대로 보장하기 위한 것으로, 소유자와 소유권을 방해하는 자의 관계에서 새롭게 발생하는 권리라기보다는 소유권 그 자체로부터 흘러나오는 권리라고 할 수 있습니다. 상대방에게 무엇을 청구할 수 있는 권리인데, 채권적인 성격이 아니라 물권에서 비롯되는 것이라는 취지에서 물권적 청구권이라고 합니다.

내 물건을 돌려주세요!

소유자가 가지는 물권적 청구권의 구체적인 내용을 알아봅시다. 누군가가 여러분의 휴대폰을 가지고 갔다면 뭐라고 하시겠어요? "그거 내 거야, 돌려줘"라고 하지 않을까요? 이런 권리를 소유자가 소유물을 점유하고 있는 사람에게 소유물을 반환하라고 청구할 수 있다고 하여, 소유물반환청구권이라고 합니다(제213조). 부동산에 대해서도 소유물반환청구권을 행사할 수 있습니다. 여러분이 장기간 여행을 떠나면서 집을 비운 사이, 어떤 사람이 여러분 몰래 이사를 와서 마치 자기 집인 것처럼 살고 있다면, "나중에 손해배상을 청구하겠어!" 하고 마실 건가요? 아마도 "당장 내 집에서 나가!"라고 할 겁니다.

소유물반환청구권을 행사하기 위한 조건은 아주 간단합니다. 내가 소유자고, 상대방이 내 소유의 물건을 점유하고 있으면 다른 것을 따질 것 없이 바로 "내 거야, 돌려줘"라고 할 수 있습니다. 다만, 상대방이 물건을 점유할 권리가 있는 사람이라면 이런 반환 청구를 거부할 수 있겠지요. 여러분이 장기간 여행을 떠나면서 집에 대한 단기 임대차계약을 체결한 것이라면, 임대차계약에 따라 그 집을 점유하고 있는 임차인에게 "내 거니까 나가!"라고 할 수는 없을 겁니다. 만일 여러분이 나가라고 한다면 임차인은 "나 당신이랑 임대차계약을 체결했는 걸. 여기 살 권리가 있다고!" 하면서 나가지 않겠다고 할 겁니다.

내 소유권에 방해되는 것들을 치워주세요

소유권을 방해하는 여러 유형 중에 남의 물건을 무단으로 점유하는 것이 대표적이기는 하지만, 다른 방식으로 소유권을 방해하는 경우도 있습니다. 소유자가 소유물에 대한 방해를 제거하라고 청구할 수 있다는 것이 소유물방해제거청구권입니다(제214조).

여러분이 토지를 소유하고 있다고 합시다. 어느 날 가보니 거기에 누군가가 건물을 지었습니다. 이 건물은 토지 위에 서 있으니 토지 소유자인 여러분의 것이 되나요? 우리 민법에서 토지와 건물을 별개의 물건이라고 했지요. 내가 토지를 가지고 있다고 해서 그 위의 건물이 당연히 내 것이 되는 것은 아닙니다. 새로 지은 건물은 자기 노력과 재료를 들여서 건물을 건축한 사람이 그 소유권을 갖게 됩니다. 자, 이제 건물 주인을 만나 왜 내 땅에 허락도 없이 건물을 지었냐고 따져야겠군요. 남의 토지 위에 무단으로 건물을 올린 것은 토지의 소유권을 침해한 것이니까요.

토지 없이 건물만 존재하지는 못하겠지요. 건물을 소유하기 위해서는 토지에 대한 소유권이 아니더라도 토지를 이용할 수 있는 권리가 있어야 합니다. 토지 소유자인 여러분은 이제라도 건물 주인이 토지를 이용할 수 있게끔 임대차계약을 체결하거나 지상권 같은 제한물권을 설정해 줄 수 있겠지만, 반드시 그래야 하는 건 아닙니다.

내 토지 위에 무단으로 건물을 지은 것을 참아야 할 의무는 없습니다. 여러분이 이 토지를 다른 데 이용하거나 처분할 수도 있어야 하는데, 원하지 않는 건물이 존재하는 것은 심각한 방해가 될 겁니다. 여러분은 소유자로서 그 토지의 사용, 수익, 처분하는 것을 방해하는 중인 건물 소유자에 대해 건물을 철거하라고 할 수 있습니다. 방해제거청구권을 행사하는 것이지요.

이렇게 소유물에 대해 물리적으로 방해받는 것 말고도, 다른 식으로 소유권 행사를 방해받을 수도 있습니다. 어느 날 여러분의 토지가 자기 것이라는 사람이 나타났습니다. 말도 안 된다고 생각해서 등기부를 확인하니 정말 여러분이 토지를 다른 사람에게 판 것으로 기재가 되어 있는 겁니다. 누군가가 인감을 훔치고 등기 관련 서류를 위조해서 거짓으로 소유권이전등기를 한 것으로 드러났습니다. 나쁜 사람을 잡아서 벌을 주는 것도 해야겠지만, 어떻게 하면 이 상황을 해결할 수 있을지 생각해 봅시다.

다행인 것은 이런 등기가 되어 있다고 해서 그 자체로 여러분이 소유권을 잃어버리는 건 아니라는 겁니다. 등기에 공신력이 인정되지 않으니, 등기에 적힌 대로 권리가 발생하지 못하니까요. 그렇지만 등기에 다른 사람이 소유자인 것으로 적힌 사실 그 자체로 여러분의 소유권 행사를 방해하고 있습니다. 토지를 다른 사람에게 팔거나 저당권 같은 제한물권을 설정하려고 하면, 등기에 여러분이 소유자로 되어 있지 않아서 어려움을 겪게 될 겁니다.

그러면 우선 여러분이 해야 할 일은 잘못 기재된 소유권이전등기를 없애는 겁니다. 소유권이 가지는 무기로서 소유물방해배제청구권을 꺼내 들어서, 말소등기를 청구할 수 있습니다.

그러면 내 소유권이 방해받게 될 거예요. 하지 말아주세요!

소유자가 누군가가 소유물을 무단으로 점유하거나 다른 방식으로 소유권을 방해할 때만 물권적 청구권이라는 무기를 사용할 수 있다면, 뻔히 소유권이 침해될 것 같은 상황이더라도 일단 실제로 소유권이 침해될 때까지 기다려야 하는 걸까요? 그건 부당하겠죠. 소유권을 방해할 염려가 있는 행위를 하는 자가 있다면 그 사람에게 소유권 방해를 예방하는 행위를 요구하거나 손해배상을 할 것에 대비해 담보를 청구할 수 있습니다(제214조).

해가 잘 드는 집에 살고 있었는데, 집 바로 옆에 고층 빌딩이 들어서게 되었다고 합시다. 너무 높이 올라갈 예정이라 이 건물이 다 지어지면 해가 전혀 들지 않는 컴컴한 집에 살게 될 게 뻔합니다. 만일 소유물방해예방청구권이 인정되지 않는다면 일단 이 건물이 지어져서 손해가 발생할 때까지 기다렸다가 손해배상을 청구하거나 건물을 철거하라는 식의 소유물방해제거청구를 할 수 있을 겁니다. 너무 번거롭거나 충분한 구제수단이 되기 어려울 수도 있겠지요.

지금 당장 이렇게 높은 건물을 짓지 말라고 할 수 있어야 합니다. 이런 청구를 하려면 단순히 내 생각에 당신이 그 건물을 다 지으면 내 소유권이 방해받을 수도 있다는 정도의 가능성만 가지고는 부족합니다. 손해가 아직 발생하지도 않았는데 소유물 방해를 하지 말라고 하려면, 객관적인 근거를 놓고 볼 때 상당히 그럴 수 있다는 정도가 되어야 합니다.

서로의 소유권이 충돌할 때 어떻게 해야 할까?

여기서 생각해 볼 문제가 하나 있습니다. 내 집 바로 옆 토지에 고층 건물을 짓는 것은 나의 소유권을 침해하는 행위일 수도 있지만, 그 토지 소유자로서는 자기의 소유권을 행사하는 것입니다. 토지의 소유권은 토지 표면에만 있는 게 아니라 정당한 이익이 있는 범위에서라면 토지의 상하에 걸쳐서 효력이 있거든요(제212조). 그러니까 무조건 건물을 짓지 말라고 하기는 어렵습니다.

내가 먼저 집을 짓고 살고 있기는 하지만, 옆 토지의 소유권도 존중해 줘야 합니다. 이어져 있는 토지에 인위적으로 경계를 그려 여러 개의 물건으로 나누기로 한 이상, 인접하는 토지의 소유자들은 서로 권리를 조정하기 위해 조금씩 양보해야 하는 경우가 생길 수 있습니다. 옆 토지에 건물이 생겨서 아무 것도 없을 때에 비해 아무래도 해가 좀 덜 들고 전망이 이전만 못해졌더라도, 어느 정도까지는 참아야 합니다.

하지만 그 정도가 너무 심해서 사회 통념상 일반적으로 생각하기에 참기 힘든 정도라고 판단되면, 예를 들어 몇 층 이상은 공사하지 말라거나 공사를 중단하라는 식으로, 참아야 하는 한도를 넘어선 범위에서는 방해제거나 예방을 청구할 수 있습니다(제217조 참조).

어디까지 참아야 하는지는 경우에 따라 다를 겁니다. 얼마나 방해가 되는지, 예를 들어 해가 몇 시부터 몇 시까지 들어오는지, 어떤 전망이 얼마나 가려지는지, 새로 생기는 건물의 용도가 무엇인지, 주변 지역과 비교하면 어떤지, 관련 규제는 잘 지키고 있는지, 피해를 피하거나 줄일 수 있는 다른 방법이 있는지 등 여러 사정을 종합적으로 고려해서 결정해야 합니다. 서로 다툼이 있다면 결국은 법원에 가서 가려질 일입니다.

·————·

이제 우리는 소유권이 어떤 권리인지 조금 더 잘 이해하게 되었습니다.

소유권이 계약과 다른 어떤 특징이 있는지, 그러면서도 이 둘이 어떻게 긴밀하게 연결되는지, 민법이 소유권을 보장하는 구체적인 방법이 무엇인지 등을 살펴보았습니다.

이렇게 누구든지 가지고 싶은 물건을 다 가질 수 있으면 참 좋겠지만, 현실은 그렇지가 않지요. 다음 시간에는 물건을 소유하는 것 말고, 다른 사람에게 내 물건을 사용할 수 있게 하는 것, 상대방의 입장에서 보자면 다른 사람의 물건을 사용하는 것에 대해 알아봅시다.

7. 임대차

소유할 권리와 빌려 쓸 권리

소유하지 않고도 물건을 사용하는 방법

그동안의 수업을 통해 우리는 사람들의 경제활동에서 소유권과 이를 얻기 위한 매매계약이 매우 중요한 역할을 담당하고 있다는 것을 다시 한번 확인할 수 있었습니다. 무엇이든 내가 원하는 물건을 다 가질 수 있다면 참 좋을 것 같습니다. 그렇지만 항상 그럴 수야 없겠죠.

물건을 소유하지 않은 사람이 대가를 지급하고 다른 사람의 물건을 이용하는 방법은 임대차계약을 하는 것입니다. 임대차도 매매만큼이나 오랜 역사를 가지고 사회적으로 중요한 기능을 수행하고 있습니다. 주택이나 상점, 사무실 같은 부동산 임대차를 생각해 보세요. 만일 자기 부동산을 소유한 사람만이 거기서 살 수 있다거나 영업을 할 수 있다면 사람들의 경제활동은 매우 위축될 수밖에 없을 거예요.

차를 사는 대신 리스해서 타기도 하고, 사무실에서 사용하는 여러 설비를 빌려 쓰는 경우도 많습니다. 공유 서비스를 통해서 자동차나 자전거를 이용하거나, 그림이나 비싼 드레스를 대여하기도 하지요. 이것도 돈을 내고 다른 사람의 물건을 사용하는 것이니, 임대차의 일종이라고 할 수 있습니다.

이처럼 임대차는 비교적 적은 금액으로 어떤 물건을 사용할 수 있는 방법입니다. 당장 부동산을 소유하기에 자금이 충분하지 않더라도 임대차를 통해 살 집이나 영업을 위한 공간을 구할 수 있습니다. 물건을 구입하기에 충분한 자금이 있거나 그만한 자금을 융통할 수 있는 사람들도 물건의 소유권을 취득하는 대신에 임차를 하고, 남는 자금력을 다른 곳에 활용하거나 투자할 수도 있습니다.

임대차의 사회적 효용

임대차는 사회적으로 어떤 역할을 할까요? 방금 살펴본 것처럼 임차인은 물건을 살만큼 돈이 많지 않더라도, 그만큼 돈을 쓰지 않더라도, 그걸 이용하는 게 가능해집니다. 나에게 맞을지 아닐지 모르는데 고가의 물건을 구매하는 게 부담스럽다면, 일단 빌려서 써보는 것도 방법일 수 있습니다. 물건을 사는 게 언제나 최선의 선택은 아닐 거예요. 우리가 돈을 무한정 가진 게 아니니 기회비용을 생각해야 하고, 물건을 보유하는 것만으로 관리 비용이 들어갈 수 있으니까요.

그럼 임대인은 임대차계약을 하면 어떤 이익이 있을까요? 물건을 사용하지 않은 채 가지고만 있으면 그로부터 어떤 경제적 이익도 얻지 못하지만, 임대를 하면 수익이 생깁니다. 물건을 팔아서 매매대금을 가질 수도 있겠지만, 당장 사용하지 않는다고 해서 모두 팔아야 하는 건 아니죠. 물건을 소유한 채로 다른 사람이 사용하게 하고 그로부터 수익을 얻는 것도 소유권을 행사하는 한 방법입니다.

어떤 물건을 사용하기 위해서 반드시 소유권을 취득해야 한다면 사회적으로 자원을 효율적으로 활용하기가 어려워질 겁니다. 어디서나 구할 수 있는 제품이면 몰라도, 희소한 물건이라면 더 그렇겠지요. 땅이나 건물을 한번 생각해 보세요. 소유자가 어떤 물건을 사용하지 않는 동안 임대차를 통해 이를 필요한 사람이 쓸 수 있도록 하면 사회적으로 한정된 자원을 보다 효율적으로 이용할 수 있게 됩니다.

임대차를 통해 물건의 가치가 올라갈 수도 있습니다. 큰 특색이 없던 상가에 임차인들이 들어와 소비자의 취향에 맞춰 인테리어를 바꾸거나 새로운 영업을 해서 상권이 생기고 부동산 가치가 높아지기도 하지요. 여기서 자세히 다루지는 않겠지만, 이러한 투자의 결과 물건의 가치가 상승한 경우에는 그로 인한 이익을 누가 갖는 게 맞는지, 투자에 대한 보상은 어떻게 해야 하는지도 생각해 볼 문제입니다.

토지나 건물 같은 부동산 말고, 동산에 대한 임대차도 얼마든지 가능합니다. 차나 자전거, 각종 기기나 장비, 가구, 옷, 장난감 등 특별히 임대차의 대상에 제한이 있는 건 아닙니다.

그런데 생각해 보면 남에게 빌려주거나 빌려 쓰는 게 잘 안 맞는 물건도 있지 않나요? 음식이나 소모품과 같이 사용하고 돌려줄 수 없는 것은 임대차에 적합하지 않습니다. 동일한 음식이나 동일한 제품으로 갚으면 되지 않느냐고 생각할 수도 있는데, 그런 약정은 임대차가 아니라 소비대차라고 합니다(제598조).

남에게 무언가를 빌려 쓴다고 하면, 돈 빌리는 게 제일 먼저 떠오르진 않나요? 그런데 그때도 빌린 돈을 가지고 있다가 그 돈을 그대로 돌려주는 건 아니죠. 데이트 비용으로 친구에게 5만 원을 빌렸다면 그 5만 원은 영화관이든, 식당이든 데이트를 하면서 쓰고 다른 5만 원을 갚는 거니까요. 데이트를 하려고 했는데 못해서 친구에게 받았던 5만 원짜리 지폐를 지갑에 넣고 있다가 그대로 돌려주었다면 어떤가요? 당사자들이 중요하게 생각한 건 5만 원이라는 가치이지, 그 지폐가 아닙니다. 그러니 이건 소비대차입니다.

만일 어떤 사람이 가진 5만 원짜리 지폐가 우리나라에서 제일 먼저 발행된 것이어서 지폐박물관에서 전시료를 지불하고 그 5만 원권을 전시한 다음 돌려주기로 했다면 어떨까요? 그때 당사자들이 중요하게 생각한 건 그 돈이 가지는 5만 원이라는 가치가 아니라 그 지폐 자체겠죠. 돈을 빌리는 게 임대차가 되려면 이 정도는 되어야 할 겁니다. 계약에서 가장 중요한 건, 그 계약을 체결하는 당사자들의 의사라는 걸 또 한 번 확인할 수 있는 대목이기도 합니다.

임대차계약을 맺은 서로의 의무

A와 B가 A의 물건에 관해 임대차계약을 한다는 건 어떤 의미일까요? 임대차는 A가 B에게 임대차의 대상이 되는 물건을 사용하게 해주고, B가 A에게 그 대가를 지급하기로 약속하면 효력이 생깁니다(제618조). 매매계약과 마찬가지로 특별한 형식이나 요건이 필요한 것은 아닙니다.

그렇다면 임대인 A의 가장 기본적인 의무는 물건을 임차인 B가 사용할 수 있게 해주는 것입니다. 구체적으로 그 물건을 B에게 넘겨줘야 하고, 계약 기간 동안 B가 사용할 수 있는 상태를 유지해 줘야 합니다(제623조). 물건을 사용할 수 있는 상태를 유지한다는 건 어떤 의미일까요? A가 B에게 자기 집을 빌려주었다고 합시다. A는 B가 자기 집을 사용하는 것을 허락해 주는 것으로 의무를 다한 게 아닙니다. 비만 오면 집에 물이 새거나 오래된 보일러가 고장이 나서 추운 겨울에 난방이 되지 않는다면, 이건 집을 제대로 사용할 수 있는 상태라고 보기 어렵겠지요. A는 B가 집을 사용하는 데 문제가 없도록 이런 하자들을 수선해 줄 의무가 있습니다.

한편, B는 A의 집을 공짜로 쓰는 게 아니라, 임대료 즉 빌리는 값을 내고 쓰는 겁니다. 남의 물건을 무상으로 빌려 쓰는 건 임대차가 아니라 사용대차라고 합니다(제609조). 이런 점에서 임차인의 의무 중에 제일 기본은 임대인에게 임대료를 지급하는 거라고 할 수 있습니다.

당사자들이 서로 의무를 부담하는 쌍무계약

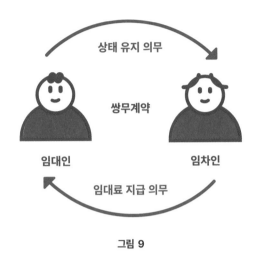

그림 9

그림 9에서 볼 수 있듯이 B의 임대료 지급 의무는 A의 상태 유지 의무와 한 쌍을 이룹니다. 마치 매매계약에서 매수인의 대금 지급 의무와 매도인의 소유권 이전 의무가 한 쌍을 이루는 것처럼 말이죠. 이처럼 한 계약에서 양 당사자가 한 쌍의 채무를 부담하는 계약을 쌍무계약雙務契約이라고 합니다. 사용대차처럼 한쪽만 의무를 부담하는 계약(증여, 사용대차계약, 현상광고계약 등)은 편무계약片務契約이라고 하고요. 어려운 말처럼 보이지만, 뜻을 알고 나니 그렇게 어렵지 않지요. 말이 나온 김에 쌍무계약의 특징을 조금 더 알아봅시다.

쌍무계약을 한 사람이 자기 의무를 이행하는 이유는 무엇일까요? 그건 바로 상대방으로부터 뭔가를 받기 위해서입니다. 임차인이 임대인에게 임대료를 지급하는 이유는 물건을 사용할 권리를 갖기 위해서이고, 임대인이 임차인에게 물건을 사용할 수 있게 해주는 건 임차인으로부터 임대료를 받기 위해서입니다. 매매계약에서 매수인이 매매대금을 지급하는 건 목적물의 소유권을 이전받기 위해서이고, 매도인이 자기 소유권을 넘겨주는 건 매매대금을 받기 위한 것이고요.

동시이행의 항변권

그렇다면 상대방이 의무를 이행하지 않는데 나만 의무를 이행하게 되는 건 부당하겠지요? 이걸 방지하기 위한 좋은 방법이 없을까요? 양 당사자가 동시에 의무를 이행하도록 하면 이런 위험을 최소화할 수 있을 겁니다. A와 B가 A의 주택에 대한 매매계약을 할 때, B가 잔금을 지급하는 것과 A가 소유권을 이전하는 것, 혹은 소유권 이전에 필요한 서류를 넘겨주는 것을 동시에 하는 것처럼 말입니다.

약속한 날짜에 B가 잔금을 지급하려고 부동산중개소에 갔는데, A가 소유권 이전에 필요한 서류들을 준비하지 않고 있다면 B만 잔금을 지급해야 하는 건 아닙니다. 그랬다가 A가 자기 의무를 이행하지 않으면 B로서는 낭패겠죠. B가 매매대금을 지급하는 건 주택의 소유권을 이전받기 위한 것인데 말이에요.

B는 A가 소유권이전등기에 필요한 서류들을 제공할 때까지 잔금 지급을 거절할 수 있습니다. "나는 너와 동시에 의무를 이행할 거야"라고 주장하면서 말입니다. 이런 B의 권리를 '동시이행의 항변권'이라고 합니다(제536조). 다시 한번 말하지만, 이런 용어들을 외우는 게 중요한 게 아니고, 무슨

의미인지, 왜 필요한지 이해하면 되는 거예요.

상대방이 의무를 이행하지 않으면

자, 그러면 이제 임대차계약을 살펴봅시다. 임대차계약에 따라 물건을 넘겨주기로 한 날짜가 지나도록 임대인이 물건을 넘겨주지 않으면 임차인은 물건을 받아서 사용할 수 있게 될 때까지는 임대료를 지급하지 않겠다고 거절할 수 있습니다. 임차인이 임대료를 지급하는 건 물건을 사용하기 위해서니까요.

그런데 임대차는 매매처럼 한 번에 중요한 의무 이행이 이루어지는 게 아니라, 일정 기간 계속해서 의무를 이행해야 하는 게 일반적입니다. 임차인이 임대인에게 2년 동안 주택을 빌리기로 하고 매달 월세를 지급하기로 하는 것처럼 말이지요. 계약에 따라 임대인이 임차인에게 주택을 넘겨주어서 임차인이 월세를 내고 주택에 거주하고 있던 중에 문제가 발생하면 어떨까요? 6개월쯤 잘 살고 있었는데 주택의 지붕이 내려앉고 물이 새서 그 일부를 도저히 사용할 수가 없게 되었고, 임대인에게 고쳐달라고 했는데도 고쳐주지 않는다면 임차인은 어떻게 해야 할까요?

이럴 때 임차인은 집을 제대로 사용하지 못하게 되었기 때문에 월세를 내지 않겠다고 할 수 있을 겁니다. 임차인이 월세를 내는 것은 주택을 사용하는 대가이니까요. 나아가 임대인이 계속 집을 고쳐주지 않아서 제대로 사용하기 힘든 정도라면, 임차인은 이 임대차계약을 해지할 수도 있습니다(제

627조).

이번에는 임대인이 자기 의무를 다했는데도 임차인이 월세를 내지 않는 경우를 생각해 봅시다. 임차인이 월세를 며칠 밀렸다고 바로 나가라고 하거나 월세를 낼 때까지 집을 사용하지 말라고 하기는 쉽지 않을 겁니다. 그렇지만 임차인이 몇 달 동안 월세를 내지 않고 있는데도, 임대인만 계속 임차인이 집을 사용할 수 있게 해줘야 하는 건 부당합니다. 어느 정도 월세를 밀리면 나가라고 할 수 있을까요?

'민법'은 임차인이 두 달분 이상 임대료가 밀리면 임대인은 계약을 해지할 수 있도록 정하고 있습니다(제640조). 당사자들이 임대차계약을 하면서 이것과 달리 약속하는 것, 예를 들어 '임차인이 세 달분 이상 임대료를 연체하면 계약을 해지할 수 있다'라는 식으로 정하는 것은 가능하지만, '민법'에서 정한 것보다 임차인에게 더 불리하게, 예를 들어 '임차인이 임대료를 연체하면 계약을 해지할 수 있다'라는 식으로 정하는 것은 효력이 없습니다(제651조). 임차인을 배려하려는 취지입니다.

임차인의 보호가 필요한 경우

이처럼 법이 임차인을 배려하는 이유는 무엇일까요? 임차인이 임대인에 비해서 협상력이 떨어지는 경우가 많기 때문입니다. 일반적으로 계약을 할 때 양쪽이 완전히 대등한 입장에서 협상을 하는 경우도 있지만, 그렇지 않을 수도 있지요. 그렇다고 언제나 협상력이 낮은 사람을 보호해 줘야 하는 건 아닙니다. 어찌 보면 협상력에 차이가 있는 게 자연스러운 현상이기도 하지요.

그런데 거래하는 당사자들의 지위가 너무 현격하게 차이가 나서, 계약 내용이 당사자 일방에게 지나치게 불리하거나 공정성을 잃었다고 판단될 정도라면, 그런 내용으로 계약을 체결하지 못하도록 법이 나서게 됩니다. 임대차는 한번 계약이 성립하면 장기간 그 계약이 유지되기 때문에, 임차인에게 지나치게 불리하거나 불공정한 내용으로 계약이 체결되지 않도록 해야 합니다.

특히 주택을 빌리는 사람 대부분은 거기 살기 위해 임차하는 것입니다. 그런 임차인을 보호하는 건 사람의 기본적인 의식주 중에 주거의 안정성과 직접적인 연관이 있습니다. 임대차계약이 해지될 수 있다는 건, 임차인 입장에서는 살던 집에서 쫓겨날 수 있다는 뜻이 될 수 있지요.

임대차보호법의 역할

또 우리나라에서는 주택이나 상가 같은 부동산 임대차에서 상당히 높은 금액의 보증금이 필요한 경우가 많습니다. 전세를 구해본 사람은 알겠지만, 임차인은 집값의 반이나 그보다 더 높은 금액의 보증금을 내기도 합니다. 보증금은 임대차계약이 끝났을 때 연체된 임대료가 있거나 임대차와 관련된 임대인의 손해가 발생했을 때 그 금액들을 빼고 다시 돌려받는 돈입니다.

그런데 만약에 임대인이 보증금을 제대로 돌려주지 못하게 되면 어떻게 될까요? 어떤 임차인에게는 보증금이 거의 전 재산일 수도 있고, 이 돈을 마련하려고 전세금 대출을 받은 사람도 있을 텐데 말입니다.

그래서 이런 임차인들을 특별히 보호하기 위해 주택임대차보호법, 상가건물임대차보호법 등의 법률들이 마련되어 있습니다. 민법이 일반법이라면, 이런 법들은 특별법이라고 할 수 있겠지요.

계약의 해제와 해지는 어떻게 다를까?

계약이 처음부터 무효였거나 취소할 수 있는 경우가 아니라면 중간에 그만두는 건 예외적으로만 가능합니다. 계약은 지켜져야 하는 것이니까요. 특별한 사유가 있어서 계약을 중간에 그만두는 것을 해제라고 합니다. 여러분이 아끼던 물건을 팔기 위해 매매계약을 한다고 합시다. 가방이나 오토바이 같은 걸 생각해 봐도 좋겠습니다. 여러분이 약속된 날짜에 물건을 넘겨주려고 준비를 다 하고 있는데 물건을 사기로 한 매수인이 돈을 주지 않는다면 여러분은 돈을 받을 때까지 물건을 넘겨주지 않을 수 있습니다.

앞에서 배운 동시이행의 항변권이 이런 힘을 가지고 있습니다. 그리고 아마도 여러분은 매수인에게 빨리 돈을 달라고 하겠지요. 그런데도 한참 동안 매수인이 잔금을 주지 않는다면, 여러분은 언제까지고 기다려야 하는 게 아니라 "이 계약 없었던 것으로 합시다"라고 할 수 있습니다. 이게 바로 계약의 해제입니다.

임대차계약처럼 일정 기간 유지되어야 하는 계약에서는 당사자가 중간에 어떤 이유로 계약을 그만둘 수 있는지가 더 중요할 수 있습니다. 원래 당사자들이 장기간 계약에 묶여 있는 거니까요. 앞에서 본 것처럼 상대방이 의무를 다하지 않는 등 계약관계를 계속 유지하는 게 부당한 경우에는 계약을 해지할 수 있습니다. 해제와 해지가 어떻게 다른지는 바로 다음 내용에서 금방 알게 될 거니까 잠깐만 기다려 주세요.

또 하나 고려할 점은 이런 계약을 중도에 그만두는 경우에 당사자들의 관계를 정리하는 게 간단하지 않다는 겁니다. 매매계약을 해제하면 계약이 없었던 것처럼 계약관계를 정리하면 됩니다. 혹시 계약으로 뭔가를 받은 게 있다면 돌려주면 그만입니다. 그런데 임대차계약을 마치 매매계약이 해제된 것처럼 처음부터 무효인 것으로 정리하려면 너무 복잡해질 수 있어요.

임대차계약 도중에 계약을 해소할 경우

예를 들어 A가 B에게 2년간 주택을 빌려주는 임대차계약을 맺었는데, B가 6개월 동안은 월세를 밀리지 않다가 6개월 후부터는 월세를 내지 않아서 그로부터 2개월 후 A가 이 계약을 그만두겠다고 했다고 합시다. 이때는 "이 계약 없었던 것으로 합시다"라고 하기가 어렵습니다. 처음부터 계약이 무효인 것으로 하면, 그동안 A가 받았던 월세들은 다 돌려줘야 할까요? 계약이 무효라면 B가 이 집을 사용해서 얻은 이익은 어떻게 계산해서 돌려달라고 할 수 있을까요? 그 사이 주변 월세 시세가 올랐거나 떨어졌다거나, 2년 계약일 때와 8개월 계약일 때의 월세 산정이 달라져야 한다거나 하면서 다툼이 생길 수도 있겠네요.

이렇게 계속적으로 유지되는 계약을 중간에 해소할 때는 그때까지의 계약관계가 무효가 되는 게 아니라 앞으로 남은 계약 부분만 효력을 잃게 됩니다. 그동안 임대차계약은 유효한 것으로 두고 나머지 부분만 정리하는 거예요. B가 주택을 이용한 부분이나 A가 월세를 받은 것은 유효한 계약에 따른 것이니 원래대로 되돌려놓지 않아도 됩니다. B는 그동안 밀린 월세를 임대차계약에 따라 A에게 지급해야 할 테고요. 계약이 무효가 되는 것은 계약을 그만하겠다고 한 시점 이후 부분입니다.

이처럼 임대차와 같이 계속적인 계약에서 특별한 사정이 있어서 당사자가 계약 도중에 계약을 해소하고 그 이후부터 계약을 무효로 만드는 것을 해제와 구별해서 해지라고 부릅니다.

계약에서 시간의 의미

임대차는 매매와는 조금 다른 특성이 있다는 걸 눈치채셨나요? 임대차에서는 당사자의 의무 이행이 일정 기간 계속되어야 합니다. 어떤 물건을 얼마나 빌리는지는 당사자들이 약정하기 나름이어서, 임대차 기간은 수십 년이 될 수도 있고, 몇 년, 몇 달, 몇 주, 며칠, 몇 시간이 될 수도 있겠지요. 길든 짧든 간에 계약 기간 동안 임대인은 계속해서 임차인이 그 물건을 사용할 수 있게 해줘야 하고 임차인은 계속해서 임대인에게 임대료를 지급해야 합니다. 대금을 지급하고 소유권을 이전하면 의무 이행이 끝나는 매매와는 다른 모습입니다.

이렇게 일정 기간 동안 의무 이행이 계속되어야 하는 계약은 한 번에 의무 이행이 끝나는 계약과는 다른 특성이 있습니다. 한번 사고팔고 말 게 아니라 장기간 임대차를 할 거라면, 상대방이 누군지도 중요한 고려 요소가 될 수 있습니다. 저라면, 제가 아끼는 물건을 다른 사람에게 빌려줄 때는 너무 험하게 쓰지 않고 임대료도 제때 잘 지급할 수 있는 사람과 임대차계약을 하려고 노력할 것 같습니다. 임차인 입장에서도 빌리려는 물건이 더 중요할 수는 있지만, 임대인이 얼마나 까다로운지, 물건에 문제가 생기면 수리도 잘 해줄 만한 사람인지 살펴볼 수도 있겠죠.

장기 계약에서 상대방이 중요한 이유

그런데 만일 임대인이 심사숙고해서 선택한 임차인이 물건을 사용할 수 있는 권리, 즉 임차권을 마음대로 다른 사람에게 넘기면 어떨까요? 다행히 새로운 사람도 마음에 든다면 좋겠지만, 그렇지 않을 수도 있겠죠. 임대인 입장에서는 자기가 계약한 사람도 아닌데, 마음에 들지 않는 사람에게 계속해서 자기 물건을 사용하게 하는 것이 부당하게 느껴질 수도 있습니다. 그래서 '민법'은 임차인이 임차권을 다른 사람에게 넘기거나 자기 대신 다른 사람에게 다시 임대를 하려면, 임대인에게 동의를 받도록 하고, 만일 임차인이 임대인 동의 없이 그렇게 했다면 임대인은 임차인과의 임대차 계약을 해지할 수 있다고 정하고 있습니다(제629조).

특별한 투자가 이루어진 경우

또 계약이 오래 지속될 거라면 계약을 위해 특별한 투자를 할 수도 있습니다. 집을 빌린 임차인은 그 집에 하루이틀 살 게 아니니 창에 덧문을 달거나 붙박이 가구를 설치할 수도 있고, 오래되어 낡은 문에 페인트칠을 새로 할 수도 있습니다. 임차인은 빌린 물건을 잘 관리하여 사용하다가 계약이 종료되면 임대인에게 원래 상태대로 물건을 돌려줘야 합니다. 자기가 설치한 덧문이나 가구는 떼어가야 하는 게 원칙입니다.

　그렇지만 임대인에게 허락을 받고 설치한 거라면 그 대가를 지급하라고 할 수도 있습니다(제646조). 임차인이 임대인의 동의 하에 빌린 집에 대해 투자한 거고 집을 사용하는 데 이익이 되는 것이라면, 그렇게 하는 게 합리적이기 때문입니다. 임차인이 단순히 취향에 맞지 않는다고 문을 다른 색으로 바꾼 거라면 원래대로 돌려놓아야 하지만, 문이 너무 낡아서 다시 페인트칠을 한 거라면 다시 칠을 벗겨야 하는 건 아닙니다. 오히려 임차인이 페인트칠을 다시 해서 집의 가치를 높이는 데 도움이 되었다면 임대차가 종료될 때 임대인은 그 가치만큼 임차인에게 비용을 돌려줘야 합니다(제626조).

계약 기간 중에 예상치 못한 일이 발생했다면

　계약 기간이 길어지면 계약을 체결할 때 예상하지 못했던 일들이 생기거나 여러 사정이 변하는 경우도 있습니다. 갑자기 사회적·경제적인 사정이 급격하게 변해서 원래 임대차계약에서 정했던 임대료가 아무리 봐도 부당한 경우라면, 남은 기간 동안이라도 조정해야겠지요. 이럴 때 당사자는 임대료를 올리거나 낮출 것을 청구할 수 있습니다(제628조).

　몇 년 전 이른바 코로나 사태로 소상공인들이 가게를 임차하고도 집합금지 명령 등으로 장사를 제대로 하지 못해서 월세를 못 내거나 폐업을 하는 경우가 있었습니다. 이렇게 전 세계적인 감염병이 발생할 거라는 건 당시에 누구도 예상하지 못했던 일이었습니다. 이렇게 아무도 예상하지 못했던 일로 인해 발생하는 위험을 모두 임차인이 부담하는 건 가혹하겠지요. 이런 이유로 임대료를 내기 어렵거나 폐업을 하게 된다면 임차인은 임대료를 조정해 달라고 요청하거나 계약을 해지할 수 있습니다(상가건물 임대차보호법 제11조, 제11조의2).

'계속적 계약'의 의미

사실 민법에서 이렇게 계약을 '시간'이라는 관점에서 바라보고 그 의미를 파악하기 시작한 것은 얼마 되지 않았습니다. 가장 대표적인 계약인 매매는 당사자들이 한 번 사고파는 것을 전제로 발전해 왔지요. 그런데 계약을 체결하면 계속해서 당사자들 사이에 관계가 생기는 경우들이 늘어나고 있습니다. 헬스장이나 학원에 등록하거나, 휴대폰 등의 각종 통신 서비스, OTT 서비스를 이용하는 것은 계속적 계약입니다. 매매조차도 마트에서 한 번 살 수도 있지만 온라인으로 동일한 물건을 정기 배송받기도 하고, 소매상이 도매상으로부터 계속해서 물건을 공급받는 경우도 있습니다.

이런 계약을 어떻게 대할 것인지는 생각해 볼 문제들이 많습니다. 계약을 체결하면 장기간 그 계약관계에 묶여 있게 되니까, 계약을 체결할 때부터 더 신중해야 합니다. 자기가 살 집에 대해 임대차계약을 할 때는 실제로 집에 가서 보기도 하고 등기부도 떼어보고 주변의 교통이나 생활환경 등을 다 고려해 보시죠? 계약 기간 동안은 원칙적으로 그 집에 살아야 하는 거니까 당연히 이런 과정이 필요합니다.

일방 당사자에 대한 보호가 필요한 경우

물론 장기 계약을 체결하면서 매번 이런 정도의 심사숙고를 하지는 않을 겁니다. 특히 소비자들이 많은 종류의 구독 서비스를 이용하는데 이런 것들도 다 계속적 계약이라고 볼 수 있거든요. 예를 들어 여러분이 OTT 서비스를 이용할 때는 그렇게까지 이것저것을 다 따져보고 고민하지는 않을 거예요. 그건 왜일까요? 보통 이런 서비스는 소비자들을 유인하기 위해서 초반에 무료 서비스를 제공하거나 언제든지 계약을 해지할 수 있다고 하기 때문입니다. 이렇게 계속적 계약에서는 계약을 언제 어떤 조건에서 해지할 수 있는지가 중요합니다. 임대차계약에서도 상대방이 중요한 의무를 이행하지 않으면 해지할 수 있다고 정해져 있는 걸 살펴봤지요.

그런데 만약 구독 서비스를 제공하는 회사가 언제든지 해지할 수 있으니 걱정하지 말고 서비스 계약을 하라고 했는데, 실제로는 해지 버튼을 찾기가 어렵거나 아주 번거로운 과정을 통해서만 해지할 수 있게 한다면 그건 안 되는 일입니다. 실제로 매달 자동이체를 해두고 구독 사실을 잊어버려서 해지해야겠다는 생각조차 못하는 소비자들도 있고요. 그래서 소비자들을 어떻게 보호하는 게 효과적일지에 대해서 여러 논의가 이루어지고 있습니다.

장기 계약이 유지되는 걸 담보하려면

또 계속적 계약에서는 장기간 계약이 이루어져야 하는데 아직 상대방과 신뢰가 형성되지 않은 상태에서 계약을 체결해야 하는 경우가 많습니다. 상대방이 계약을 잘 이행할 수 있을지 걱정이 될 수도 있습니다. 이를 위한 장치가 필요할 수도 있겠네요. 도매상과 소매상의 계속적 공급계약과 같은 장기 계약에서는 담보를 요구하는 경우도 있습니다. 부동산 임대차계약에서는 통상 임대인이 임차인으로부터 보증금을 받는데, 차임을 지급하지 않거나 목적물을 훼손하는 등 손해가 발생하는 경우 이 보증금에서 공제를 하게 됩니다. 일종의 담보로서 기능하는 것이지요.

전혀 예상하지 못했던 일이 발생하는 경우

계속적 계약이 오래 지속되면 중간에 계약을 둘러싼 여러 사정이 변경될 수도 있다는 점은 이미 살펴보았습니다. 물론 계약은 지켜져야 하는 게 원칙이니까, 경미한 변경이 있었다고 계약을 바꾸자고 해서는 안 됩니다.

그런데 만일 코로나 사태와 같이 계약을 체결할 때는 당사자들이 전혀 예상할 수 없었던 상황이 발생해서 그대로 계약을 유지하는 게 부당한 정도가 되었다면 계약 조건을 조정하거나, 경우에 따라서는 계약 자체를 해지할 수 있도록 해야 합니다.

이처럼 임대차를 계속적 계약이라는 시각에서 보면 여러 특징을 발견할 수 있습니다. 한번 체결한 계약에 기초해서 계속해서 당사자들에게 의무가 발생하고, 장기간 계약을 지속할 것을 전제로 투자가 이뤄질 수 있다는 점이나, 계약을 지속하는 동안 예상하지 못한 상황이 발생할 가능성이 높아지고, 계약의 해제 대신 해지가 문제가 된다는 점 등은 계속적 계약의 대표적인 특징입니다.

•———•

우리가 모든 걸 다 가질 수는 없기 때문에, 임대차는 활용도가 높은 계약입니다. 임대차를 이용하면 물건을 소유하지 않더라도 다른 사람의 물건을 사용하고 그로부터 이익을 얻을 수 있습니다. 소유자 입장에서 자기 물건을 빌려준다는 건 소유권을 행사하는 또 하나의 방식이기도 하고요.

임대차는 계약 기간 동안 당사자들이 계속해서 의무를 이행해야 하는 계약이라는 점에서 매매와는 다른 특징이 있다는 걸 확인할 수 있었습니다. 임대차를 통해 계약에서 시간이 어떤 의미인지를 살펴보았다면, 다음 시간에는 또 다른 측면에서 시간의 의미를 한번 생각해 볼까 합니다. 시간이 흘러서 권리가 생기는 경우도 있고, 반대로 권리를 잃어버리는 경우도 있습니다. 바로 시효제도에 관한 이야기입니다.

8. 시효제도

시간이 흐르면 권리는
어떻게 될까?

오랜 기간 권리를 행사하지 않을 때

지금까지 우리는 계약관계, 그리고 소유권을 배우면서 어떤 물건에 대해, 혹은 다른 사람에 대해 가지는 권리들을 살펴보고 있습니다. 이런 권리들은 시간이 지나면 어떻게 될까요? 오랜 세월 동안 관리가 잘되지 않은 성이나 유적을 한번 생각해 보세요. 사람의 손이 닿지 않아 낡고 빛이 바래 과거의 영광은 찾아보기 어렵지요. 법적인 힘을 가지는 권리도 오랫동안 돌보지 않으면 비슷한 일이 벌어질 수 있습니다.

어느 날 A의 친구 B가 어려운 사정을 말하며 한 달 뒤에 갚을 테니 돈을 좀 빌려달라고 합니다. A가 B에게 돈을 빌려주면, 이제 A는 한 달 뒤에

B에게 돈을 갚으라고 청구할 수 있는 권리가 생깁니다. 특정인이 특정인에게 특정한 행위를 청구할 수 있는 권리, 즉 채권이지요. 한 달이 지났지만 친구의 사정이 나아지지 않은 것 같아 A는 돈을 갚으라는 말을 하지 않았습니다. 그렇게 시간이 계속 흘렀습니다. 처음에는 미안한 마음에 얼른 갚아야지 생각했던 B였지만, 어쩌면 A가 그 돈을 받지 않으려는지도 모르겠다는 생각도 들었습니다. 어느덧 10년이 훌쩍 지나 돈을 빌렸던 사실마저 흐릿해져 갈 때쯤, A가 연락을 해서 10년 전 빌려간 돈을 돌려달라고 합니다. A의 이 권리는 여전히 유효할까요?

B가 군말 없이 돈을 갚을 수도 있지만, 그동안 아무 말도 안 하다가 갑자기 이렇게 달라면 어떻게 하냐, 안 받으려고 했던 거 아니냐고 한다면 A는 이 돈을 받을 수 없게 될 수도 있습니다. 이렇게 오랫동안 권리를 행사하지 않으면 그 권리가 소멸하는 것을 소멸시효라고 합니다.

권리 위에 잠자는 자는 보호받지 못한다

'시효時效가 지났다'라거나 '시효가 언제까지다'라는 말을 들어보셨나요? 보통 언제까지 권리를 행사해야 한다는 뜻으로 이런 말들을 쓰는 것 같아요. 민법에서 말하는 시효를 조금 더 정확하게 말씀드리면, 어떤 상태가 일정한 기간 이상 계속되는 경우에, 그 상태를 그대로 존중해서 그에 맞는 권리관계를 인정해 주는 게 시효입니다. 그것이 진짜 권리관계를 잘 반영하고 있는지, 그렇지 않은지 따지지 않고 말이지요. 이처럼 시간의 흐름에 법적인 효과를 주는 것입니다.

　A가 B에게 돈을 갚으라고 할 수 있는데도 불구하고 10년 동안이나 청구를 하지 않고 있는 상태가 계속되면, 실제로 A가 B에게 돈을 빌려줬는지, 그래서 그걸 돌려받을 권리가 있는지 여부를 따지지 않고, 그 상태를 그대로 존중해서 장기간 청구를 하지 않는 사실관계에 맞게 A의 권리가 소멸하게 됩니다. 이것이 앞에서 살펴본 소멸시효입니다(제162조).

소멸시효 기간은 얼마나 될까?

보통 채권의 소멸시효 기간은 10년입니다(제162조 제1항). A가 친구 B에게 한 달 뒤에 갚으라고 돈을 빌려줬다면, 한 달 뒤부터 돈을 갚으라고 청구할 수 있게 됩니다. 물론 채권자가 청구를 하는 건 의무가 아니라 권리이고, 당장 청구를 하지 않았다고 무슨 문제가 되는 것은 아닙니다. 그런데 청구를 하지 않은 채로 10년이 지났다면, 친구에게 돈을 갚으라고 할 수 있는 권리가 소멸하게 됩니다.

　그런데 모든 채권의 소멸시효 기간이 10년인 것은 아니고, 더 짧은 소멸시효 기간이 정해져 있는 경우도 있습니다. 예를 들어 도급 공사 채권이나 변호사가 의뢰인에 대해 청구하는 수임료 채권, 의사가 환자에게 가지는 치료비 채권, 상인이 판매한 상품이나 서비스 대가 등은 10년이 아닌 3년의 소멸시효가 적용되고(제163조), 숙박료나 식당의 음식 대금 등은 1년의 소멸시효가 적용됩니다(제164조). 소멸시효 기간이 짧게 정해진 건 그만큼 사람들 사이의 권리관계를 빨리 확정하기 위한 것입니다.

권리가 있는 것 같은 상태가 지속될 때

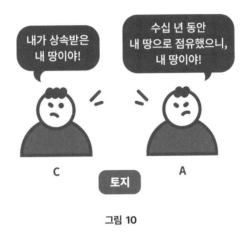

그림 10

소멸시효가 있으면 다른 시효도 있을까요? 권리를 행사하지 않는 상태가 오래 지속되어 권리가 소멸하는 게 소멸시효라면, 반대로 권리가 있는 것 같은 상태가 오래 지속이 되면 진짜 권리가 있는지 아닌지 여부를 따지지 않고 권리를 인정해 주는 게 취득시효(제245조)입니다.

　어느 날 B는 A에게 땅을 샀습니다. 어떤 부동산이 내 거라는 걸 표시하는 방법은 등기였지요. B는 매매계약을 체결하기 전에 그 땅이 A의 것이라는 걸 확인하기 위해 등기부를 살펴보고, 거기에는 분명히 소유자가 A라고 되어 있었습니다. B는 소유권이전등기를 마치고 이 땅 위에 집을 짓고 잘 살고 있었습니다. 그런데 그림 10에서 볼 수 있듯이 그로부터 수십 년이 지난 어느 날, 자기가 이 땅의 주인이라는 C가 나타났습니다. 자기 아버지가 A를 믿고 모든 서류를 맡기고 외국에 가게 되었는데, 그 사이에 A가 서류를 위조해서 자기 앞으로 소유권을 이전하고는 B에게 이걸 팔기까지 했다는 겁니다. 얼마 전 아버지가 돌아가셨고 이 땅은 자기가 상속받았다고 합니다. 이 땅에 대한 권리, 소유권은 누구에게 있을까요?

우선 A 앞으로 된 등기가 위조된 서류에 의한 거라면 A가 소유자라고 등기에 기재되어 있다는 사실만으로 A가 소유자가 되지 않아요. 등기가 부동산의 공시 방법이기는 하지만, 등기가 되어 있다고 해서 무조건 그대로 효력이 발생하는 것은 아니라는 점은 우리가 이미 배운 적이 있지요.

자, 그렇다면 C의 말이 사실인지 확인해야겠군요. A를 찾아 물어보고, C의 아버지가 돌아가셨다고 하니 C에게 자기가 한 말을 증명할 수 있는 서류를 가지고 오거나 증인이 있으면 데려오라고 할 수도 있습니다. 너무 오랜 세월이 지나서 확인하기가 어려울 수도 있겠군요. 그 사이에 B가 이 땅을 팔았거나 집을 임대하는 등 이해관계가 얽힌 사람들이 여럿이라면, 생각보다 더 복잡한 문제가 될 수 있습니다.

이 경우에 B가 A로부터 부동산을 매수한 뒤 자신이 정당한 소유자라고 믿으며 별문제 없이 오랜 세월 그 위에 집을 짓고 살았다면, 갑자기 나타난 C가 한 말이 사실인지 여부를 묻지 않고도 B의 소유를 인정할 수 있습니다. 설사 C의 말이 사실이라고 하더라도, 오랜 기간 B가 권리를 가진 것을 전제로 하는 사실 상태가 계속되어 왔기 때문이지요. 그러한 상태에 맞는 권리를 취득하게 해주는 것, 이것이 취득시효입니다.

취득시효의 요건

취득시효는 주로 소유권을 취득하는 경우에 문제가 됩니다. 어떤 물건을 소유한다는 생각으로 오랜 기간 그 물건을 점유하면 소유권을 취득할 수 있는 것이죠(제245조, 제246조). 부동산의 경우에는 소유자로 등기되어 있는지 여부에 따라 20년(등기되어 있지 않은 경우) 또는 10년(등기되어 있는 경우)의 기간이 필요합니다.

여기서 하나 짚고 넘어가야 할 건, 무언가를 소유한다는 것은 생각만으로 되는 게 아니라는 겁니다. 그럼 남의 물건이라도 이건 내 거라고 계속 주문을 걸면 언젠가는 내 것이 된다는 건데, 그건 부당합니다. 취득시효의 요건이 되는 소유의 의사는 그 사람이 속으로 어떻게 생각했는지가 아니라, 어떻게 그 물건을 점유하게 되었는지 보고 객관적으로 판단하는 겁니다. 앞의 예처럼 매매계약을 통해서 부동산을 매수했다면 소유의 의사를 인정할 수 있을 거고, 만일 지난 시간에 배운 임대차계약을 통해 부동산을 임차했다면 그 부동산을 소유하려는 게 아니라 남의 부동산을 빌려 쓰려는 것이 임차인의 의사가 되겠지요.

시효제도를 두는 이유

민법은 왜 시효제도를 두고 있을까요? 개인의 권리를 중요하게 생각한다면, 언제까지라도 권리를 인정해 주는 것이 맞지 않나요? 진짜 권리자는 따로 있는데, 정당하게 권리를 취득하지 못한 사람에게 권리를 취득하게 해줘서는 안 되지 않을까요? 법이라는 게 제대로 된 권리관계를 인정하고 보호해 줘야 하는 것 아닌가 하는 의문이 들 법도 합니다.

그런데 시간이 흐르고 오랜 세월이 지나면 기억은 점차 흐릿해지고, 사실을 증명할 수 있는 기록이나 사람들이 사라지기도 합니다. 오랜 세월 방치된 성이 사람들의 기억에서 점차 잊히고, 퇴색되어버린 것처럼 말이죠. 그러니 과거의 일에 대해 갑자기 다툼이 생기면 진짜 권리관계를 밝혀내기가 어려울 수 있습니다. 증거가 될 만한 것들이 별로 남지 않았거나 사실 여부를 모르게 되어버린 경우도 있고, 오래된 일을 기억하는 사람이 없거나 증인이 세상을 떠나거나 찾을 수 없게 된 경우도 있겠지요.

그래서 어떤 상태가 오래 지속되고 있었고, 그동안 그에 대해 누가 권리를 주장하거나 문제를 제기하지 않았다면, 그 자체로 그런 사실에 맞는 권리관계가 존재했을 가능성이 상당히 높다고 생각하는 게 가능합니다.

또 하나 고려해야 할 점은 우리는 여러 사람과 계속해서 거래를 하고 새로운 관계를 맺으며 살아간다는 겁니다. 권리관계에 대해 다툼이 생겼을 때, 만일 세상에 딱 그 두 사람밖에 없다면, 어떻게 해서든 누가 진짜 권리자인지, 어떤 권리가 있는지 밝히는 게 유의미할지도 모릅니다.

그런데 어떤 상태가 오랫동안 계속되면, 사람들은 이런 상태를 진실한 것으로 믿고 이를 전제로 새로운 권리관계를 만들어갈 거예요. 그런데 갑자기 사실은 진짜 권리관계는 따로 있다고 하면서 그간의 모든 일을 바로잡겠다고 한다면, 엄청난 혼란이 야기될 수도 있습니다.

진정한 권리자를 보호하지 않아도 된다는 건 아니지만, 사람들이 안정적으로 거래할 수 있도록 하는 것도 법이 추구해야 하는 중요한 가치입니다. 이 두 가지 가치 사이에 균형을 이루어야 합니다. 그래서 민법은 일정한 기간을 정해서 그 기간 동안은 진정한 권리자를 좀 더 보호해 주고, 그 기간이 지나면 거래의 안전이나 이른바 법적인 안정성을 더 중요하게 생각하는 것입니다. '권리 위에 잠자는 자는 보호하지 않는다'라는 말이 있는데, 이것은 권리가 중요하지 않다거나 권리자가 권리를 행사해야 할 의무가 있다는 의미라기보다는, 오랫동안 권리를 행사하지 않는 사람보다 법적 안정성이 더 중요하게 되는 경우를 설명합니다.

시효로 소멸하지 않는 권리

소멸시효는 주로 채권에서 문제가 됩니다. 채권자가 채무자에게 청구를 하지 않은 상태가 오래 지속되면 채권이 소멸하는 것이지요(제162조 제1항). 권리가 행사되지 않는 상황을 존중해서 권리 자체를 소멸시키는 것이 소멸시효입니다. 그런데 모든 권리가 소멸시효의 대상이 되는 건 아닙니다.

소유권

소유권은 행사하지 않는다고 해서 소멸시효의 대상이 되지 않습니다(제162조 제2항). 소유권은 물건에 대한 절대적인 지배권이라고 했지요. 누구에게나 주장할 수 있고, 그 권리를 행사하기 위해서 다른 사람의 도움이 필요하지도 않습니다. 소유자가 물건을 자유롭게 사용하고 그를 통해 수익을 내거나 처분을 할 수도 있지만, 소유자라는 걸 주장하기 위해서 뭔가를 해야만 하는 건 아닙니다.

다만, 앞에서 말한 것처럼 다른 사람이 오랜 기간 어떤 물건을 자기 것처럼 점유하고 있는데도 소유자가 그에 대해 별다른 조치를 하지 않았다면 진정한 소유자가 아니라 물건을 자기 것처럼 점유한 사람이 소유권을 취득할 수 있습니다. 이렇게 취득시효가 완성되어 소유권을 취득하게 된 사람이 있다면, 원래 소유자는 소유권을 잃어버리게 될 수 있습니다. 하나의 물건에는 하나의 소유권만이 가능하니까요(일물일권주의라는 말이 생각나는 사람에게는 박수를 보냅니다). 그렇지만 이건 어디까지나 취득시효의 반사적인 효과인 것이지, 소유권이 소멸시효에 걸리기 때문에 소유권을 잃어버리는 건 아닙니다.

가족법상 권리

우리가 나중에 가족법을 배우면서 다시 살펴보겠지만, 재산권이 아니라 신분상의 지위에 따라서도 권리·의무 관계가 생깁니다. 부부 사이에도, 부모·자식 사이에도 권리와 의무가 있습니다. 이런 가족법상의 권리는 소멸시효의 대상이 되지 않습니다. 예를 들어 부모는 미성년 자녀에 대해 친권이 있습니다(제909조). 친권자는 자녀를 보호하고 교육하고 양육할 권리와 의무가 있습니다. 부모가 오랫동안 친권을 행사하지 않는다고 해서 친권이 소멸하는 것은 아닙니다. 물론 친권을 단순히 권리라고 할 수만은 없고, 친권을 제대로 행사하지 않으면 자녀에게는 심각한 문제가 발생할 수 있기 때문에, 경우에 따라서는 친권을 박탈하고 새로운 친권자나 후견인을 만들어줘야겠지만, 소멸시효 때문에 친권이 없어지는 건 아닙니다.

시효를 멈추는 방법

시간을 멈출 수는 없지만, 시효를 중단시킬 수는 있습니다. 시효가 권리 위에 잠자는 자를 보호하지 않겠다는 것이라면, 깨어 있는 권리자가 되면 시효가 진행되는 걸 막을 수 있지 않겠어요? 내가 권리가 있다는 걸 알리는 방법은 무엇일까요?

친구 B에게 돈을 빌려준 A의 경우, B가 돈을 갚지 않으면 A는 어떻게 해야 할까요? A가 힘으로 돈을 빼앗아 오거나 값나가는 다른 물건을 들고 올 수는 없겠지요. 아무리 A가 B에 대해 받을 돈이 있다고 해도, 실력을 행사하거나 사적으로 응징할 수는 없습니다. B가 채무를 이행하지 않으면, A는 자기 힘으로 할 것이 아니라 국가 권력의 힘을 빌려야 합니다.

채무 이행을 청구하는 경우

A는 B에게 빌려간 돈을 갚으라는 내용으로 소송을 할 수 있습니다. 이렇게 재판을 통해 청구를 하는 것은 자기 권리를 행사하는 대표적인 방법입니다(제168조 제1호). A가 정당한 채권자라는 점이 증명되면 재판에서 이길 수 있겠지요. 그러면 A는 이 확정판결을 가지고 B의 재산에 대해 강제집행을 할 수 있습니다. B가 돈을 갚기로 한 시점부터 타이머가 돌아가기 시작하겠지요(시효 진행이 시작되는 시점, 기산점이라고 합니다). 이 타이머는 A가 법원

에 소장을 제출하는 시점에 중단되어 다시 0으로 돌아갑니다(시효중단). 그리고 다시 권리를 행사하는 게 가능하게 되는 시점, 즉 재판이 확정된 때부터 다시 처음부터 시효가 진행되어서 그때로부터 10년이 지나면 시효가 완성되는 겁니다.

채무자가 채무를 인정하는 경우

또 B가 자기 채무를 인정하는 것도 시효 중단 사유 중 하나입니다. B가 몇 년째 돈을 갚지 못하고 있던 어느 날, A에게 돈을 제때 갚지 못해 미안한데 조금만 기다리면 곧 갚겠다고 말했다면, B가 자기 채무를 승인한 것이지요. 이런 경우는 A가 B에게 돈을 돌려달라고 청구하지 않더라도 B가 자기에게 의무가 있다는 점을 분명하게 했기 때문에 B가 채무를 승인한 시점에 시효 타이머가 중단되고, 그때부터 0에서 새로 진행하여 다시 10년이 지나야 시효가 완성됩니다(제168조 제3호, 제178조).

시효가 완성되면 권리는 어떻게 될까?

소멸시효가 완성되면 이제 권리는 없어지게 됩니다. 친구에게 돈을 빌려준 A는 더는 B에게 돈을 달라고 청구할 권리가 없습니다. 그런데 B가 이미 소멸시효가 지났다는 걸 알고도 돈을 갚으면 어떻게 될까요? A가 그 돈을 받는다고 해서 문제가 될 건 없습니다. 시효가 완성되면 B에게는 채무를 면하는 이익이 생기는데, B는 이런 시효이익을 포기할 수 있는 겁니다.

제2조(신의성실)
① 권리의 행사와 의무의 이행은 신의에 좇아 성실히 하여야 한다.
② 권리는 남용하지 못한다.

시효가 완성되어 자기 의무가 없어졌다고 주장하는 게 아무래도 부당한 경우도 있습니다. '민법' 제2조에서는 '권리의 행사와 의무의 이행은 신의에 좇아 성실히 하여야 한다' '권리는 남용하지 못한다'라고 되어 있습니다. 이걸 신의성실의 원칙, 또는 간단하게 신의칙信義則이라고 합니다. 시효를 주장하는 게 신의성실의 원칙상 맞지 않는 경우도 있는 겁니다.

예를 들어 채무자가 시효 중단을 하지 못하게 방해해 놓고 소멸시효 완성을 주장하는 건 신의칙 위반이 될 수 있습니다. 어떤 사람이 교통사고를 당해 의식불명의 식물인간 상태가 되어 보험금을 청구하는 것이 사실상 불가능한 상태로 소멸시효 기간이 지났다면, 그 이후 대리인이 된 사람이 보험금을 청구하더라도 보험회사는 소멸시효를 주장할 수 없게 될 것입니다.

국가가 국민의 손해배상 청구에 대해 소멸시효 완성을 주장한다면?

특히 실제 판례 사안에서 많이 문제되는 건 개인이 국가에 대해서 손해배상을 청구하는데 국가가 소멸시효가 완성되었다고 주장하는 경우입니다. 독재 정권 시절에 수사기관에서 불법 구금 및 고문을 당하고 간첩이라는 허위자백을 하여 유죄판결을 받고 형을 살았던 피해자가 국가를 상대로 손해배상을 한 사안이 있었습니다.

피해자는 가해자에게 손해배상을 청구할 수 있는데, 그 시효기간은 피해자가 어떤 손해를 입었고 가해자가 누구인지 안 날로부터 3년 또는 가해자가 불법행위를 한 날로부터 10년입니다(제766조). 둘 중에 어느 하나라도 만족하면 시효가 완성되는 것인데, 이미 시효는 완성되고도 남았을 시점에 손해배상을 청구한 겁니다.

그렇지만 법원은 이런 경우에 국가가 소멸시효 주장을 하는 건 신의칙에 반한다고 하면서 허용되지 않는다고 판단했습니다. 구체적인 이유를 살펴보면, 국가가 피해자들의 권리 행사를 극도로 어렵게 방해했다거나 과거사에 대한 조사 및 해명이 있기 전에는 객관적으로 권리를 행사하기가 어려운 장애 사정이 있었다는 점 등이 포함되어 있습니다.

· ———— ·

이처럼 민법은 개인이 가지는 권리를 보호하지만, 경우에 따라서는 권리 위에 잠자는 자보다 오랜 기간 지속된 사실 상태를 존중하기도 합니다. 그래야 사회가 안정적으로 돌아갈 수 있기 때문입니다.

상대방의 위법행위로 손해를 입었다면?

예상치 못한 손해는 누가 책임져야 할까?

지금까지 우리가 배운 내용들을 다시 한번 떠올려봅시다. 당사자들 사이에 권리·의무가 발생하는 가장 대표적인 제도는 계약이었지요. 어떤 법률관계를 만들려는 양 당사자의 의사가 딱 들어맞았을 때 계약이 성립합니다.

그런데 우리가 살아가다 보면 계약을 통해서만 법적인 문제가 생기는 건 아닙니다. 교통사고를 내거나 당하는 경우도 있고, 상점에 들어갔다가 미끄러운 바닥에 넘어질 수도 있습니다. 담배를 피우다 실수로 불을 내는 사람도 있고, 식당에서 음식을 사 먹고 식중독에 걸리는 경우도 있지요. 온라인으로 구매한 장난감이 불량이어서 이걸 가지고 놀던 아이가 다치는 사건, 전세 사기로 보증금을 받지 못하게 된 사람들의 안타까운 사연들을 듣기도 합니다. 이런 일들로 사람들이 다치기도 하고, 재산상 피해를 입는 경우도 있습니다.

누구도 책임질 수 없는 천재지변이라면 모르겠지만, 누군가의 위법한 행위 때문에 피해자가 발생한 거라면, 그 손해는 누가 부담하는 게 맞을까요? 그런 행위를 한 가해자가 피해자의 손해를 배상해 주도록 하는 게 타당하겠지요. 피해자는 위법행위를 한 가해자에게 그런 행위로 인해 입은 손해를 배상하라고 청구할 수 있습니다(제750조). 계약을 체결한 사이는 아니지만, 이 둘 사이에는 채권관계가 생기게 되는데, 이걸 불법행위책임이라고 합니다.

불법행위책임의 역할

우리는 수많은 사람과 다양한 관계를 맺으며 살아갑니다. 매번 일일이 계약을 통해서 해결하는 건 불가능합니다. 산업화된 현대사회에서는 다양하고 큰 규모의 불법행위가 문제가 될 수 있습니다. 사실관계가 아주 복잡한 경우도 많고, 피해자가 다수 발생하기도 합니다. 기업이 보관하던 개인정보가 유출되는 사건이 발생하면 피해자가 한둘이 아니지요. 금융기관이 어려운 금융 상품을 제대로 설명도 하지 않고 판매한 경우, 많은 소비자가 큰 손해를 입기도 합니다. 환경오염은 오염된 주변에 사는 사람들에게 직접적인 피해를 주겠지만, 대기나 물이 순환하면서 피해 범위가 훨씬 넓어질 수 있고,

미래 세대에까지 손해가 이어질 수도 있습니다.

이런 일이 발생하지 않도록 법적인 규제를 만들고, 벌칙 규정을 두기도 합니다. 예를 들어 개인정보보호법은 개인정보를 수집하고 이용할 때의 의무를 자세히 정하고, 제대로 의무를 이행하지 않으면 처벌을 받도록 규정하고 있습니다. 금융소비자를 보호하는 법률이나 환경을 보호하기 위한 여러 법률도 마련되어 있습니다.

그런데 이런 규제에도 불구하고 불법행위가 발생하고 이로 인해 손해를 입은 피해자가 생겼다면, 그 피해를 구제해야 합니다. 이때 손해배상은 불법행위의 영역입니다. 사람들 간의 관계나 그 사이에 발생할 수 있는 사고가 다양하다는 점을 고려하면, 여러 모습의 불법행위가 있을 거라는 걸 예상할 수 있습니다. 그러면 일반적으로 불법행위책임이 인정되기 위한 요건은 무엇인지를 먼저 알아봅시다.

가해자의 고의, 과실

제750조를 한번 볼까요? '고의 또는 과실로 인한 위법행위로 타인에게 손해를 가한 자는 그 손해를 배상할 책임이 있다'라고 되어 있지요. 이 조문은 불법행위가 어떤 건지를 설명하고 있는데, 여기에는 어떤 요건들이 있어야 불법행위가 성립하는지, 그 효과는 무엇인지가 들어 있습니다.

우선 불법행위가 성립하려면 가해자의 고의 또는 과실이 필요하다는 걸 알 수 있습니다. 민법의 3대 원칙 중에 우리가 아직 제대로 이야기하지

> **제750조(불법행위의 내용)** 고의 또는 과실로 인한 위법행위로 타인에게 손해를 가한 자는 그 손해를 배상할 책임이 있다.

못한 게 있는데 그게 뭘까요? 사적자치의 원칙은 계약 자유의 원칙이라는 이름으로 살펴봤고, 소유권 보장에 관한 소유권 존중의 원칙도 살펴봤고, 마지막 남은 하나는 바로 과실책임의 원칙(과실책임주의)입니다. 과실책임주의란 과실이 있을 때만 책임을 진다는 원칙인데요, 여기서 과실은 고의와 과실을 포괄하는 개념입니다. 이런 의미에서 민법에서는 고의와 과실을 합쳐서 귀책사유歸責事由라고 부르기도 합니다.

과실책임주의

고의가 있다는 건 어떤 결과가 발생할 것인지 알면서 행동하는 것을 의미합니다. 상대방이 피해볼 걸 알면서도 하는 거죠. 이에 반해 과실은 사회생활에서 일반적으로 요구되는 정도의 주의를 기울이지 않아서 어떤 결과가 발생하는 걸 말합니다. 상대방이 피해를 입을 수 있다는 걸 알면서 한 행동은 아니지만 결과적으로 손해를 입히게 되는 겁니다. 예를 들어 남의 차를 일부러 망가뜨리면 고의에 의한 불법행위가 되는 거고, 운전하면서 문자메시지를 확인하거나 앞차와의 안전거리를 확보하지 못해서 사고를 내면 과실에 의한 불법행위가 되는 것입니다.

고의, 과실이 있을 때만 불법행위책임을 지는 건 왜일까요? 사람들의 경제활동이 활발해지고 광범위해지면, 책임도 그만큼 확대될 수 있습니다. 그런데 이게 개인이나 기업의 활동을 지나치게 제약하는 원인이 되어서는 곤란하겠지요? 과실책임주의는 책임 범위를 설정해서 사람들의 자유로운 경제활동을 보장해 주기 위한 것입니다. 또 과실이 있으면 책임을 지게 되니, 사람들한테 사회생활을 하면서 필요한 주의를 다하도록 하는 유인이 될 수도 있습니다.

위법한 행위

불법행위가 성립하기 위한 다음 요건은 가해자가 고의 또는 과실로 인한 위법행위를 해야 한다는 것입니다. 어떤 행위가 위법한 행위일까요? 개인정보보호법이나 '금융소비자 보호에 관한 법률'이나 각종 환경 관련 법률과 같이 개별 법률을 위반했는지 살펴봐야 할까요?

물론 어떤 특정한 법 규정을 위반했다면 위법한 행위로 판단될 가능성이 높습니다. 그런데 민법상 불법행위에서 말하는 위법행위는 어떤 특정한 법 규정을 위반했다는 게 아니라, 법질서 전체를 놓고 볼 때 그 행위가 전반적인 법질서에 반한다는 의미입니다.

예를 들어 어떤 사람이 내 소유의 물건을 무단으로 가져가서 쓰고 있다면, 이건 그 자체로 위법한 행위라고 할 수 있습니다. 임대차계약을 했거나 달리 그럴 만한 권리가 있으면 모를까 그렇지 않고 무단으로 가져간 것이라면, 소유권을 절대권으로 취급하고 있는 우리 법질서에서 용인될 수 없는 행위이기 때문입니다.

어떤 가치가 더 중요한가?

많은 사례가 축적된 불법행위 유형 중에는 명예훼손 사안도 있습니다. 언론 보도에 개인의 명예를 훼손하는 내용이 포함되면 불법행위가 될 수 있습니다. 보도 행위로 직접 사람이 다치거나 재산상 손해를 입는 경우가 아니라도 명예가 훼손되는 손해를 입게 되는 것이기 때문입니다. 어떤 사람한테는 명예가 돈보다도 더 중요할 수 있지요.

그런데 한편으로는 표현의 자유나 대중의 알 권리도 중요한 가치입니다. 개인의 명예를 보호하기 위해 중요한 보도를 하지 않을 수도 없는 일이지요. 이런 경우에는 어떤 가치가 더 중요한지 비교해서 해당 보도가 위법한 행위인지 여부를 판단해야 합니다.

구체적으로 개별 사안에서는 보도 내용이 진실한 것인지, 혹은 진실하다고 믿을 만한 상당한 이유가 있었는지, 그 내용이 공공의 이익과 얼마나 관련이 되는지 등을 따져보게 됩니다. 내용에 따라 다르겠지만 일반적으로 평범한 개인을 대상으로 하는 보도는 대중의 관심보다는 개인의 명예가 더 중요하게 인정될 가능성이 높고, 정치인 같은 공인公人이라면 표현의 자유나 사람들의 알 권리가 더 중요하게 판단될 수 있습니다.

가해자의 책임능력

계약에 대해 이야기하면서 계약과 같은 법률행위를 유효하게 하려면 당사자에게 의사능력이 있어야 한다고 했습니다. 계약으로 인해 발생하는 권리·의무의 주체가 되려면 자기 행동의 사회적인 의미를 이해하고 그런 의사를 형성할 수 있는 능력이 있어야 한다고 말이죠.

이와 유사하게 불법행위책임을 인정하려면 가해자에게 책임능력이 있어야 합니다. 책임능력이란 자기가 하는 행동이 남에게 손해를 끼치는 잘못된 행동이고, 그것이 법률상 비난받을 일이라는 것을 이해할 수 있는 능력을 말합니다. 어린아이나 심신상실 상태에 있는 사람은 이런 인식을 할 수 없겠지요.

어린아이를 데리고 남의 집에 놀러 갔는데, 아이가 그 집에서 놀다가 실수로 값비싼 도자기를 깼다면, 아이에게 불법행위책임을 물을 수 있을까요? 왜 조심하지 않았냐고 혼을 낼 수는 있겠지만, 도자기 주인이 아이에게 과실로 위법한 행위를 했으니 손해배상을 요구한다면 아이는 이게 무슨 일인지 이해할 수가 없을 겁니다. 책임능력이 없는 어린아이는 불법행위책임을 지지 않습니다(제753조).

책임능력이 없는 자의 행위는 누구 책임일까?

이런 경우에는 그럼 누가 책임을 져야 할까요? 통상적으로 부모는 미성년자인 자녀의 법정대리인이지요. 부모는 아이를 감독할 의무가 있습니다. 아이가 위험하게 놀지는 않는지, 남의 물건을 함부로 다루지는 않는지 감독해야 하는 거지요. 그래서 이때는 아이를 대신해서 부모가 손해를 배상할 책임이 있습니다(제755조).

만일 유치원이나 학교에서 친구를 괴롭히거나 남의 물건을 망가뜨리는 등의 일이 발생했다면, 부모 외에도 감독의무가 있는 선생님이나 학교가 책임을 질 수 있습니다. 그런데 선생님들의 감독의무는 친권자인 부모에 비해 제한적입니다.

예를 들어 이런 일들이 하교 지도를 모두 마친 후에 발생했다면, 선생님의 감독 범위를 넘어서는 것이라서 선생님에게 손해배상 책임을 물을 수는 없을 겁니다. 이에 비해 부모의 책임은 전면적이라고 할 수 있어서, 현실적으로 그 장면을 감독하기가 어려웠더라도 아이의 잘못에 대해 책임을 져야 합니다.

그러면 아이가 어느 정도 커야 불법행위에 대한 책임능력이 인정될 수 있을까요? 미성년자더라도 유치원생과 고등학생이 생각하는 건 너무 다를 수 있습니다. 민법상 미성년자의 기준처럼 책임능력의 기준 연령이 정해져 있는 건 아니고, 구체적인 사안마다 손해를 입힌 사람이 그 행위와 관련해서 책임능력이 있는지 여부를 판단해야 합니다. 대체로 13세나 14세 정도가 되면, 책임능력이 있다고 인정되는 경우가 많습니다. 물론 비슷한 사실관계라도 아이마다 달리 판단될 수 있고, 같은 아이라도 구체적인 행위에 따라 달라질 수 있겠지만요.

손해의 발생

불법행위책임은 고의 또는 과실로 인한 위법한 행위로 다른 사람에게 손해를 입힌 경우에 성립합니다. 위법한 행위를 했지만 손해가 없다면 불법행위가 성립하지 않습니다. 불법행위책임은 손해를 입은 피해자를 어떻게 구제할 건지 정한 것이기 때문입니다. 그래서 앞으로 손해가 발생할 수 있다는 정도만으로는 부족하고 현실적으로 확정적인 손해가 발생해야 하는 게 원칙입니다.

민법에서 손해라고 하면 법적으로 보호 가치가 있는 이익(법익)이 침해된 것을 말합니다. 사람이 죽거나 다치면 법적으로 보호해야 하는 생명이나 신체가 침해된 것이고, 물건이 망가지거나 없어지거나 돈을 도난당하거나 투자 손실을 보게 된 것은 재산권이 침해된 것이니 손해가 발생한 것입니다. 꼭 재산상 손해가 아니더라도 심한 정신적 고통도 손해로 인정될 수 있습니다. 가족이 죽거나 크게 다친 경우, 배우자가 외도를 한 경우 정신적인 고통에 대한 손해배상, 즉 위자료를 청구하기도 합니다.

그런데 손해가 발생했는지 여부가 늘 명확한 건 아닙니다. 다른 사람의 위법한 행위로 불이익이 생기긴 했는데, 이게 법적으로 보호해야 하는 가치가 침해된 것인지가 문제가 되는 경우도 있습니다.

일조이익이 침해된 것은 손해일까?

어느 날 A가 살던 집 앞으로 높은 건물이 들어섰습니다. 그 토지의 소유자인 B가 건물을 지은 것이었습니다. A의 집은 남향으로 해가 잘 드는 집이었는데, 새 건물 때문에 더는 집에서 해를 보기 어렵게 되었습니다. 대낮에도 불을 켜지 않으면 안 되는 어두운 집에서 사는 건 우울하고 불편했습니다. 우리가 생활하면서 태양의 직사광선을 받을 수 있는 이익을 일조이익이라고 합니다. A의 일조이익은 법적으로 보호할 가치가 있는 것일까요?

B의 입장에서 자기 땅에 건물을 짓는 건 소유권을 행사하는 것입니다.

B의 소유권 행사가 무조건 잘못되었다고 할 수는 없습니다. B가 건물을 지어서 A의 집에서 받는 일조량이 줄어든다고 해도 어느 정도는 참아야 합니다. 그렇지만 A의 일조이익이 지나치게 침해되어, 예를 들어 하루에 연속해서 두 시간도 해를 보기 어려운 상황이라면, 이건 법적으로 보호할 만한 가치가 침해된 것으로 인정될 수 있습니다.

우리나라 사람들은 특히 남향으로 된 집을 선호하는 편이지요. 일조이익은 우리 사회에서 일반적으로 중요하게 생각하는 생활상 이익이라고 할 수 있을 겁니다.

조망이익이 침해된 것은 손해일까?

그런데 조망이익은 어떨까요? C는 자기가 사는 아파트에서 보는 조망이 큰 즐거움이고 자랑이었습니다. 그런데 어느 날 아파트 앞으로 D소유의 큰 빌딩이 지어졌습니다. 다행히 일조량은 크게 줄어들지 않았지만, C가 사랑하던 풍경을 가려버렸습니다. C로서는 큰 불이익이 아닐 수 없겠지요.

그런데 C의 조망이익이 침해당한 것이 법적으로 의미가 있는 손해일까요? 조망이익이 법적으로 보호를 받으려면 일조이익보다 더 엄격한 기준이 적용됩니다. C가 큰 즐거움을 느끼는 것만으로는 안 되고, 그곳에서 보는 조망이 사회적으로 아주 특별한 가치가 있어서 보호할 만한 정도가 되어야 하는데, 이런 기준을 통과하기는 매우 어렵습니다. 그 정도의 조망이익이 아니라면 C의 조망을 가리는 불이익은 법적으로 의미가 있는 손해가 되지는 않습니다.

원하지 않는 아이가 생긴 것은 손해일까?

또 다른 예를 하나 살펴봅시다. E씨 부부는 고민 끝에 불임수술을 받기로 했습니다. 아이를 낳으면 아이를 키우고 교육시키는 데 상당한 돈이 들어갈 텐데 아무래도 자신이 없었기 때문입니다. 그런데 이들 부부에게 아이가 생겼고 출산까지 하게 되었습니다. 의사가 불임수술을 잘못한 것이 원인이었지요. E씨 부부는 과실로 수술을 잘못한 의사를 상대로 불법행위를 원인으로 한 손해배상을 청구할 수 있을까요?

의사의 과실로 불임수술이 잘못되어 생각하지 않던 아이를 낳게 된 것이니 아이에게 들어가는 양육비와 교육비 등을 배상하라면서 말입니다. 그런데 아이가 생기지 않을 거라는 기대가 법적으로 보호될 만한 가치인지는 생각해 볼 문제입니다. 아이는 돈으로 환산할 수 없는 가치가 있는 존재인데, 부부에게 아이가 생긴 게 손해가 된다는 건 받아들이기가 어렵기 때문입니다.

판례 중에는 부부가 불임수술을 잘못한 의사를 상대로 분만비와 위자료를 청구할 수는 있겠지만, 양육비나 교육비를 청구하는 건 안 된다고 판단한 것이 있습니다. 이에 대해 여러분은 어떻게 생각하나요? 손해에 대해서는 다음 시간에 조금 더 살펴보려고 하는데, 단순히 금액을 산정하면 되는 게 아니라 어떤 손해를 인정할 것인지, 어디까지 책임을 지울 것인지 등 가치판단이 필요하다는 걸 이해하면 좋겠습니다.

위법행위와 손해 사이의 인과관계

불법행위가 성립하려면 피해자의 손해가 가해자의 위법한 행위로 인한 것이어야 합니다. 즉, 위법행위와 손해 사이에는 인과관계가 있어야 합니다. 여기서 인과관계라는 것은 만약 그 행위가 없었더라면 손해가 발생하지 않았을 것이라는 정도의 사실상의 인과관계를 말하는 게 아닙니다. 다시 한번 가치판단이 필요한데, 어떤 행위로 인해서 그 손해를 입었다고 하는 게 일반적으로 보아서 상당히 개연성이 있는 것인지 따져야 합니다. 이것을 상당인과관계라고 부릅니다.

직장에서 집단 괴롭힘을 당해서 피해자가 자살에 이르는 사건이 있었다고 합시다. 피해자가 미리 괴롭힘을 받는 사실을 회사에 알리고 도움을 청했더라면, 다른 부서에서 이동하지 않았더라면, 회사를 그만둘 수 있었더라면, 아예 이 회사에 들어오지 않았더라면 불행한 사건을 막을 수 있지 않았을까 생각할 수 있습니다.

피해자가 도움을 청하지 않았던 것, 회사에서 인사이동을 했던 것, 회사에 입사한 것이 사실상의 연관성이 있다고 할 수 있죠. 그렇지만 피해자가 극단적인 선택을 하게 된 건 직장에서의 집단 괴롭힘 때문이라는 게 일반적으로 보아 상당한 개연성이 있다고 판단된다면 가해자들의 위법행위와 손해 사이에 인과관계가 인정될 것입니다.

피해자가 어디까지 피해를 증명해야 할까?

가해자에게 불법행위책임을 물으려면 피해자는 상대방의 과실과 손해 발생 사실, 인과관계 등을 모두 증명해야 합니다. 그런데 피해자가 과실이나 인과관계를 밝히는 게 쉽지 않은 경우도 있습니다.

의료사고 때문에 손해를 입게 된 것인지 밝히려면 높은 수준의 의학적 지식이 필요하겠지요. 공장에서 처리를 제대로 하지 않고 폐수를 배출한 것이 인근 주민들의 피부병 발생과 인과관계가 있는지, 가습기 살균제를 사용한 것과 폐 기능 손상 사이에 인과관계가 있는지 증명하는 것도 전문적이고 기술적인 지식이 요구됩니다. 인과관계를 밝히는 데 필요한 여러 자료가 있을 텐데, 피해자보다 가해자가 이런 자료들에 접근하는 게 더 유리할 수도 있습니다.

이런 경우에는 피해자의 부담을 줄여줘야 합니다. 피해자가 폐수의 어떤 성분이 어떤 기전으로 특정한 사람의 피부병을 일으켰는지를 엄밀하게 증명하기는 어렵습니다. 이런 경우에는 피해자가 폐수가 배출되었고 그게 식수로 흘러 들어갔고 인근 주민들의 피부병 발병률이 높아졌다는 식으로 폐수로 인해 피부병이 발생했을 것이 상당히 개연성이 있다는 점을 증명하면 일단 인과관계를 인정합니다. 이제 가해자가 책임을 면하기 위해서는 폐수에 피부병을 발생시키는 물질이 들어 있지 않다거나 그것 때문이 아니라는 점을 증명해야 합니다.

의료 소송에서도 의사가 아닌 사람이 전문적인 의료 지식에 기초해서 의사에게 과실이 있었는지, 잘못된 의료 행위로 인해 손해에 이른 것인지 엄격하게 증명하기란 매우 어려운 일입니다. 일반적으로 의료 소송에서 요구되는 피해자의 증명 정도는 일련의 의료 행위 과정에서 일반인의 상식에 바탕을 둔 의료상의 과실이 있었다는 것과 의사의 의료 행위 말고는 그런 결과가 발생할 특별한 이유가 없었다는 사실을 증명하는 것입니다. 그러면 이제 의사가 피해자의 손해가 의료상 과실이 아니라 전혀 다른 원인에 의한 것이라는 점을 증명해야 책임을 면할 수 있게 됩니다.

특별법 중에는 피해자 보호를 위해 피해자의 입증 부담을 완화하는 내용을 법률로 정해둔 경우도 있습니다. 예를 들어 제조물책임법은 제조물의 결함으로 인한 손해배상청구에 있어 소비자가 정상적으로 제품을 사용하는 상태에서 손해가 발생했고, 사고가 제조업자가 지배하는 영역에서 발생한 것으로, 제품의 결함 없이는 통상적으로 발생하지 않는 사고였다면 제품의 결함으로 손해가 발생한 것으로 추정한다는 점을 명시하고 있습니다(제조물책임법 제3조의2). 이제 제조업자가 자신이 제품을 공급하지 않았다거나 공급 당시 과학기술 수준으로는 결함을 발견할 수 없었다는 등 법에서 정하는 면책 사유가 있다는 점을 증명하지 못하면 손해배상책임을 면할 수 없게 됩니다(제조물책임법 제4조).

—·———·—

실제 불법행위의 모습은 아주 다양하지만, 공통적으로 책임능력이 있는 가해자가 고의 또는 과실로 위법행위를 하여 그로 인해 피해자에게 손해가 발생한 경우 불법행위책임이 생깁니다.

불법행위책임이 인정되면 피해자가 손해배상을 청구할 수 있게 됩니다. 손해가 무엇인지에 대해서는 앞에서 간단히 살펴보았는데, 다음 시간에는 어떤 손해를 어디까지 어떻게 배상하는 것인지를 중심으로 불법행위책임에 대한 이야기를 이어가도록 하겠습니다.

10. 손해배상

불법행위가 없던 때로
회복시키는 것

손해는 잘못한 사람이 부담하는 것

우리가 살아가다 보면 이런저런 사고를 겪고, 그로 인해 생각하지 않았던 손해를 보는 경우가 있습니다. 그저 운이 없어서 사고가 일어났을 뿐이라면 피해자가 그에 따른 손해를 감수해야 할 수도 있겠죠. 하지만 그런 사고가 불법의 영역에서 발생한 것이라면, 그에 대해 책임이 있는 사람이 손해를 배상하도록 하는 게 맞습니다.

불법행위책임은 고의나 과실로 위법한 행위를 해서 다른 사람에게 손해를 끼쳤다면 이를 배상해야 한다는 것입니다. 그래서 피해자의 상태를 불법행위가 없던 때로 회복시키는 게 불법행위책임의 역할입니다.

물론 불법행위책임을 지게 될 수 있다는 건 사람들이 조금 더 조심해서 행동하고 위법한 행위를 하지 않도록 하는 효과도 있겠죠. 그런데 그보다 더 직접적이고 효과적인 법적 장치는 따로 있습니다. 어떤 행동을 해서는 안 된다, 어떻게 행동해야 한다는 식으로 규제를 하거나 이를 따르지 않았을 때 벌을 주는 것은 행정법이나 형법이 전문입니다.

손해는 공평하고 타당하게 부담시켜야 한다

이에 비해 민법상 불법행위책임은 위법한 행위로 발생한 손해를 누가 부담할 것인지, 피해자의 손해를 어떻게 회복시켜 줄 것인지가 주된 관심사입니다. 손해배상에서 가장 기본적인 원칙은 손해의 공평하고 타당한 부담입니다. 피해자에게 발생한 손해를 누가 어떻게 책임지는 게 가장 공평하고 타당할 것인지 정하는 거죠. 손해를 회복시키는 게 중요한 거지, 그렇다고 손해를 입은 사람에게 예상하지 못한 이익을 줄 필요는 없습니다.

혹시 징벌적 손해배상이란 말을 들어본 적이 있나요? 징벌적 손해배상은 가해자가 악의적으로 반사회적인 행동을 했거나 불법행위로 많은 수익을 얻었다면 피해자에게 실제 손해만 배상하게 해서는 충분하지 않으니 그보다 훨씬 많은 금액을 배상하도록 하자는 겁니다.

그런데 이건 방금 말한 손해배상의 원칙하고는 잘 맞지 않는 개념이지요? 그래서 불법행위 사안에서 일반적으로 징벌적 손해배상을 인정하기는 어렵고, 정책적인 이유가 있는 경우에만 제한적으로 적용될 수 있습니다.

예를 들어 제조물책임법에 따르면 제조업자가 제조물의 결함을 알면서도 필요한 조치를 취하지 않아서 다른 사람의 생명이나 신체에 중대한 손해를 입힌 경우, 피해자가 입은 손해의 세 배까지 배상책임을 지게 될 수 있습니다(제조물책임법 제3조 제2항). '하도급거래 공정화에 관한 법률'은 원사업자가 이 법을 위반하여 손해를 입힌 경우, 그 행위 유형에 따라 손해의 세 배 또는 손해의 다섯 배까지도 배상책임을 인정할 수 있다고 규정하고 있습니다(하도급거래 공정화에 관한 법률 제35조).

적극적 손해, 소극적 손해

그러면 민법상 손해배상에 대해 조금 더 알아봅시다. 지난 시간에 불법행위의 성립 요건 중 하나로서 손해를 살펴봤는데, 손해는 법적으로 보호할 가치가 있는 이익, 즉 법익이 침해된 것을 의미한다고 했습니다. 피해자의 손해를 회복한다는 것은 불법행위로 침해된 만큼을 되돌려놓는 것입니다. 우리가 불법행위의 효과로서 손해배상 책임을 이해하려면 어떤 게 손해로 인정될 수 있는지, 어디까지가 책임 범위인지 등을 알 수 있어야 합니다.

우리가 어떤 개념을 이해하기 위해 여러 방법을 동원할 수 있는데, 그중 하나가 그 개념을 특정한 기준에 따라 나눠보는 겁니다. 법적으로 손해는 우선 재산적인 손해와 비재산적인 손해로 나눠볼 수 있습니다. 재산적인 손해는 그야말로 재산에 관해 생긴 손해를 말하고, 비재산적 손해는 정신적인 고통이나 슬픔, 명예 같은 재산과 직접적인 관련이 없는 손해를 말합니다.

정신적 손해라고 부르기도 하고 이에 대한 손해배상은 위자료라고 합니다.

이 중에 재산적 손해를 다시 도마 위에 올려봅시다. 어떤 이익에 당장 손실이 생겼다면 이건 적극적 손해라고 합니다. 운전하다가 한눈을 팔아서 앞서가던 택시와 접촉 사고를 내버려 택시가 파손되고 그 운전자가 다쳤다면, 수리비나 병원비만큼 손해가 발생한 거죠. 이건 적극적으로 발생한 손해입니다.

이에 반해 소극적 손해는 얻을 수 있었던 이익을 못 얻게 된 것을 말합니다. 택시 기사가 2주간 병원에 입원하게 되었다면 그동안 일을 하지 못할 겁니다. 2주간 일을 했으면 얻을 수 있었던 수익을 놓치게 된 거지요. 이건 원래 있었던 이익이 없어졌다기보다는 장래에 얻을 수 있었던 이익을 놓치게 된 것으로 소극적 손해라고 할 수 있습니다.

실제로 법원에서는 불법행위로 인한 손해배상 책임을 따질 때 손해를 적극적 손해, 소극적 손해, 정신적 손해(위자료) 이렇게 세 가지로 나눠서 볼 때가 많습니다. 이 기준에 따라서 각각의 손해에 어떤 것들이 있는지를 따져보고 그 금액을 정하게 됩니다.

손해는 돈으로 배상하는 것

손해를 배상하는 방법으로 먼저 생각할 수 있는 건 위법한 행위가 일어나기 이전의 원래 상태로 돌려놓는 것입니다. 사고를 내서 남의 차를 파손시켰다면 말끔히 수리해 놓거나 사고 나지 않은 다른 차를 사주도록 하는 거죠. 이렇게 원상회복을 하는 것은 피해자의 손해를 회복시킨다는 손해배상의 목적에 잘 부합하는 면이 있습니다.

그런데 불법행위가 없었던 예전의 모습으로 돌려놓는 게 언제나 쉬운 건 아닙니다. 이미 일어난 일을 없었던 것으로 만드는 건 애초에 불가능할지도 모릅니다. 양 당사자가 기억하는, 혹은 돌아가야 한다고 생각하는 원래 모습이 다를 수도 있습니다. 가해자가 사고가 난 차를 고치는 대신 같은 차종의 새 차로 배상하겠다고 하지만, 피해자는 아무리 새 차라도 가족들과 소중한 추억이 깃든 원래 차와는 비교가 되지 않는다고 하면서 원래 차를 고쳐내라고 요구할 수도 있는 거죠.

양 당사자가 원상회복의 구체적인 방법에 대해 잘 합의했더라도, 그런 방식으로 원상회복을 하는 게 어렵거나 비용이 더 많이 들 수도 있을 겁니다. 가해자가 스스로 이행을 하지 않으면 원상회복을 하도록 법원이 강제이행을 하는 것이 무척 번거로울 수도 있고요.

제394조(손해배상의 방법) 다른 의사표시가 없으면 손해는 금전으로 배상한다.

민법이 정한 원칙적인 손해배상 방법은 제394조에서 볼 수 있듯 금전으로 배상하는 것입니다. 파손된 차 대신 새 차를 가져오거나 수리를 해주는 게 아니라, 신차 가격이나 수리비가 얼마인지 계산해서 돈으로 주라고 하는 거죠. 재산상 손해뿐 아니라 정신적인 손해도 그게 얼마만큼의 가치인지 계산해서 돈으로 배상하는 겁니다. 그걸 위자료라고 하는 거지요. 이런

금전배상 방식은 원상회복에 비해서 비교적 쉽고 신속하게 피해자를 구제할 수 있다는 장점이 있습니다.

손해배상이 문제되는 또 다른 경우

여기서 잠깐, 앞에서 금전배상의 원칙을 말하면서 언급한 조문이 불법행위에 관한 게 아니라는 걸 눈치챈 사람이 있을까요? 관련 조문을 다시 찾아봅시다. 민법전을 찾아볼 준비가 되었나요? 불법행위 관련 규정은 어디에 있지요? 제3편 채권에 제5장이 불법행위에 관한 부분입니다. 조문으로는 제750조 이하에 해당합니다.

제750조(불법행위의 내용) 고의 또는 과실로 인한 위법행위로 타인에게 손해를 가한 자는 그 손해를 배상할 책임이 있다.

앞에서 인용한 제394조는 불법행위책임이 아니라 채무불이행에 따른 손해배상에 관한 규정입니다. 제390조에서는 채무자가 채무의 내용에 따른 이행을 하지 않으면 채권자가 손해배상을 할 수 있다고 하였고, 제394조는 다른 의사표시가 없으면 손해는 금전으로 배상한다고 하여 채무불이행 책임으로서 손해배상의 방법을 규정하고 있습니다.

그러면 어떻게 불법행위책임에 대해서도 제394조가 적용이 되는 걸까요? 비밀은 바로 제763조에 있습니다. 채무불이행 책임에 관한 몇 개 규정을 불법행위로 인한 손해배상에도 준용準用한다고 되어 있는데, 여기 제394조가 포함되어 있군요. 준용이라는 말은 어떤 규정을 다른 경우에도 적용한다는 말인데, 필요하다면 성질에 맞게 수정해서 적용하라는 취지입니다. 입법자들이 준용이라는 기술을 잘 활용하면 법을 만들면서 비슷한 내용을 반복해서 규정하지 않을 수 있겠죠. 우리가 앞뒤로 오가면서 법전을 봐야 하는 수고는 생기겠지만요.

제763조(준용규정) 제393조, 제394조, 제396조, 제399조의 규정은 불법행위로 인한 손해배상에 준용한다.

채무불이행책임

말이 나온 김에 채무불이행책임에 대해 간단히 살펴볼까요? B가 A의 중고 오락기를 20만 원에 사기로 약속했습니다. 이 계약에 따라 A와 B 사이에는 채권관계가 생겼지요? B는 A에게 매매대금을 지급할 채무가 있고, A는 B에게 오락기를 인도할 채무가 있습니다. 원래 이들의 채무는 동시이행을 하는 게 공평하겠지요.

그런데 약속한 날이 다가오자 B는 A에게 만나서 거래하기가 번거로운데 자기가 택배비를 부담할 테니 택배 거래를 하자고 제안을 했습니다. A는 조금 불안하기는 했지만 그러자고 하고 돈을 받기도 전에 물건을 먼저 보냈지요. B는 물건을 받고도 차일피일 핑계를 대며 대금을 보내지 않았습니다.

B는 어떤 잘못을 하고 있는 걸까요?

　채권자는 채무자에게 채무를 이행하라고 청구할 수 있고, 채무자는 정해진 채무의 내용에 따라 채무를 이행할 의무가 있습니다. 채무자가 그 의무를 제대로 이행하지 않고 있다면, 그리고 그것이 채무자의 고의 또는 과실에 기한 것이라면 채권자는 채무자에게 손해배상을 청구할 수 있습니다(제390조). 채무자가 채무를 제대로 이행하지 않는 대표적인 모습은 이행하기로 약속한 날이 지나도록 정당한 이유도 없이 이행을 지체하는 경우(이행지체), 이행할 수 없게 되어 버린 경우(이행불능), 이행을 하기는 했는데 제대로 된 게 아닌 경우(불완전이행) 등이 있습니다.

　앞의 사안에서 B는 이행지체를 하고 있는 것이고, A는 이행이 지체되어 생긴 손해의 배상을 청구할 수 있습니다. B가 대금을 지급할 의무를 지체하고 있는데, 이런 금전채무의 경우 지연이자가 전형적인 손해라고 할 수 있습니다(제397조).

　채무를 이행하지 않는 채무자에게 손해배상을 청구하는 경우와 불법행위를 한 가해자에게 손해배상을 청구하는 경우, 손해를 어떻게 어느 범위에서 배상하도록 하는 게 공평하고 타당한 것인지에 대한 손해배상의 기본적인 원칙들은 동일하게 적용될 수 있습니다. 그래서 불법행위를 원인으로 하는 손해배상의 경우 채무불이행 책임으로서 손해배상 관련 규정을 준용하도록 되어 있는 것입니다. 이번 시간에 다루는 손해배상에 관한 사항들은 채무불이행 책임에도 적용될 수 있다는 걸 기억하기 바랍니다.

손해를 어디까지 책임져야 할까?

여기 이성 친구에게 이별을 통보받은 C가 있습니다. 답답한 마음에 무작정 차 키를 들고 집을 나섰습니다. 운전을 하면서 라디오를 켜니 둘이서 자주 듣던 노래가 흘러나옵니다. 온갖 감정이 밀려와 눈물이 쏟아집니다. 신호를 제대로 보지 못하고 하마터면 건너편에서 오던 차와 부딪힐 뻔하다가 다행히 접촉 사고는 피했는데, 속도를 줄이지 못해 멀쩡히 서 있던 전신주를 들이받고 말았습니다.

자, 그럼 이제 어떤 손해들이 발생했나 한번 볼까요? 우선 C가 들이받은 전신주가 크게 파손되었고, 그로 인해 일대가 정전이 되었습니다. 파손된 전신주를 수리하고, 정전을 복구하는 데 드는 비용만큼은 손해라고 할 수 있겠죠.

그런데 그뿐만이 아니었습니다. 하필이면 주변에 D의 공장이 있었는데 C가 들이받은 전신주에서 전선이 끊어지자 전기 공급을 받지 못하게 되었습니다. 그즈음 D는 거래처와 약속한 물품의 납기를 맞추기 위해 밤샘 작업을 예정하고 있었는데, 전기가 복구되기까지 수일이 걸리는 바람에 결국 납기를 맞추지 못하였습니다. D의 거래처는 채무불이행으로 인한 손해배상을 청구했고, D는 거액의 손해배상도 걱정이지만 시장에서 평판이 떨어진 것에 대해 너무 괴로워하고 있습니다. 이런 손해들은 어떤가요? C는 어디까지 책임을 져야 할까요?

통상 손해와 특별 손해

불법행위가 있었다고 해서 피해자에게 발생한 모든 손해를 다 배상하도록 하는 건 아닙니다. 불법행위와 상당한 인과관계가 있는 손해만이 배상 범위에 듭니다. 그런데 이런 기준만으로는 어떤 손해가 배상 범위에 해당하는지를 판단하기가 쉽지 않지요. 손해배상의 범위를 따지기 위해 민법이 택하는 방법은 통상 손해와 특별 손해를 구별하는 겁니다. 제393조를 볼 건데요, 이 규정은 제763조에 의해 불법행위로 인한 손해배상에 대해 준용이 됩니다.

제393조(손해배상의 범위)

① 채무불이행으로 인한 손해배상은 통상의 손해를 그 한도로 한다.

② 특별한 사정으로 인한 손해는 채무자가 그 사정을 알았거나 알 수 있었을 때에 한하여 배상의 책임이 있다.

통상 손해

먼저 통상의 손해란 어떤 종류의 불법행위가 있었을 때 특별한 사정이 없으면 통상적으로 발생하는 것으로 생각되는 손해를 말합니다. 통상 손해는 배상 범위에 포함됩니다(제393조 제1항). 손해가 그런 사고가 있을 때 보통 발생할 수 있는 종류의 것이라면 배상해야 한다는 것이죠. 불법행위로 남의 물건을 완전히 못 쓰게 만들었다면, 예를 들어 남의 집에 불을 질러서 그 집이 완전히 다 타버렸다면, 그 물건의 소유권을 잃어버리는 손해가 발생한 것이 통상 손해입니다. 그 물건의 시가만큼이 손해액으로 산정될 거예요.

남의 땅을 무단으로 사용하는 불법행위가 있었다면 통상적으로 그 사용료, 즉 차임만큼의 손해가 발생했다고 할 겁니다. 이게 통상 손해입니다.

특별 손해

그러면 이런 통상적인 손해가 아니라 해당 사안에 특별하게 발생한 손해는 어떨까요? 민법은 이렇게 특별한 사정으로 인한 손해는 가해자가 그런 사정을 알았거나 알 수 있었는지 따져봅니다. 만일 사람들이 보통 생각할 수 있는 손해가 아니라 개별적이고 구체적인 사정에 의해 발생한 손해라면 그런 사정을 알았거나 알 수 있었던 경우에만 책임을 지도록 하는 겁니다(제393조 제2항).

앞의 사안에서 C가 운전을 하다가 과실로 전신주를 들이받았다면 전신주 수리비는 배상해야 합니다. 그뿐만 아니라 전기 복구에 관한 비용도 배상해야 할 거고요. 이런 손해는 차로 전신주를 들이받는 사고로 발생한 통상적인 손해라고 할 수 있을 겁니다.

그런데 C가 전신주를 들이받아서 인근에 있던 D의 공장이 입은 피해는 C가 일으킨 교통사고가 있을 때 통상적으로 발생할 것으로 생각되는 종류의 손해는 아닙니다. 교통사고의 직접적인 대상에 대한 손해가 아니라 간접적인 손해라고 할 수 있고, 특별한 사정으로 인한 손해에 해당합니다. 이런 손해에 대해서는 가해자인 C가 이런 사정을 알았거나 알 수 있었을 경우에만 배상책임이 인정됩니다.

C가 이 전신주를 들이받으면 그 충격으로 전선이 절단되고, 그 전선을 통해 전기를 공급받아 공장을 가동하던 D가 전력 공급 중단으로 공장 가동

이 상당 기간 중지되어 영업상 손실을 입게 될 것을 알았거나 알 수 있었을까요? 이런 사정으로 D가 받고 있는 정신적 고통에 대해서도 예견할 수 있었다고 보기는 어렵습니다. 그러니 납기 못 맞춰서 생긴 손해나 그와 관련한 위자료 등은 손해배상의 대상이 되지 않을 겁니다.

피해자에게도 잘못이 있다면?

손해를 공평하고 타당하게 부담시키는 게 손해배상의 원칙이라고 했지요. 그런데 만약 손해의 발생이나 확대에 대해 피해자 측에도 책임이 있다면 그만큼은 피해자에게 부담을 시키는 게 공평하고 타당하지 않을까요?

운전자의 부주의로 접촉 사고를 내서 상대방 운전자가 크게 다쳤는데, 상대방 운전자에게도 안전띠를 하지 않은 잘못이 있고 만약에 안전띠를 했더라면 크게 다치지 않았을 거라고 합니다. 그러면 이렇게 손해가 확대된 데에는 피해자의 과실이 기여한 바도 있습니다. 이런 경우에는 피해자의 과실을 고려해서 손해배상액을 적절히 줄여야 합니다. 이걸 과실상계過失相計라고 합니다(제396조, 제763조). 사실 접촉 사고가 나면 한쪽만 과실이 있는 경우도 있지만 양쪽 운전자에게 모두 어느 정도 과실이 있는 경우가 더 많습니다. 이런 경우에는 접촉 사고로 발생한 전체 손해액을 각자의 과실 비율에 따라 분담하는 게 일반적입니다.

모처럼 아이와 수영장에서 가서 놀다가 아이가 다쳤다고 합시다. 생각만 해도 속상하지요. 만일 직원들이 필요한 주의를 기울이지 않았거나 안전시설에 문제가 있었다면 아이의 부모는 수영장을 상대로 손해배상을 청구할 수 있습니다.

그런데 아이의 부모가 아이를 제대로 감독을 하지 않은 사실이 있다면 아이가 다친 것에 대해 부모의 책임은 없을까요? 부모는 어린아이를 돌볼 책임이 있지요. 그러니 손해배상액을 계산할 때는 이 부분도 참작해서 과실상계를 해야 합니다. 이게 피해자인 아이의 과실은 아니더라도 피해자 측의 과실을 감안하여 책임을 분배하는 것이 공평하고 타당하기 때문입니다.

손해배상만으로는 부족한 경우

이처럼 불법행위로 인해 피해자에게 손해를 입힌 경우, 가해자가 피해자가 입은 손해를 배상하도록 하는 것이 불법행위책임의 기본입니다. 손해배상은 돈으로 하는 거라고 했지요. 그런데 이런 손해배상만으로는 손해를 구제하기 충분하지 않은 경우도 있습니다.

언론에 잘못된 보도가 나가서 명예가 훼손된 사람은 자기의 훼손된 명예를 회복하기 위해 금전으로 얼마 배상을 받는 것보다 그게 사실이 아니라는 걸 알리는 게 더 중요할 수 있습니다. 명예훼손 사안의 경우 손해배상 외에도 명예회복에 적당한 처분을 구할 수 있다고 명시되어 있습니다(제764조). '언론중재 및 피해구제 등에 관한 법률'에서는 일정한 경우에 정정 보도, 반론 보도 및 추후 보도를 청구할 수 있게 하는데, 이런 방안도 피해 구제를 위한 수단이 될 수 있습니다.

금지청구권

그런데 민법상 불법행위책임이 피해자에게 발생한 손해를 구제하는 것을 주된 목적으로 하더라도, 계속해서 피해자의 법익이 침해되고 있거나 뻔히 앞으로 손해가 발생할 것이 예상되는 경우에도 사후적으로만 손해배상을 하도록 하는 건 융통성이 없어 보이지요?

제한적으로라도 필요하다면 지금 하고 있는 위법한 행위를 중단하라거나 앞으로 하려는 위법한 행위를 말릴 수 있어야 합니다. 가해자의 행위를 강제해야 하기 때문에 보통은 법원에 가해자의 어떤 행위를 금지해 줄 것을 청구하는 형태로 이루어집니다.

일단 미디어에 보도가 되거나 실화를 바탕으로 한 영화나 소설이 나오고 나면 그로 인한 명예훼손은 금전배상이나 정정 보도 정도로 충분히 그 손해가 회복되기 어렵지요. 이 경우에는 보도나 상영, 출판을 금지해 달라고 청구해 볼 수 있습니다. 그러면 법원은 피해자가 입게 될 손해와 언론의 자유나 알 권리 등을 비교해서 금지 청구를 받아들일 것인지 여부를 결정할 것입니다.

내 집 앞에 새로 짓는 높은 건물 때문에 일조이익이 심각하게 침해될 것이 예상된다면 어떻게 해야 할까요? 건물이 다 지어진 다음 그로 인해 발생한 손해를 배상해 달라고 청구할 수도 있겠지만, 그때까지 기다릴 게 아니라 미리부터 적어도 몇 층 이상은 건물을 짓지 않게 해달라고 청구해 볼 수도 있습니다. 물론 다 지어진 건물을 철거해 달라고 청구할 수도 있겠지만, 상대방에게는 물론 사회적으로도 완공된 건물을 철거하도록 하는 건 상당한 손실일 수 있다는 점을 고려할 때 그런 청구가 받아들여지기는 현실적으로 쉽지 않을 것 같습니다.

　이런 금지청구권은 아직까지 민법에 명시적으로 규정되어 있지는 않지만, 법원에서 그 필요성을 인정해서 금지 청구를 받아들인 예들이 있습니다. 이런 취지를 반영해서 '부정경쟁방지 및 영업비밀보호에 관한 법률'과 같이 특별법에서는 금지청구권을 명시하기도 했고요. 민법에 대한 개정 논의가 한참 진행 중인데, 불법행위책임의 하나로 금지청구권을 규정하자는 말이 있답니다. 관련 내용이 어떻게 바뀔지 지켜보도록 합시다.

·————·

　이번 시간에는 지난 시간에 이어서 불법행위책임에 대해 살펴봤습니다. 특히 민법상 의미 있는 손해가 무엇인지, 피해자의 손해를 어디까지 어떻게 부담하게 할 것인지 이해할 수 있었지요. 이처럼 민법은 손해가 발생하면 이것을 공평하고 타당하게 부담시키는 데 관심이 있습니다.

　다음 시간에는 권리관계의 구제에 대한 또 다른 제도인 부당이득 반환에 대해 이야기하려고 합니다. 누군가의 위법한 행위로 발생한 손해를 누가 어떻게 부담할 것인지에 관한 것이 불법행위책임이라면, 부당이득 반환제도는 뭔가 잘못되어 있는 권리관계나 재화의 귀속을 바로잡기 위한 방법입니다.

11. 부당이득

엉뚱한 사람에게 돌아간 이익을 바로잡는 법

부당이득이란?

아파트 1101호에 사는 A는 슈퍼마켓에 들러 장을 봤습니다. 더운 여름날, 수박도 한 통 사고 이것저것 고르다 보니 짐이 꽤 많아졌습니다. 계산을 마친 A는 배달을 부탁하고 집에 들어왔지요. 보통은 한두 시간 안에 오는데 어쩐 일인지 한참을 기다려도 물건이 오지 않았습니다. 약속이 있었던 A는 다녀오면 와 있겠지 하면서 집을 나섰습니다.

저녁 무렵 돌아온 A는 그다음 날 오후가 되어서야 아직도 물건이 배달되지 않았다는 걸 깨닫고 슈퍼마켓에 연락을 했습니다. 슈퍼마켓에서는 어제 틀림없이 배달했다는데 어찌된 일일까요? 알고 보니 101호로 배달이 된 거였어요. A는 101호에 사는 B에게 돌려달라고 하였지만, B는 자기가 잘못한 게 아니니 돌려줄 수 없고 특히 수박은 어제저녁에 벌써 먹어버렸다고 합니다. 이 상황은 어떻게 해결해야 할까요?

A가 배달시킨 물건들은 누구의 것인가요? A가 슈퍼마켓에서 산 것이니 당연히 A의 것이지요. B의 집에 잘못 배달이 되었다고 해서 B에게 이 물건을 가질 수 있는 어떤 권리가 생긴 건 아닙니다. A 소유의 물건이 잘못해서 B의 손에 들어가게 된 것에 불과합니다. B의 이익은 정당한 이유가 없이 생긴 부당이득입니다.

부당이득을 반환해야 하는 이유

제741조(부당이득의 내용) 법률상 원인 없이 타인의 재산 또는 노무로 인하여 이익을 얻고 이로 인하여 타인에게 손해를 가한 자는 그 이익을 반환하여야 한다.

B는 자기가 얻은 부당이득을 A에게 반환해야 합니다. 제741조를 볼까요? 법률상 원인 없이 타인의 재산 또는 노무로 인하여 이익을 얻고 이로 인하여 타인에게 손해를 가한 자는 그 이익을 반환해야 한다고 되어 있지요. B는 법률상 원인 없이 A의 재산으로 인하여 이익을 얻고 이로 인하여 A에게 손해를 가한 것입니다. 그러니 자기가 얻은 이익을 반환해야 합니다.

B는 자기는 잘못이 없다고 주장하지요. B가 남의 것을 함부로 가져간

게 잘못이라고 할 수도 있겠지만, A가 주소를 잘못 썼다면 A 책임도 있고, 슈퍼마켓 직원이 실수했을 수도 있습니다. 어쩌면 B는 누군가 자기의 힘든 처지를 보고 몰래 물건을 보내준 거라고 믿었거나 가족이 시킨 거라고 생각했을 수도 있습니다. 그렇다고 하더라도 B가 얻은 이익은 부당이득이고, B가 A에게 부당이득을 돌려줘야 하는 건 B가 뭔가를 잘못해서가 아닙니다.

민법이 부당이득을 반환하라고 하는 건 주소를 잘못 찾아간 재화나 권리를 바로잡기 위한 것입니다. 물건들이 그 정당한 주인에게 배달되지 못하고 엉뚱한 사람에게 속하게 되어버린 이 부당한 상황을 바로잡기 위해 근거 없이 얻은 이익을 손해를 본 권리자에게 돌려놓으라고 하는 거죠. 그게 공평하니까요.

부당이득 반환채권

A는 B에게 부당이득을 반환하라고 청구할 수 있습니다. 채권이 생긴 거지요. 부당이득은 지난 시간에 배운 불법행위에 더해서, 계약처럼 당사자의 의사에 기하지 않고도 채권이 생길 수 있는 또 하나의 원인이 됩니다.

어떤가요? 지난 시간에 배웠던 불법행위책임하고는 관점이 좀 다르죠? 불법행위는 가해자의 위법한 행위로 인해 피해자에게 손해가 발생한 경우 이러한 손해를 배상하도록 하는 것이었습니다. 가해자의 고의나 과실에 의한 것인지, 가해자의 행위가 법질서에 비추어 위법한지, 가해자가 책임 능력은 있는지 등을 따져서 책임을 지웠지요.

부당이득 반환은 재화가 정당한 사람에게 돌아가지 않은 상황 자체를 바로잡기 위한 것입니다. 그렇기 때문에 이런 상황이 누구의 책임인지보다는 누구한테 이 재화가 돌아가는 게 맞는지, 누가 이익을 얻었고 누가 손해를 봤는지 등을 중요하게 고려하는 겁니다.

계약상 권리에 기초한 이익의 경우

법률상 원인 없이 취득한 이익이 부당이득이라고 하면, 이해가 될 듯 말 듯한가요? 그럴 땐 유형을 나눠서 살펴보는 게 좋을 것 같습니다.

어떤 물건이 귀속된 근거가 계약이라면, 예를 들어 A와 B가 매매계약을 체결했고 그에 따라 A가 B에게 매매대금으로 돈을 주었거나 A가 B에게 매매 목적물인 물건을 건네주었다면 법률상 원인이 있는 거죠. A가 받은 돈이나 B가 받은 물건은 부당이득이 아니라 법률상 원인이 있는 정당한 이익입니다. 부당이득 반환이 문제가 될 일이 없습니다.

그런데 우리가 계약을 배우면서 계약이 유효하기 위한 여러 요건을 살펴봤잖아요. 만일 계약에 하자가 발견되어 이 계약이 무효 또는 취소가 되었다면 A와 B가 받았던 급부는 법률상 원인이 있다고 할 수 있을까요? 미성년자가 법정대리인의 동의 없이 계약을 체결했다거나 상대방의 협박에 의해 의사표시를 해서 계약이 취소되었다고 생각해 봅시다. 이 계약에 따라 매매대금을 지급했거나 물건을 건네주었던 것이 법률상 원인이 있는 줄 알았는데, 아니게 되었네요. 이제 A가 받은 돈과 B가 받은 물건은 법률상 원인이 없는 부당이득이니, 원래 있어야 할 곳으로 되돌려놓아야 합니다.

계약의 해제와 원상회복

이쯤에서 계약 해제에 대해서 잠깐 살펴보고 넘어갑시다. 계약 성립 단계에
서 어떤 하자가 있어서 계약이 무효이거나 계약을 취소할 수 있는 경우가
아니라, 유효하게 성립한 계약을 중간에 그만두는 것을 해제라고 합니다.
지난 시간에 채무불이행에 대해 이야기했는데, 채무자의 이행이 지체되는
경우 그 구제 수단으로 손해배상만 있는 건 아닙니다. 채권자 입장에서 손
해배상을 받을 수 있다고 하더라도 채무자가 이행할 때까지 무작정 기다릴
수밖에 없다면 답답할 노릇이겠죠. 채권자는 채무자의 이행지체가 있으면
일정한 절차에 따라 계약을 해제할 수가 있습니다.

　우선 채권자는 채무자에게 언제까지 이행하라고 재촉을 해야 하고(이를
법률 용어로는 최고催告라고 합니다), 그럼에도 불구하고 채무자가 그때까지 이행
을 하지 않으면 채권자는 이제 채무자에게 계약을 해제하겠다고 의사표시
를 하여 계약을 해제할 수 있습니다(제544조). 채무자의 고의 또는 과실로 채
무이행이 불가능하게 되었다면, 채권자는 이행하라고 재촉할 것도 없이 계
약 해제의 의사표시를 할 수 있고요(제546조).

　이렇게 계약이 해제되면 그 계약이 처음부터 없었던 것처럼 효력이 없
어집니다. 계약에 따라 급부가 되었는데 계약이 해제되면, 이제 계약이라는
근거가 없어졌으니 그에 따른 급부는 부당이득입니다. 계약이 해제되면 각

11. 부당이득 ‖ 엉뚱한 사람에게 돌아간 이익을 바로잡는 법

당사자는 상대방에게 원상회복을 해야 하는 의무가 생깁니다(제548조). 매매계약에서 매매대금을 받은 게 있거나 매매 목적물을 받았다면, 이걸 원래대로 상대방에게 돌려줘야 하는 거지요. 계약 해제에 따른 당사자들의 원상회복은 본질적으로 부당이득 반환이고, 그 구체적인 방법을 특별히 규정해 둔 것으로 이해할 수 있습니다.

남의 권리를 침해했을 때

부당하게 얻은 이득이 계약과는 무관한 경우도 있습니다. A가 토지를 매수하면서 새로 측량을 하는 과정에서, 옆에 있는 B의 건물 일부가 경계를 넘어서 자기가 사들인 토지를 침범하는 사실을 알게 되었습니다. B는 A의 토지 일부를 점유하고 있는데, 그런 점유를 정당화할 만한 권한이 없습니다. B는 법률상 원인 없이 차임도 내지 않고 A의 토지 일부를 사용 및 수익하면서 그만큼 부당이득을 얻고 있고, A는 자기 소유권을 그만큼 침해당하고 있는 것이지요.

송금착오 사안

또 다른 예를 들어볼까요? 온라인 뱅킹을 많이 이용하면서 실수로 송금을 잘못하는 경우가 생기기도 합니다. 빌린 돈을 갚기 위해 김철수라는 사람에게 50만 원을 송금하려고 했는데, 계좌번호를 잘못 입력하고 실수로 송금 버튼을 눌러 엉뚱한 사람에게 송금이 되었거나, 금액을 잘못 써서 50

만 원이 아니라 500만 원을 송금하는 식으로 말이죠. 혹시 비슷한 경험이 있는 사람은 없나요? 저는 얼마 전에 지인에게 돈을 보내려고 했는데 동명이인인 다른 사람에게 보낸 적이 있습니다. 이 사실을 알고 나서 사정을 설명하고 돈을 돌려받기는 했는데, 좀 곤란하기도 하고 번거롭게 한 게 정말 미안하더군요.

잘못 송금을 받은 엉뚱한 사람은 아무런 근거 없이 50만 원이라는 이익을 받았고, 돈을 보낸 사람은 여전히 김철수 씨에게 50만 원을 갚아야 하니 50만 원 손해를 본 것입니다. 50만 원 대신 500만 원을 송금받은 김철수 씨는 50만 원만큼은 빌린 돈을 돌려받은 것이니 이유가 있지만, 450만 원은 근거 없이 이익을 본 것이고, 돈을 보낸 사람은 그만큼 손해를 입은 것이지요. 돈이 잘못 송금되어 이익을 얻는 상황은 사실 다른 사람의 권리를 그만큼 침해하고 있는 게 됩니다. 법률상 원인 없이 이익을 얻는 것이니 돌려줘야 합니다.

부당이득은 이익을 받은 대로 돌려주는 게 원칙

손해배상은 원칙적으로 돈으로 하는 거라고 했지요. 부당이득은 이득을 받은 대로 돌려주는 게 원칙입니다. 이처럼 원물을 반환하라고 하는 건, 번지수를 잘못 찾은 물건이나 권리를 제대로 돌려놓기 위함입니다.

잘못 배달된 물건은 그대로 돌려주면 되는 거고, 잘못 송금된 돈도 그대로 돌려주면 됩니다. 매매계약에 따라 부동산 소유권을 넘겨주기 위해 이전등기를 마쳤다면 말소등기를 해서 원래대로 돌려놓는 것이 부당이득 반환의 모습입니다.

원물을 반환한다는 건 원물에서 발생하거나 파생된 물건이나 권리도 함께 반환해야 한다는 뜻입니다. 돈을 빌리는 건 소비대차계약이라고 했지요. 은행에서 돈을 빌렸는데 두 달 후에 이 계약이 취소되었다면 빌린 돈의 원금만 반환하면 될까요? 돈을 빌릴 때 발생하는 이자는 원금에서 파생된 것이지요. 부당이득 반환을 할 때는 원금에 이자를 붙여서 반환해야 합니다.

원래 물건은 없어졌지만 그걸 대체할 수 있는 물건이나 이익이 생겼다면 그때는 어떻게 할까요? 이런 경우에는 원물을 대신해서 생긴 그 대체물이나 이익을 반환하는 겁니다. 매매계약에 따라 매수한 집이 불에 타 버려서 보험금을 받았는데 매매계약이 무효였다면, 이런 경우에는 원물인 집을 돌려주는 대신 보험금을 돌려줘야 합니다.

원래 받은 물건을 그대로 돌려줄 수도 없고, 원물 대신 얻게 된 물건 또는 이익을 반환할 수도 없다면, 그 가치에 해당하는 돈을 돌려주는 게 부당이득 반환의 방법입니다. 원물을 팔아버렸거나 원물이 없어져서 그걸 돌려주는 게 불가능하게 되었다면, 그 가액을 반환해야 하는 거죠(제747조 제1항).

부당이득인 줄 몰랐다면?

그런데 자기가 얻는 이익이 부당한 이득이 아니라고 생각한 경우는 어떨까요? B에게 가끔씩 후원 물품을 보내주는 복지 단체가 있는데, 이번에 배달

온 물건들을 후원 물품으로 잘못 생각했다면, B는 이 물건들이 이제 자기 거라고 믿었을 겁니다. B의 이러한 신뢰는 보호해 줄 만하지 않나요?

민법은 이렇게 자기가 재산을 취득한 게 유효한 것으로 믿었던 사람의 신뢰를 보호하는 방법으로 이런 경우 부당이득 반환의 범위를 조정해 줍니다. 부당이득인 줄 모르고 이익을 받았다면, 받은 이익이 남아 있는 한도에서 반환의무를 부담하도록 하는 겁니다(제748조 제1항).

부당이득 반환은 원물을 그대로 돌려주는 게 원칙이고 그러기 어려운 경우에는 돈으로 반환해야 하는 거죠. 잘못 배달된 물건 중에 수박을 다 먹어버렸다면 이제 수박을 돌려주기는 어려우니 돈으로 반환해야 할 겁니다.

그런데 만일 B가 잘못 배달된 물건들이 후원 물품인 줄 알고서 이걸 가지겠다고 생각한 거라면, 그중에 수박을 다 먹어버렸더라도 수박 값을 물어줄 필요는 없습니다. B의 정당한 신뢰를 존중해서 나머지 남아 있는 물건들만 그대로 돌려주도록 합니다.

부당이득 반환이 제한되는 경우

근거 없이 얻은 부당이득을 반환하라고 하는 건 그게 올바른 재화의 귀속이기 때문입니다. 그게 공평하고 공정한 거지요. 그런데 법률상 원인 없는 이득을 반환하라고 하는 게 공평하고 공정한 게 아니라면 부당이득 반환이 제한될 수 있습니다.

A가 친구 B에게 돈을 빌려주고 갚으라는 말을 못해서 소멸시효가 완성

되었다고 합시다. 이제 A가 B에 대해 가진 채권은 사라졌지요. A는 B에게 돈을 갚으라고 할 근거가 없습니다.

그런데 이를 늘 마음에 담고 있던 B는 소멸시효가 완성된 걸 알면서도 조금씩 돈을 모아서 이제라도 돈을 갚겠다고 하면서 A에게 돈을 건넸습니다. 그러면 A가 이 돈을 받으면 법률상 원인 없이 돈을 받은 것이니 부당이득이 되나요?

아무리 소멸시효가 완성이 되어 채권이 소멸했더라도, B가 돈을 갚겠다고 한다면 이건 우리가 가진 도의관념에 비추어 정당한 것입니다(제744조). 이걸 부당이득이라면서 반환하라고는 못하겠죠.

불법적인 급부는 돌려받을 수 있을까?

예외적으로 허용되는 경우가 아니라면 도박은 형법상 처벌이 되는 죄입니다. 우리 법질서가 괜찮은 행위라고 인정하지 않지요. 도박을 하기 위해 빚을 내는 경우가 있는데, 도박을 하기 위해서 빌린다는 목적을 잘 알면서 돈을 빌려주었다면 이 소비대차계약은 무효입니다. 제103조에서 선량한 풍속, 기타 사회질서에 반하는 법률행위는 무효라고 규정하고 있지요. 여기에 해당합니다. 그래서 도박 빚은 안 갚아도 된다는 말이 나오는 겁니다.

그러니 도박을 하는 데 쓸 거라는 걸 잘 알면서 돈을 빌려준 사람은 계약에 따라 돈을 갚으라고 할 수 없게 됩니다. 그 계약은 무효이니까요. 그런데 계약이 무효라고 하니, 부당이득 반환을 청구할 수는 있지 않을까 생각하지 않으세요? 무효인 계약에 기해서 돈을 빌린 거라면 법률상 원인 없이 남의 돈을 갖게 된 거니까 그 이익을 반환해야 하는 것 아닌가요? 만일 이게 가능하다면, 계약에 기해서 돈을 갚으라고 하기는 어렵지만, 부당이득 반환을 청구해서 빌린 돈을 반환하라고 할 수는 있게 되는 거죠.

　이런 상황이 타당할까요? 한편으로 우리 법질서에 따르면 이런 행동을 하면 안 되고 계약으로 효력을 인정하지 않겠다고 하면서, 또 다른 한편으로는 실제 그런 행동을 한 것을 교정해 준다면 앞뒤가 맞지 않는 이상한 결론에 이를 것입니다. 그래서 민법은 불법적인 사유로 재산이나 노무를 제공한 때에는 부당이득 반환을 청구하지 못하도록 규정하고 있습니다(제746조 본문). 자기가 스스로 재산이나 노무를 들여서 어떤 행동을 해놓고, 그게 법질서가 인정하지 않는 행위라는 이유로 돌려달라고 하는 건, 법이 보호하지 않겠다는 의미가 담겨 있습니다.

　또 다른 예들을 생각해 봅시다. 어떤 사람이 청탁을 하면서 공무원에게 뇌물을 주기로 했습니다. 불법적인 일입니다. 뇌물을 주기로 하고 주지 않는다면 뇌물을 달라고 청구할 수 있나요? 만일 뇌물을 주었다면 불법적인 것이니 돌려달라고 할 수 있을까요? 이 돈은 뇌물을 주는 사람에게 귀속되는 게 맞나요, 아니면 받는 사람에게 귀속되는 게 맞나요? 범죄를 의뢰하면서 대가로 돈을 지불했는데 이걸 돌려달라고 하면 어떨까요? 성공하면 돈을 주기로 해놓고 주지 않는 경우는요? 이런 돈은 범죄행위를 의뢰한 사람에게 귀속되는 게 맞나요, 아니면 돈을 대가로 범죄행위를 한 사람에게 귀속되는 게 맞나요?

　이런 불법적인 관계에서는 법이 나서서 누구에게 재화가 귀속되는 게 정당한지 판단하는 것이 적절하지 않습니다. 이럴 때는 법적인 보호를 거절하는 것이 맞고, 그게 법적 정의를 유지하는 방법이라고 할 수 있습니다. 법은 약속대로 급부가 안 되었다고 하면서 뇌물이나 대가를 지급하라고 도와주지도 않고, 이미 급부가 되어버린 뇌물이나 대가를 돌려주라고 하지도 않는 겁니다.

이익을 본 사람이 잘못했다면?

이처럼 법이 보호를 거절하는 건 양쪽이 모두 잘못했고 보호할 가치가 없기 때문입니다. 그런데 부당하게 이익을 본 사람이 훨씬 더 잘못했다면, 불법적인 원인이 그 사람에게 있다면, 이런 경우까지 반환 청구가 불가능하다고 해버리면 부당한 결과가 발생할 수 있습니다.

평범한 회사원이었던 A가 어느 날 의도적으로 접근한 사람에게 꼬여서 사기도박에 휘말리게 되었습니다. 그 일당은 고리로 도박 자금을 대여해 주고, A가 돈을 갚지 못하니 지속적으로 협박을 해왔지요. 결국 A는 월급을 모아 구입했던, 거의 유일한 재산이라고 할 수 있는 집의 소유권을 넘겨주게 되었습니다. 이 경우에도 법이 A를 보호해 줄 필요가 없을까요?

도박 빚을 갚지 않는다고 법이 나서서 돈을 갚으라고 할 수는 없지요. 이미 도박 자금으로 빌린 돈을 갚으면 어떻게 될까요? 소비대차계약이 무효였으니 돈을 다시 돌려달라고 해도 원칙적으로 법은 도와주지 않습니다. 그런데 이 경우는 A에게도 잘못이 있기는 하지만, 그 불법성을 비교해 보자

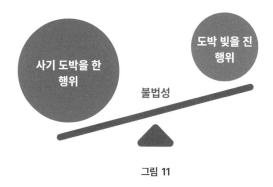

사기 도박을 한 행위

도박 빚을 진 행위

불법성

그림 11

면 그림 11처럼 사기도박을 한 일당이 훨씬 불법성이 크지요. 이때는 반환 청구가 인정될 수 있습니다. 이런 경우까지도 법이 나서지 않겠다고 하면서 반환 청구를 못하게 하면, 불법을 눈감아 주는 것이 되어 부당하기 때문입니다. 그래서 A는 도박 빚을 갚기 위해 넘겨준 집의 소유권을 돌려달라고 청구할 수 있어야 합니다.

이처럼 이익을 본 사람의 불법성이 현저하게 훨씬 크고 그에 비하면 손해를 본 사람의 불법성이 미약한 정도라고 판단이 되면, 법은 반환 청구를 인정할 수 있습니다. 그게 공평하고 신의칙에도 맞는 거니까요.

·————·

이번 시간에는 부당이득 반환에 대해 살펴봤습니다. 부당이득 반환제도는 우리 사회의 재화들이 정당하게 돌아가지 않은 상황을 교정하기 위한 법적인 수단이고, 그렇기 때문에 그 결과가 공평할지 세심하게 살펴야 합니다.

이런 부당이득은 계약, 불법행위와 함께 채권을 발생시키는 원인이 됩

니다. 다음 수업에서는 채권의 이행을 담보하기 위한 담보제도에 대해 살펴
보기로 합시다.

무엇을 보고 돈을 빌려줄까?

돈을 갚지 않으면 어떻게 될까?

누군가에게 돈을 빌려주었거나 빌려본 경험이 있으신가요? 살다 보면 다들 한 번쯤은 있을 거 같은데요. 자, A가 B에게 5,000만 원을 빌려줬다고 합시다. 소비대차계약이군요. 그것도 금전을 목적으로 하는 금전소비대차계약입니다. A는 B를 어떻게 믿고, 뭘 보고 이 돈을 빌려준 걸까요? B가 약속한 대로 돈을 돌려주었다면 별문제가 없겠죠. B가 채무를 제대로 이행하지 않았을 때, 예를 들어 B가 돈을 갚기로 한 날이 지나도록 돈을 갚지 않는 경우, 이제 법이 나서야 할겁니다.

손해배상청구

A는 법에 따라 무엇을 할 수 있을까요? 네, 맞습니다. 채무불이행을 이유로 손해배상을 청구할 수 있습니다. 금전소비대차를 지체하면 적어도 법에서 정한 이율에 따라 이른바 지연이자를 청구할 수 있는 겁니다(제397조). 민법에 따른 계약이라면, 당사자들이 미리 정해두지 않았더라도 돈을 갚을 때까지 원금에 연 5퍼센트의 이율을 곱한 금액만큼 지연손해금이 가산됩니다(제379조). 그 자체로 B가 돈을 빨리 갚도록 심리적으로 압박을 가하는 방법이 될 수도 있을 거예요.

그래도 B가 돈을 갚지 않으면요? B가 스스로 이행하지 않아도 A가 직접 B에게 물리력을 행사할 수는 없습니다. B의 이행을 강제할 수는 있지만, 이건 A가 힘이 세거나 힘센 친구를 두었더라도 직접 B를 협박해서 돈을 받는 게 가능하다는 의미는 아니지요. 이때는 반드시 법원의 손을 빌려야 합니다(제389조).

강제이행청구

법원에 강제이행을 청구하면, 법원은 우선 집행을 해도 되는지, A의 채권을 확인합니다. 강제로 집행을 해달라고 청구하는 사람들의 요구를 무조건 다 들어주면 오히려 복잡한 문제가 생길 수도 있겠죠. 대표적으로 채권을 집행하는 방안으로는 판결문을 받아오는 게 있습니다. A가 법원에 B에게 5,000만 원을 갚으라는 소를 제기해서 승소 판결을 받으면, 법원이 채권이 있다는 걸 확인한 거니까요.

담보가 필요한 이유

채무자가 돈을 주지 않으면, 채권자로서는 분명히 채권이 있음에도 불구하고 돈을 받는 게 꽤 번거롭고 복잡할 수 있겠다는 생각이 드시죠? 돈 달라고 청구해야죠, 그래도 안 주면 법원에 가서 소송해야죠. 소송에 이겨서 이제 집행을 하나 했는데, 만일 채무자에게 변변한 재산이 없으면 어쩌죠? 아무리 채권이 있으면 뭐합니까, 집행을 할 수가 없으면 채권이 그만한 가치가 있다고 할 수가 없지요.

이렇게 보면 A가 B에게 돈을 빌려주는 건 B의 평소 인품을 보고 빌려주는 것도 아니고, 절대로 남의 돈을 떼먹을 사람이라고 굳게 믿고 빌려줘서도 아니고, 그 사람이 가진 재산을 보고 빌려주는 거라고 할 수 있습니다. 결국 채무를 이행하지 않을 때 강제집행을 하는 대상이 되는 건 채무자의 재산이니까요.

B가 가진 재산이 별로 없거나, 강제집행이 들어올 것을 우려해서 자기 재산을 다른 데로 빼돌려놓거나, B의 재산이 어떤 게 있는지 어디에 뭐가 있는지 찾기가 어렵다면 A는 돈을 빌려주면서 뭔가 조치를 취해야 합니다. 채권을 담보할 수 있는 수단이 필요한 거죠. 민법에는 이렇게 채권을 담보하기 위한 제도들이 마련되어 있습니다.

'보증 서지 말자'가 가훈이라고?

그림 12

B가 별 재산이 없다면 A는 B에 대한 채권의 담보로 어떤 걸 생각할 수 있을까요? B에게 보증인을 세우라고 요구할 수 있습니다. 보증이라고 하면, 드라마나 영화에서 아버지가 친구 보증을 섰다가 집안이 망했다는 이야기가 생각나신다고요? 그림 12처럼 가훈으로 '보증서지 말자'라는 말을 써서 붙여놓은 장면도 있고요. 네, 그 보증을 말하는 거예요.

계약으로 인해 발생하는 채권은 원래 계약 당사자들 사이에만 주장할 수 있는 것이죠. 채권은 상대권이니까요. A가 B에게 돈을 빌려줘놓고, B가 갚지 못한다고 해서 갑자기 아무 상관이 없는 C에게 대신 갚으라고 할 수 없는 겁니다.

그런데 C가 보증인이라면 이야기가 달라집니다. 보증인을 세우라고 하는 건, 갚을 수 있을지 여부가 불분명한 B에게 그냥 돈을 빌려주는 게 아니라, 당신이 갚지 못하면 대신 갚을 수 있는 사람을 데려오라고 요구하는 것입니다.

그러면 이제 A로서는 그림 12처럼 계약의 상대방인 B뿐만 아니라, 보증인인 C에게도 돈을 갚으라고 할 근거가 생겼습니다. 만일 이들이 돈을 갚지 않는다면, B의 재산만이 아니라 C의 재산에 대해서도 강제집행이 가능하게 됩니다. 이렇게 B가 돈을 갚지 못해서 C가 대신 빚을 떠안게 되고 C의 집이 강제집행으로 경매로 넘어가는 상황이 생길 수 있기 때문에 함부로 보증 서지 말라고 하는 겁니다.

보증인을 세우는 것의 한계

그렇다면 A는 자신이 B에 대해 가진 채권을 어느 정도 담보를 확보했다고 볼 수 있습니다. 어느 정도라고 하는 건, 채무자가 돈을 갚을 능력이 안 되어 보증인에게 이행을 청구했는데, 보증인도 돈이나 재산이 없다면 채권자는 결국 돈을 받지 못하게 될 수도 있기 때문입니다. 여기서 보증제도의 한계를 확인할 수 있습니다.

또 보증인은 채무자와 가까운 사람이 되는 경우가 많지요. 합리적으로 계산하고 충분히 고민한 후에 보증인이 된다기보다는 그놈의 정 때문에, 의리로, 혹은 사람 하나 살리는 셈 치고 보증인이 되는 겁니다. 물론 채무자는 보증인을 봐서 돈을 갚으려고 더 노력할 수도 있고, 보증인은 채무자에게 돈을 갚으라고 대신 재촉할 수도 있겠지요. 또 법적으로 회사는 그 구성원과는 별도의 사람인 것처럼 취급하는데, 회사에 돈을 빌려주면서 그 사장이나 이

사에게 보증을 서도록 하면, 책임 있는 경영을 기대할 수도 있을 겁니다.

그런데 그놈의 정 때문에, 의리로 보증을 섰는데, 채무자가 도망가서 보증인이 그 빚을 모두 떠안게 된다면 어떤가요? 보증인을 보호해 줄 필요도 있겠죠. 그래서 보증계약은 반드시 서면으로 해야 하고(제428조의2), 채권자가 알고 있는 특정한 정보는 보증인에게 알려주게끔 하고 있습니다(제436조의2). 그 외에도 보증인 보호를 위한 특별법이 있어서 아무런 대가 없이 호의로 보증인이 된 사람들을 좀 더 보호하기도 하고요.

물건을 담보로 맡기고 돈을 빌리는 질권

이렇게 보증인을 세우는 것 말고 좀 더 확실한 담보는 없을까요? 책임을 질 사람을 데려오는 게 아니라, 물건을 담보로 하는 것이 좋을 것 같은데요. 제가 어릴 때 좋아하던 만화영화가 있는데, 얼마 전 넷플릭스에서 드라마로 방영을 하더군요. 반가운 마음에 한참을 정신없이 봤는데, 바로 〈빨간 머리 앤〉이라는 드라마였어요. 여기에는 앤이 집안 사정이 어려워지자 집안에 가보처럼 내려오던 보석을 전당포에 맡기고 돈을 빌려오는 장면이 나옵니다. 그 앞을 오갈 때마다 돈을 갚고 반드시 보석을 찾아오겠다고 다짐을 하는 거죠.

이렇게 자기가 가진 물건이나 다른 채권을 맡기면서 돈을 갚을 때까지 담보로 가지고 있으라는 것을 민법에서는 질권이라고 부릅니다(제329조, 제345조). 질권은 물건에 대한 권리이기 때문에 물권의 일종입니다. 소유권처럼 물건의 모든 가치를 모두 지배하는 게 아니라, 물건의 담보 가치만을 지배하는 제한적인 물권(제한물권)으로 담보물권이라고 할 수 있습니다. 물건을 담보로 잡고 돈을 빌려준 전당포 주인은 채무자가 정해진 날까지 돈을 갚지 않으면 이 물건을 다른 곳에 팔거나 경매에 넘겨서 자기 채권의 만족을 얻을 수 있습니다.

질권의 한계

그런데 질권이 언제나 유용한 담보가 되는 건 아닙니다. 제품을 생산하는 회사를 생각해 봅시다. 이 회사에서 돈이 되는 자산으로는 기계, 재고, 원자재가 있습니다. 그런데 회사가 은행에 돈을 빌리려고 이런 기계, 재고, 원자재를 은행에 넘겨주면서 자신이 돈을 갚을 때까지 은행이 가지라고 하면 회사는 제품을 어떻게 만들 수 있을까요? 돈을 갚으려면 제품을 만들어 팔아야 하는 거 아닐까요?

은행 입장도 생각해 봅시다. 은행이 기계나 재고, 원자재를 가지고 뭘 할 수 있을까요? 관리하는 데 비용만 들어갈 뿐이지 그 자체가 돈이 되지는 않지요. 이런 경우라면 차라리 보증인이 있는 게 나을 수도 있습니다.

이런 것도 생각해 봅시다. 빨간머리 앤이 500만 원만 빌리면 되는데 가지고 있는 재산이 5,000만 원의 가치가 있는 브로치 하나뿐이라면, 그래도 5,000만 원 짜리 브로치를 맡길 수밖에 없겠죠. 그런데 나중에 돈이 더 필요하게 되었어요. 만일 그 전당포에서 더는 돈을 빌려주지 않겠다고 한다면 난감한 상황이 될 수 있습니다. 다른 곳에서 돈을 더 빌리려면 추가로 담보가 필요한데, 더는 재산이 없으니 쉽지 않을 것 같습니다. 분명히 5,000만 원짜리 가치가 있는 브로치인데, 그 담보 가치를 충분히 활용하지 못하는 거네요.

부동산에 저당권을 설정하는 방법

부동산을 담보로 제공할 수 있다면 이런 문제를 해결 가능합니다. 질권이 동산을 담보로 맡기는 거라면 부동산을 담보로 제공하는 건 저당권이라고 합니다. 부동산과 동산의 차이는 여러 가지가 있지만, 부동산은 등기부가 마련되어 있다는 게 동산과는 다른 점 중 하나입니다. 소유권을 배우면서 등기에 소유자로 표시하는 건 세상 사람들한테 그 부동산이 내 거라는 걸 보여주는 것이라고 했습니다. 채권은 당사자들 사이에서만 상대적인 효력이 있지만, 물권은 누구에게나 주장할 수가 있는 절대권입니다. 이런 물권을 공시하는 방법은 부동산은 등기부에 기재하는 것이었고, 동산은 그 물건을 점유하는 것이었습니다.

그래서 동산에 질권을 설정하는 방법은 질권을 가지는 사람이 그 물건을 점유하는 것이 됩니다. 브로치를 전당포에 맡기고, 기계의 점유를 넘기는 것처럼 말이죠. 이때 점유는 물권을 공시하는 방법이지, 점유권자가 물건을 사용할 수도 있는 건 아닙니다. 질권자는 어디까지나 물건의 담보적인 가치만을 가질 수 있는 거지, 그 물건을 사용할 수 있는 권리가 있는 건 아닙니다.

부동산에 대해 담보권을 설정하는 방법은 그 부동산을 점유하는 게 아니라 등기부에 표시하는 겁니다. 등기부에 소유권을 표시해 두는 것처럼 '이건 내가 담보로 잡은 부동산'이라고 표시해 두면, 그 부동산을 내가 넘겨받지 않더라도 세상 사람들에게 내 담보권을 주장할 수 있는 거죠.

저당권의 특징

이렇게 등기부에 저당권을 표시하면 어떤 장점이 있을까요? 저당권을 설정해 두고도 소유자는 자기 물건을 계속 사용하면서 이익을 얻을 수 있습니다. 만약에 공장에 있는 기계 등에 질권이 아니라 저당권을 설정할 수 있다면, 은행에 돈을 빌릴 때 공장을 은행에 넘겨주지 않더라도 담보 가치를 충분히 활용할 수 있고, 사람들이 여전히 공장에서 일하면서 돈을 벌어서 빌린 돈을 갚을 수도 있겠군요. 그래서 부동산만큼이나 가치가 있는 기계나 자동차 같은 동산의 경우에는 예외적으로 등기부를 만들어서 저당권을 설정할 수 있게 해주기도 합니다.

또 저당권은 질권에 비해서 그 대상이 되는 물건이 가지는 담보 가치를 더 잘 활용할 수 있는 장점도 있습니다. 빨간 머리 앤이 브로치가 아니라 초록 지붕 집에 저당권을 설정해 주고 D 은행으로부터 2,000만 원을 빌렸다고 합시다. 등기부에 저당권자가 D 은행이라는 걸 적었다고 해도, 앤의 가족은 여전히 초록 지붕 집에서 그 전과 동일하게 집을 사용할 수 있습니다.

그런데 그 다음 달에 1,000만 원이 더 필요해서 이번에 E 은행에서 돈을 빌리게 되었다고 합시다. 초록 지붕 집이 1억 짜리라고 한다면, D 은행이 가지는 2,000만 원의 채권을 담보하고 있다는 점을 고려하더라도, 아직 이 집이 가지는 담보 가치는 충분하다고 할 수 있겠죠. 그러면 E 은행은 새로운 물건을 담보로 가져오라고 하는 대신에 이 집에 또 저당권을 설정할 수가 있습니다.

하나의 부동산에 여러 개의 저당권을 설정할 수 있을까?

여기서 잠깐, 의문이 드는 사람이 있나요? 물권은 일물일권주의라고 했잖아요. 그런데 한 물건에 똑같은 저당권이 두 개가 한꺼번에 있는 게 가능할까요? 그럴 수는 없겠는데요. 그래서 순위를 달리해야 합니다. 먼저 저당권을 가지게 된 D 은행의 저당권이 우선적이고, 그 후순위로 남는 담보 가치

순위 번호	등기목적	접수	등기원인	권리자 및 기타 사항
\[건물\] 서울특별시 동대문구 이문로 107107107 초록 지붕 집				
\[을구\] 소유권 이외의 권리에 관한 사항				
1	근저당권 설정	2024년 12월 3일 제123456호	2024년 12월 2일 설정계약	채권최고액: 금 20,000,000원 채무자: 빨간머리 앤 근저당권자: D 은행
2	근저당권 설정	2025년 1월 7일 제100호	2025년 1월 6일 설정계약	채권최고액: 금 10,000,000원 채무자: 빨간머리 앤 근저당권자: E 은행

표 2

에 대해서 E 은행이 저당권을 가지는 식이죠. 그럼 이런 내용이 등기부에 어떻게 표시되는지 봅시다. 물권의 공시에 대해 살펴보면서, 부동산등기부는 표제부, 갑구, 을구 이렇게 세 부분으로 구성된다고 했지요? 표제부에는 부동산을 표시하고, 갑구에는 소유권에 관한 사항을, 을구에는 소유권 이외의 권리에 관한 사항을 표시합니다. 그러면 저당권 같은 제한물권은 을구에 표시하겠죠?

표 2를 한번 보세요. 등기는 접수된 순서대로 표시합니다. 1번으로 표시된 건 D 은행의 저당권입니다. 등기부에는 근저당권이라고 되어 있지요? 근저당권은 일반 저당권에 비해 특별한 저당권인데, 실제로는 저당권보다는 근저당권이 많이 쓰입니다. 근저당권이 무엇인지에 대해서는 이번 수업 마지막에서 설명해 드릴게요. E 은행의 저당권은 그 다음에 접수가 되어서 2번으로 표시돼 있습니다. D 은행의 저당권은 E 은행의 저당권보다 우선하는 선순위입니다.

아직도 초록 지붕 집은 D 은행과 E 은행의 저당권을 빼고서라도 충분한 가치가 남아 있지요. 필요하다면 차후에 3번 저당권, 4번 저당권 등등이 설정될 수도 있을 겁니다. 이처럼 저당권은 브로치를 전당포에 맡기는 질권에 비해 물건이 가지는 가치를 충분히 활용해 자금을 융통하는 데에도 유리한 점이 있습니다.

이렇게 보면 보증인을 세우거나 질권을 설정받는 것보다는 저당권이 합리적이고 발전적인 제도이니 다른 건 다 필요 없지 않나 생각하실 수도 있는데 모든 사람이 담보 가치가 있는 부동산을 가진 건 아니죠. 그래서 다른 담보제도들도 여전히 함께 활용되고 있습니다.

참고로 채무자가 자기 소유의 부동산에만 저당권을 설정해 줄 수 있는 건 아니고, 다른 사람의 부동산을 담보로 제공하는 것도 가능합니다. 친구나 가족 등 다른 사람에게 부탁해서 은행에 내가 돈을 빌리면서 다른 사람의 부동산에 저당권을 설정하는 거죠.

이렇게 남의 빚을 담보하기 위해 자기 부동산을 제공한 사람은 보증인과 유사한 면이 있네요. 그래서 이들을 물상보증인이라고 부릅니다. 보증인은 채무자가 돈을 못 갚으면 대신 갚아야 할 채무가 있는데 물상보증인은 그런 채무가 있는 건 아니고, 다만 채무자가 돈을 못 갚으면 자기가 담보로 제공한 부동산의 한도에서 책임질 수 있다는 점에서 보증인과는 다릅니다.

저당권을 실행하는 방법

앤이 D 은행에 진 빚을 다 갚으면 이제 이 저당권은 담보하는 채권이 없어진 꼴이지요. 앤은 1번 저당권을 지워달라고 할 수가 있어요. 그러면 이제 E 은행이 가진 2번 저당권이 1번 저당권으로 승진을 합니다. 마찬가지로 E 은행에 진 빚을 다 갚으면 이 저당권도 등기부에서 지울 수 있겠죠.

그런데 만일 앤이 돈을 제대로 못 갚으면 어떻게 될까요? 저당권자는 바로 집행에 나설 수가 있어요. 물론 이 경우에도 스스로 실력을 행사하는 게 아니라 법원의 힘을 빌려야 합니다. 그런데 저당권이라는 건 내 채권을 담보하기 위해 부동산에 설정하는 담보물권이지요? 애초에 등기를 할 때 어떤 채권을 담보하는지 등기관이 다 확인을 하고 등기에 써둡니다. 그래서 법원이 강제로 집행하기 위해 채권이 있다는 걸 확인하기 위해 소송을 하지 않더라도, 저당권자는 바로 법원에 경매를 시작해 달라고 요청할 수가 있습니다.

법원은 저당권자의 신청이 있으면 경매를 해서 그 담보가 된 부동산을 팔고 매매대금을 받아 저당권자가 가진 채권만큼을 나눠주고 남은 게 있으면 원래 소유자에게 돌려줍니다. 앤이 D 은행에 돈을 갚지 않으면 초록 지붕 집에 D 은행은 저당권을 실행할 수가 있고, 그러면 초록 지붕 집에 대해 경매를 하게 됩니다.

이 경매절차에서 앤의 친구인 다이애나가 초록 지붕 집을 7,000만 원에 매수했다면, 매수대금을 완납했을 때 이 집의 소유권은 이제 다이애나에게 넘어갑니다. 이제 법원은 7,000만 원을 가지고 우선적으로 1번 저당권자인 D 은행에 2,000만 원을 주고, 다음으로 2번 저당권자인 E 은행에 1,000만 원을 주고, 나머지는 기존 소유자인 앤에게 돌려주는 식으로 배당을 합니다.

D 은행은 가만히 있는데, 2번 저당권자인 E 은행이 경매를 신청할 수도 있을까요? 네, E 은행도 저당권을 가지고 있기 때문에 저당권을 실행할 수 있습니다. 다만, 이 경우에도 배당은 동일하게 1순위 저당권자인 D 은행이 먼저 2,000만 원을 받게 되고, 그 이후 순차적으로 2순위인 E 은행이 가져 갈 수 있습니다.

저당권이 있는 채권자의 권리

이 경우를 저당권이 없는 일반 채권자와 비교해 봅시다. 앤이 D 은행, E 은행에 돈을 빌리기도 전에 길버트에게 5,000만 원을 빌렸다고 합시다. 길버트는 앤을 믿고 따로 담보를 요구하지는 않았지요. 앤이 빌려간 돈을 갚기로 한 날이 지나도록 돈을 갚지 못하고 있다면 길버트는 초록 지붕 집에 대해 경매를 신청할 수 있나요? 저당권자가 아닌 길버트가 초록 지붕 집에 대해 강제집행을 청구하려면 우선 길버트는 자기 채권을 토대로 집행할 수 있다는 확인을 받아야 하지요. 법원에 소송을 통해 이를 확인받을 수 있고요, 승소판결문을 토대로 경매를 신청할 수 있습니다.

경매 절차에서 초록 지붕 집이 7,000만 원에 매수되었다면, 이제 법원은 이 7,000만 원을 어떻게 배당할까요? 아무리 길버트가 경매를 신청했다고 하지만 길버트에게 우선권이 있지는 않습니다. 심지어 길버트가 가장 먼저 돈을 빌려준 채권자인데도 말이죠. 초록 지붕 집에는 D 은행과 E 은행의 저당권이 있고, 이들 저당권은 누구에게나 주장할 수 있는 물권인 반면, 길버트는 채권을 가질 뿐 이를 담보할 수 있는 물권을 가진 건 아니지요. 그래서 우선 D 은행에 2,000만 원이 배당되고, 그다음 순위로는 E 은행에 1,000만 원이 배당되고, 그리고 나머지 4,000만 원이 길버트에게 배당될 수 있을 뿐입니다.

이처럼 저당권을 갖고 있다는 의미는 후순위 저당권자나 다른 채권자들에 비해 먼저 자기 채권의 만족을 얻을 수 있다는 겁니다. 이걸 우선변제를 받을 수 있다고 합니다. 이런 의미에서 물권은 채권에 우선하는 효력이 있습니다.

근저당권이란?

실제로는 일반 저당권보다 근저당권이 많이 사용됩니다. 근저당권은 뭐냐고요? 예를 들어 주거래은행에서 돈을 빌리는 기업이 있다고 해봅시다. 돈을 한 번만 빌리는 경우보다는 돈을 빌렸다가 또 갚았다가 이렇게 반복하는 경우가 많겠죠? 그때마다 저당권을 설정했다가 말소했다가 하는 건 무척 번거로울 겁니다.

대리점에 물품을 공급하는 것처럼 매달 거래가 계속되는 경우도 마찬가지입니다. 대금 채권을 담보하기 위해 저당권을 설정하고 대금을 지급받으면 저당권을 말소했다가 또 다시 거래를 하면 저당권을 설정했다가 또 월말에 다시 말소하는 걸 계속 되풀이하는 건 어떨까요?

이럴 때 이용할 수 있는 게 근저당권입니다. 채권액을 딱 고정하는 게아니라 일정한 금액 한도를 정해서 거래하는 동안 그 금액만큼은 담보하기로 하고 최종적인 채권액은 나중에 필요할 때 확정하기로 하는 게 근저당권입니다. 그 외에는 저당권과 성질이 같다고 볼 수 있습니다.

그래서 어떤 부동산에 저당권이나 근저당권을 설정하려는 사람은 자기보다 선순위로 저당권이나 근저당권이 설정되어 있는지 살펴보고, 선순위의 근저당권이 있는 경우라면, 선순위의 채권 최고액이 먼저 담보되고도 충분한 담보 가치가 있는 부동산인지 따져보는 게 중요하겠습니다.

지금까지 우리는 민법에 마련된 채권의 담보제도를 살펴봤습니다. 채권을 담보하기 위해 보증인을 세우거나, 동산이나 부동산을 담보로 제공할 수 있다는 걸 알 수 있었고, 채권과 물권의 특성에 대해서도 다시 한번 생각해 볼 수 있었습니다.

　　채권과 물권은 민법의 재산법을 이루는 두 개의 기둥이라고 했지요. 민법은 재산법과 가족법으로 이루어지는 것이고요. 이제 남은 수업 동안은 가족법의 주요 내용을 살펴보려고 합니다. 다음 시간에는 우선 민법상 혼인에 대해 이야기해 보겠습니다.

결혼은 모든 사회의 기초이자, 최초의 사회적 결속이다.

오토 프레드리히 본 기이르케 *Otto Fredrich von Gierke*

PART III

소중한 가족관계를 보호하는
가족법

13. 혼인

"나와 결혼해 줄래?"라는
말의 의미

복습하기: 민법의 두 기둥

첫 번째 수업에서 민법의 두 기둥은 재산법과 가족법이라고 했던 거 기억하나요? 지금까지 우리가 살펴본 건 이 중에 재산법이었어요. 계약과 소유권으로 대표되는 채권, 물권이 재산상 권리였습니다. 재산법은 오랜 기간 동안 나름의 논리를 갖춰왔고, 그동안 우리는 이를 통해 법적으로 생각하는 훈련을 했던 겁니다. 이제 남은 시간 동안에는 가족법을 다루게 됩니다.

　오랜만에 민법전에서 목차를 다시 확인해 볼까요? 34쪽으로 되돌아가 복습해 봐도 좋겠습니다. 제1편부터 제3편까지 내용은 이제 좀 친숙해 보입니다. 그렇죠? 제4편 친족, 제5편 상속이 가족법에 해당하고, 그래서 가족법을 친족상속법이라고 부르기도 합니다. 가족법은 사람이 태어나 자라고, 커서 반려자를 만나 결혼을 하고, 아이를 낳아 키우다가, 죽은 다음 자기 재산을 물려주는 것까지 관여하는 법입니다.

가족법

가족법상 여러 제도도 나름의 의미가 있지만, 가족 안에서 생기는 여러 문제를 재산법에서만큼 논리적으로 해결하기는 어렵습니다. 가족법의 내용은 우리 사회의 문화와 관념을 반영하고 있기 때문이죠. 사회가 바뀌면 가족법의 모습도 변화하기 마련입니다.

실제로 가족법 영역은 수차례 개정이 있었는데, 시대상의 변화에 따라 친족의 범위나 상속, 친권자 등을 정할 때 성별에 의해 차이를 두거나 장자를 우대하는 내용이 변경되었고, 부모의 자녀에 대한 권리를 중심으로 인식되던 친권 등도 자녀에게 어떤 것이 이익이 되는지 중심으로 교정되었습니다. 동성동본금혼*이나 호주제**와 같이 예전에는 중요하게 생각되던 제도가 아예 폐지되기도 했고요.

이처럼 가족법의 내용은 현재 시점에서 우리 사회가 법적으로 승인하

---

* 성씨와 본관이 모두 같은 사이의 결혼을 금지하는 제도. 1997년 7월 16일 헌법재판소의 헌법불합치 결정에 따라 2005년 3월 31일 폐지됨.

** '호주户主'를 아버지, 아들 등으로 정하고 상속 등 법적인 권리를 부여하던 제도. 2005년 2월 3일 헌법재판소의 헌법불합치 결정에 따라 2008년 1월 1일 폐지됨.

고 있는 친족, 상속의 모습을 반영하는 것입니다. 점차 시대가 바뀌고 사람들의 생각이나 문화가 변화하면 가족법의 모습이 어떻게 될지, 혹은 어떻게 되어야 할지 생각하면서 지금의 가족법을 이해해 봅시다.

민법상 친족은 어디까지일까?

민법상 친족의 개념을 알아볼까요? 평소에 친족이라는 말은 잘 쓰지 않는 것 같은데요. 대신 친척이라는 말은 자주 쓰죠. 엄밀하게 친족과 친척은 정의가 좀 다르지만, 민법에서 친족이라고 하면 어디까지가 법적으로 의미가 있는 친척인지 정하는 거라고 생각하면 아주 틀리지 않습니다.

친족은 혈연관계와 인척관계로 이루어집니다. 우선 혈연관계로 이어진 사람들은 나의 혈족입니다. 부모님, 조부모님, 외조부모님 등의 직계존속, 자녀들, 손자, 손녀 등의 직계비속입니다. 가계도를 그리면 나를 기준으로 위아래 방향으로 뻗는 가지들입니다. 옆쪽 방향으로 뻗는 가지에는 형제자매와 삼촌, 고모, 이모, 숙부, 그 자녀인 사촌, 사촌의 자녀들이 있습니다. 이를 방계혈족이라고 합니다(제768조).

혈연관계가 부모가 자식을 낳는 것을 기본으로 한다면, 인척관계는 부부가 혼인하는 것에서 출발합니다. 앞에서 본 혈족의 배우자(사위, 며느리, 매제, 제부, 형수, 숙모, 고모부, 이모부 등)와 배우자의 혈족(장인, 장모, 시부모, 시동생, 처남, 처제, 처형 등) 및 배우자의 혈족의 배우자는 인척입니다(제769조).

하나 빠진 게 있는데, 유일하게 촌수가 없는 친족이 있습니다. 바로 배우자지요. 민법상 친족은 8촌 이내의 혈족, 4촌 이내의 인척, 그리고 배우자로 구성됩니다(제767조, 제777조).

가족의 시작, 혼인

결국 민법상 친족법에서 가장 중요한 것은 부부 간의 관계와 부모와 자녀 간의 관계입니다. 친족이란 개념이 이들 두 가지 관계를 매개로 이루어져 있으니까요. 그러면 이번 시간에는 우선 부부 간의 관계를 살펴봅시다. 부부가 되려면 어떻게 해야 할까요? 네, 결혼을 해야죠. 그런데 일상에서는 결혼이라는 말을 더 많이 쓰지만, 민법에서는 혼인이라는 용어를 사용합니다. 남녀가 만나 법적인 부부가 되는 게 혼인입니다.

혼인에 대한 합의

혼인을 하려면 어떻게 해야 할까요? 우선 당연히 배우자가 될 사람이 있어야 하겠죠. 이 사람과 결혼을 하고 싶다는 생각이 있어야 하고, 상대방도 마찬가지로 나와 결혼하고 싶다는 생각이 있어야 합니다. 혼인을 하겠다는 의사가 합치해야 합니다. 이렇게 보면 혼인도 일종의 계약이라고 할 수 있겠죠. 재산상 계약은 아니지만, 법적으로 승인된 부부공동생활을 하겠다는 것을 약속하는 것이니까 넓은 의미에서의 계약이라고 할 수 있지요. 그것도 무기한의 계속적 계약입니다.

혼인신고

그런데 이런 당사자들의 혼인합의가 있다고 해서 바로 국가가 당사자들의 신분관계를 인정해 주기는 어렵습니다. 앞서 본 것처럼 혼인은 친족관계의 여러 변화를 가져오는 중요한 사건인데, 정말 당사자들의 합의가 있었는지, 언제 이런 합의를 했는지 정확하게 따지기가 쉽지 않겠죠. 그래서 법적으로 부부가 되기 위해서는 혼인신고를 해야 합니다(제812조). 그래야 국가에서 둘 간의 혼인으로 가족관계가 생긴다는 걸 인정할 수가 있는 거죠. 이렇게 당사자들이 혼인에 대한 의사 합치가 있고, 그에 따라 신고를 해야 혼인이 성립하고, 당사자들은 법적으로 부부가 될 수 있는 겁니다.

부부가 되면 어떤 권리와 의무가 생길까?

드라마 주인공들은 정말 근사하게 프로포즈를 하는 경우가 많더군요. 좋은 레스토랑에서 식사를 마칠 때쯤 웨이터가 준비한 케이크를 가지고 나오면 거기에 반지가 숨겨져 있고, 때마침 불꽃놀이가 펼쳐지기도 합니다. 스크린에서는 둘이 데이트를 했던 즐거운 순간이 나오다가 마지막에 남자 주인공이 그윽한 눈으로 바라보며, "나와 결혼해 줄래?"라고 말을 하지요. 여자 주인공은 감동을 받은 얼굴로 그러자고 합니다.

이게 혼인의 합의라면 대체 이 둘은 뭘 합의한 걸까요? 혼인이라는 건 법적으로 승인된 부부공동생활을 의미합니다. 우리 사회가 통상적으로 인정하는 부부의 공동생활이란 남녀 간의 성적 결합을 포함하는 사회적·경제적 공동체를 구성하는 것을 말하지요. 당사자들이 우리는 결혼은 하지만 성적 결합은 배제하겠다거나, 동거는 하지 않겠다고 약속한다면, 이런 합의는 사회 통념상 혼인으로 받아들일 수는 없습니다.

신분관계 변화

법적으로 부부가 되면 그로 인해 여러 권리·의무가 발생합니다. 우선 혼인으로 인해 여러 신분관계가 생기는 건 앞에서 친족 개념을 보면서 알 수 있었지요. 그 외에도 기본적으로 부부는 같이 살면서 서로 부양하고 협조해야 하는 의무가 있습니다(제826조). 물론 직장이나 자녀 교육, 질병으로 인한 요양 등 사정이 있어서 같이 살지 못한다면 서로 양해해야 하지만, 그런 이유도 없이 동거를 거부하는 건 그 자체로 이혼 사유가 될 수 있습니다. 부양이란 가족공동체 안에서 상대방의 생활이 자기의 생활과 동일하게 유지될 수 있도록 경제적으로 원조를 하는 것을 말합니다. 부부가 서로 부양하지 않으면 그것도 이혼 사유가 됩니다.

동거, 부양, 정조의무

법에 명시된 것은 아니지만, 부부 사이에는 이른바 정조의무도 있습니다. 혼인을 했으면 다른 사람과 성관계를 맺지 않아야 하는 법적인 의무가 있는 거죠. 형법상 간통죄는 사라졌지만, 배우자가 있는 사람이 다른 사람과 바람을 피우면 민법상으로는 부부로서 정조의무를 위반한 것이 되기 때문에 이혼 사유가 되고, 위자료 청구의 대상이 됩니다. 나아가 간통을 한 상대방에게도 위자료 청구를 할 수 있습니다.

그렇다면 "나와 결혼해 줄래?"라는 말을 할 때나, 그런 말을 들었을 때는 상대방과 이렇게 삶을 함께할 준비가 되었는지 잘 생각해 볼 일입니다. 실제로 그 순간에 그런 생각을 하기는 쉽지 않겠지만요. 저는 어땠느냐고 물으신다면, 노코멘트입니다.

부부의 재산관계는 어떻게 될까?

혼인을 하면 둘 간의 재산관계는 어떻게 될까요? 부부는 혼인으로 가정생활과 자녀 양육을 위한 경제공동체를 이루게 되는 것이니, 이들의 재산은 당연히 합쳐지고 부부의 공동소유가 되는 걸까요? 아니면 각자의 재산은 원래대로 단독소유하는 것이고, 공동생활에 필요한 부분은 공동부담을 하는 식으로 보아야 할까요?

이건 논리적으로 어느 쪽이 옳다기보다는 사회의 인식이나 정책적인 판단의 문제라고 할 수 있는데, 우리 민법은 부부가 되었다고 모든 재산을 공동소유로 하는 건 아닙니다. 부부가 혼인하기 전에 재산에 관해 미리 약정해 둘 수도 있는데(제829조), 이런 경우가 흔하지는 않습니다. 적어도 제 주변에서 이런 경우를 본 적은 없는 것 같아요.

부부별산제: 네 것은 네 것, 내 것은 내 것

혼인하기 전에 부부재산에 대한 약정을 따로 하지 않았다면, 혼인하기 전부터 원래 자기가 가졌던 재산은 그대로 자기 것이고 배우자와 공동소유가 되지 않습니다. 혼인하고 나서 어떤 재산을 자기 명의로 취득했다면, 예를 들어 부인 명의로 땅을 샀다면 그 땅은 부인의 단독소유가 되는 게 원칙입니다(제830조 제1항). 그렇지만 만약 부인의 명의로 토지를 취득했지만 실제로는 남편의 수입으로 대금을 지급한 것이거나, 남편과 부인이 함께 돈을 모아서 토지를 구입한 것이라면, 이때는 적어도 부부 사이에서는 남편의 단독소유가 되거나 부부의 공동소유가 인정될 수 있습니다.

부동산이나 자동차, 예금, 채권 등은 누구 명의인지 비교적 쉽게 알 수 있는데, 어떤 재산은 누구 건지가 불분명한 경우도 있습니다. 값비싼 가구나 가전제품을 사면서 누구 거라고 써 붙여 놓지는 않지요. 물론 경우에 따라서는 부부 중에 누구 건지가 분명할 수도 있지만, 그렇지 않다면 이런 재산은 부부가 공동소유하는 것으로 추정합니다(제830조 제2항).

부부는 공동의 가족생활에 필요한 비용들을 분담하여 일상적인 경제공동체를 이룹니다. 공동생활에 필요한 생활비, 의료비, 자녀의 교육비 등은 부부가 함께 부담해야 합니다(제833조). 그리고 일상적인 가사 범위에서는 서로 대리권을 가지고, 가사로 인한 채무는 부부가 함께 책임을 집니다(제832조). 원래 계약은 당사자 사이에서 효력이 있지요. 아무리 부부라고 하더라도 배우자가 체결한 계약으로 발생한 채무를 부담해야 하는 건 아닙니다. 남편이 땅을 사고 매매대금을 지급하지 못했다고 해서 부인에게 대신 대금을 지급하라고 할 수는 없습니다.

그런데 부인이 일상적으로 필요한 식료품을 사거나 진료받고 그 대금을 제때 내지 않았다면 부인뿐만 아니라 그 남편에게도 그 대금이나 진료비를 달라고 할 수 있는 게 이른바 연대책임의 의미입니다.

혼인이 유효하려면

혼인이 성립하려면, 당사자들의 혼인합의와 함께 혼인신고를 해야 한다고 했습니다. 혼인의사만 있고 혼인신고를 하지 않거나, 혼인의사는 없지만 혼인신고만 했다면 두 사람이 법적으로 유효하게 부부가 되었다고 볼 수 없습니다. 뒤의 경우를 먼저 볼까요? 위장 결혼은 드라마나 영화의 단골 소재입니다. 돈을 벌기 위해, 다른 가족이나 지인들을 속이기 위해, 외국인 노동자가 국적을 취득하기 위해 혼인의사도 없으면서 혼인신고를 하고 부부 행세를 하는 이야기들이 생각나실 거예요. 나중에는 주인공들이 서로 사랑을 느끼게 되었다고 해도, 혼인합의가 없는 이런 혼인신고는 무효입니다.

사실혼은 혼인일까?

남녀가 혼인합의에 기해 부부공동생활은 하지만 혼인신고를 하지 않는 경우는 어떨까요? 성대하게 친지와 친구들을 초대해 결혼식을 올리고 신혼집에서 함께 살고 있지만, 혼인신고는 하지 않은 경우라면 이들은 부부라고 할 수 있을까요?

이런 경우 겉모습은 부부와 다를 바가 없지만 혼인신고를 하지 않았기 때문에 법적인 신분관계가 생기지는 않습니다. 이런 경우를 사실혼관계라고 합니다. 법률상 부부 일방이 이혼을 청구하려면 법에서 정한 이혼 사유가 있어야 하지만, 혼인신고를 하지 않았다면 그런 사유가 없더라도 당사자들은 사실혼관계를 해소할 수 있습니다.

부부로서 공동생활을 하기로 합의는 했지만 여러 이유로 미처 혼인신고를 마치지 못한 경우도 있을 테고, 법적으로 혼인제도에 구속되는 것을 거부하는 경우도 있지요. 그런데 이런 사실혼관계가 늘어나면서 이를 보호해야 한다는 목소리도 높아지고 있습니다. 민법에서 정한 혼인은 아니지만, 혼인신고만 하지 않았을 뿐 사실상 부부와 같이 살고 있는 사람들에게 아무런 권리·의무도 인정하지 않으면 부당한 결과가 발생할 수 있기 때문이죠.

사실혼에 대한 법적인 보호가 필요한 이유

그래서 사실혼은 법률상 친족관계를 발생시키지는 않지만, 혼인신고를 전제로 하지 않는 다른 권리·의무 관계는 혼인과 유사하게 취급을 하는 경우가 늘어나고 있습니다. 즉, 사실혼 당사자들 사이에서도 동거, 부양 및 협조의무가 발생하고 정조의무도 있습니다. 그래서 혼인신고를 하지 않았다고 하더라도 사실혼관계에 있는 상대방이 다른 사람과 성관계를 했다면, 정조의무를 위반했다는 이유로 위자료를 청구할 수 있습니다.

특히 부부가 이혼할 때는 공동생활에서 형성된 재산을 청산하는 의미에서 재산분할을 하게 됩니다. 다음 시간에 더 자세히 보겠지만, 이렇게 재산분할을 하는 것은 부부의 생활공동체라는 실질에 비추어 인정되는 것입니다. 그래서 법원은 혼인신고를 하지 않았더라도 그동안 생활공동체를 이루고 사실상 부부와 같이 살고 있었던 사람들이 사실혼관계를 해소한다면, 이혼에 준해 재산분할을 인정하고 있습니다.

동성혼은 가능할까?

외국에서는 남녀 사이가 아니라도 동성 간의 혼인을 인정하는 예가 있습니다. 네덜란드, 독일, 미국의 여러 주가 대표적입니다. 이런 경우에는 동성의 부부를 토대로 친족관계가 형성되고, 부부간의 여러 권리·의무가 인정될 수 있겠지요. 우리의 경우에는 어떨까요?

우리나라에서는 법적으로 동성 간의 혼인이 인정되지 않고, 동성의 커플이 혼인신고를 하면 수리되지 않습니다. 혼인신고를 받아달라는 법정 다툼도 있었는데, 2015년 당시 이에 대해 법원은 현행법 해석으로는 동성 간 혼인신고를 적법하다고 할 수 없다는 결론을 내리기도 했습니다.

우리 민법에 동성 간 혼인이 금지된다는 명시적인 규정이 있는 건 아닙니다. 그렇지만 혼인婚姻이라는 것이 부부를 전제로 하는 것입니다. 부부夫婦는 남녀를 의미하는 한자이기도 하고요. 헌법 제36조에서도 혼인과 가족생활은 개인의 존엄과 '양성'의 평등을 기초로 성립되고 유지되어야 한다고 하여 혼인이 남녀 간에 이루어질 것을 전제하고 있습니다. 동성혼을 금지하는 건 지금까지 우리 사회의 통념을 반영한 결과라고 할 수 있겠네요.

법적으로 동성혼을 인정하는 것이 필요하거나 가능하다고 생각하나요? 그런 결론에 이른 근거는 무엇인가요? 이런 이야기는 감정적으로 접근하기가 쉽지요. 그런데 우리가 법적인 논의를 할 때는 그 근거가 무엇인지 논리적으로 설명하려고 노력해야 합니다. 나와 생각이 다른 사람에게 '어떻게 그런 생각을 할 수가 있냐?'는 식으로 접근해서는 상대방을 설득할 수 없을 겁니다. 당장 이 문제에 대해 결론을 내는 것보다 중요한 건 다른 사람의 견해를 잘 듣고 자기 견해를 논리적으로 전달하는 연습입니다.

동성 동반자 관계는 보호가 필요할까?

동성혼을 인정하기가 어렵다면, 마치 사실혼처럼 동성 커플을 일정한 범위에서 보호해 주는 것은 어떤가요? 대법원은 2024년 국민건강보험공단이 건강보험 피부양자 자격을 따질 때 동성 동반자를 배제하는 것은 합리적 이유 없는 차별로 위법하다는 판단을 한 바 있습니다. 사실혼 배우자는 법적인 배우자는 아니지만 혼인신고를 전제로 하지 않는 권리·의무관계에서는 마치 부부처럼 취급하는 경우가 있다고 했지요? 사실혼 배우자는 건강보험 피부양자가 될 수 있습니다. 단순히 동거하는 관계를 뛰어 넘어 동거·부양·협조·정조의무를 바탕으로 부부공동생활에 준할 정도의 경제적 생활공동체를 형성하고 있는 동성 동반자라면, '사실상 혼인관계에 있는 사람'과 차이가 없다는 것이 대법원의 입장입니다.

대법원은 '두 사람의 관계가 전통적인 가족법제가 아닌 기본적인 사회보장제도인 건강보험의 피부양자제도에서조차도 인정받지 못하는 것으로 인간의 존엄과 가치, 행복추구권, 사생활의 자유, 법 앞에 평등할 권리를 침해하는 차별 행위이고 그 침해의 정도도 중하다'라고 하면서, 다만 가족법상 '배우자'의 범위를 해석·확정하는 문제는 다른 국면에서 충분히 논의할 수 있다고 덧붙였습니다. 동성 동반자에 대한 권리·의무는 어디까지 인정할 수 있을까요? 앞에서 살펴본 사실혼관계와 유사한 보호를 해주는 것은 가능할까요?

동시에 여러 사람과 혼인할 수 없는 이유

한 사람이 여러 사람과 혼인을 하고 혼인관계를 유지하는 게 가능할까요? 이런 걸 중혼重婚이라고 하는데, 중혼을 인정하는 나라도 있지만 우리나라에서는 불가능합니다. 민법상으로도 중혼은 금지되고(제810조), 이미 다른 사람과 혼인신고가 수리되어 있는 사람이 중복해서 또다시 혼인신고를 하면 후의 신고는 받아들여지지 않습니다.

이처럼 우리 가족법은 일부일처제를 기본 이념으로 하고 있습니다. 배우자가 있는 사람이 다른 사람과 혼인을 하려면 이혼을 해야 합니다. 아무리 더는 혼인관계를 유지할 수 없을 만큼 서로 사이가 나빠졌더라도 이혼으로 가족관계를 정리하지 않으면 다른 사람과 혼인을 할 수 없습니다.

중혼이 되어서 혼인신고를 하지 못했지만 사실상 부부와 동일하게 생활하고 있다면 사실혼으로서 보호받을 수는 없을까요? 앞에서 살펴본 것처럼 가족법에서는 사실혼에 대해 혼인신고를 전제로 하지 않는 권리·의무 관계는 혼인과 유사하게 취급하는 경우들이 있으니 말입니다.

그런데 중혼적인 사실혼을 인정하게 되면 중혼을 금지하는 의미가 크게 퇴색되겠지요. 그래서 이 경우에는 혼인에 준해서 일정한 권리·의무 관계를 인정하지 않습니다. 일부일처제를 존중하지 않는 관계를 보호해 줄 수는 없다는 생각이 전제된 것입니다.

• —————— •

이번 시간에는 가족의 시작이라고도 할 수 있는 부부 간의 혼인에 대해 살펴봤습니다. 부부가 영원히 행복하게 살 수도 있지만, 시간이 지나면서 부부 사이의 관계를 해소하게 되는 경우도 있습니다. 14강에서는 언제 이혼을 할 수 있는지, 그 방법은 무엇인지, 어떤 것들을 정리해야 하는지에 대해 살펴보기로 합시다.

14. 이혼

'영원히 함께하자'는
약속을 깨려면

이혼이 인정되는 이유

혼인은 공동생활을 목적으로 하는 남녀 사이의 결합이라고 할 수 있습니다. 그것도 기간의 정함이 없는, 영속적인 부부관계가 발생하는 거지요. 혼인이 일종의 계속적인 계약이라면 처음부터 무효나 취소 사유가 있는 게 아닌 이상, 혼인관계를 해소할 수 있는 사유는 제한적입니다. 물론 죽음이 그들을 갈라놓는다면, 즉 배우자가 사망하면 혼인관계는 종료됩니다. 그러나 부부가 모두 살아 있는데 혼인을 인위적으로 해소하려면 이혼이 필요합니다.

국가가 법률로 이혼을 인정하는 이유에 대해 생각해 본 적이 있나요? 이혼율이 점점 높아지는 상황에 비추어보면, 이혼을 인정하지 않는 게 더 이상하게 느껴질 수도 있습니다. 물론 지금은 많은 국가가 이혼제도를 두고 있지만, 역사적으로 이혼이 언제나 인정된 건 아니었어요. 종교개혁 이전 서양에서는 '하느님이 맺어주신 것을 사람이 갈라놓아서는 안 된다'라는 이유에서 이혼을 인정하지 않는 게 오히려 일반적이었고, 과거 우리나라에서는 남편만 이혼을 청구할 수 있었던 적도 있고, 이혼제도는 존재하지만 이혼이 아주 어려웠던 때도 있었습니다.

그런데 혼인으로 부부가 되어 영원히 행복하게 잘 살면 좋겠지만, 모든 부부가 그런 것은 아니지요. 한번 혼인을 했으면 죽을 때까지 함께하라고 강제하는 건 너무 가혹할 수 있습니다. 사람들은 누구나 행복을 추구할 권리가 있는데, 이혼을 전면적으로 금지한다면 이런 행복추구권에 반하는 것이라고 할 수 있습니다.

이혼을 하면 복잡한 문제들이 발생할 수 있습니다. 남녀가 만나서 혼인을 하여 부부가 되면, 서로 간에 부양의무도 발생하고, 새로운 가족들도 생깁니다. 가정공동체에서의 경제적인 문제도 있고, 아이를 낳아 키우는 것도 중요한 문제이지요. 이혼을 하면 혼인을 통해 형성된 여러 관계를 정리해야 합니다. 언제, 어떻게 이혼을 할 수 있는지, 이런 관계들은 어떻게 정리하도록 할 것인지가 중요하겠지요. 이런 점들을 염두에 두면서 민법상 이혼을 이해해 봅시다.

협의이혼과 재판상 이혼

우리 민법상 이혼을 하는 방법은 크게 두 가지입니다. 하나는 당사자들이 더는 혼인관계를 유지하지 않겠다고 합의하는 경우로, 이때는 당사자들의 의사에 따라 이혼을 할 수 있습니다. 이를 협의이혼이라고 합니다(제834조). 협의이혼을 하려면 어떤 조건에서 이혼을 할 것인지도 합의해야 합니다.

만일 이혼으로 관계를 정리하는 것에 대해 합의가 되지 않는다면, 이혼을 하려는 당사자는 법원에 이혼소송을 청구해서 판단을 받아야 합니다. 이 경우를 재판상 이혼이라고 합니다. 법원은 이혼을 청구한 당사자가 이혼을 하려는 이유가 뭔지, 그게 이혼할 만한 사유인지 중요하게 따져봅니다. 당사자들이 이혼을 청구할 수 있는 사유는 미리 법에 정해두었습니다(제840조).

둘 중에는 어떤 제도가 더 많이 이용될까요? 요즘 드라마를 보면 재판상 이혼이 더 많이 나오는 것 같지만, 실제로는 협의이혼이 재판상 이혼보다 훨씬 많답니다. 통계청 자료 기준으로 2023년에 협의이혼은 7만 1,924건, 재판상 이혼은 2만 429건이었더군요. 그러면 이들을 차례로 살펴볼까요?

협의이혼의 과정

협의이혼은 당사자 간에 이혼에 대한 의사가 합치한 경우에 가능합니다(제834조). 당사자들이 더는 혼인관계를 유지하지 않겠다고 하면, 국가는 이를 존중해 주는 겁니다. 그래서 협의이혼을 하기 위해서는 국가가 이를 알 수 있게 이혼신고를 해야 합니다(제836조). 마치 혼인할 때 혼인신고가 필요했던 것처럼 말이죠.

그런데 이혼 사유가 정해진 재판상 이혼과 달리 협의이혼은 이유를 불문하고 당사자들이 이혼하기로 하는 것이어서 이혼신고를 하려면 당사자가 정말 이혼할 의사가 있는지 여부를 가정법원에서 확인받아야 합니다.

예전에는 협의이혼 의사 확인 신청을 하면 바로 확인을 해줬는데, 2007년 법이 개정되어 이른바 이혼숙려기간이 생겼습니다(제836조의2). 당사자들이 이혼에 대해 신중하게 고려할 수 있도록 가정법원이 이혼에 관한 안내를 하고, 양육할 자녀가 있다면 3개월, 그렇지 않은 경우 1개월이 지나야 이혼의사 확인을 해주는 겁니다. 예외적으로 가정폭력이 심한 경우처럼 이혼을 해야 하는 급박한 사정이 있다면 이 기간을 단축하거나 면제할 수도 있지만요.

아이가 있는 부부의 이혼

이혼숙려기간이 양육할 자녀가 있는 경우 더 긴 것은 이혼이 당사자는 물론 자녀에게도 영향이 크기 때문이지요. 협의이혼을 하려면 당사자들은 자녀의 양육에 대해서도 협의해서 결정해야 합니다(제837조). 누가 친권을 가지고, 누가 양육자가 될 것인지, 양육비용은 어떻게 부담하고 양육하지 않는 사람은 아이를 어떻게 만나기로 할 것인지(이걸 '면접교섭권'이라고 합니다) 등을 정하는 것입니다. 그 기준은 아이의 행복과 이익, 즉 복리福利입니다.

가정법원이 이혼의사를 확인하면서 협의 내용을 확인하는데, 법원이 보기에 당사자들의 협의가 자녀의 복리에 반한다고 판단되면 다시 정해오라고 하거나 직접 관련 사항을 정할 수도 있습니다. 당사자가 양육에 관한 사항을 협의하지 않거나 협의할 수 없는 경우에는 가정법원이 여러 사정을 참작해서 직권으로 양육에 관한 사항을 정합니다(제837조, 제837조의2).

가정법원으로부터 이혼의사를 확인받았다면 이제 3개월 내에 이혼신고를 할 수 있습니다. 이혼신고를 하면 이제 부부 사이에 동거, 부양, 협조 의무나 정조의무 등이 사라지고, 혼인생활비용의 분담이나 일상가사채무에 대한 연대책임도 없어지게 됩니다.

가장이혼도 이혼이다

지난 시간에 혼인할 의사가 없이 혼인신고만 하면 그런 혼인은 무효라고 했습니다. 실제로는 헤어질 의사가 없으면서 이혼신고만 하면 그런 이혼은 유효할까요?

A는 배우자인 B에게 세금 문제가 있으니 서류상으로 이혼을 하는 게 좋겠다고 했습니다. 이후 A와 B는 가정법원으로부터 이혼의사를 확인받고 이혼신고를 했지만, 여전히 같은 집에서 이혼 전과 동일하게 살고 있지요. 이들은 부부인가요, 아닌가요?

이른바 가장이혼假裝離婚의 문제인데요, 이런 경우 누구나 납득할 만한 충분한 증거가 있는 경우가 아니라면, 당사자들 사이에 일시나마 법률상 이혼을 할 의사가 있다고 보는 것이 법원의 태도입니다. 이혼숙려기간을 거쳐서 가정법원에서 이혼의사가 있다는 점을 확인까지 받았는데, 사실은 이혼할 마음이 없었다는 걸 인정받기는 쉽지 않을 겁니다. 겉으로는 부부처럼 보이더라도 법률상 부부는 아닌 거지요.

이들이 다시 혼인신고를 하면 부부가 될 수 있지만, 그렇다고 기존의 이혼이 무효가 되는 게 아니라 이혼한 후에 같은 사람들끼리 재혼하는 것입니다. 그래서는 안 되겠지만, A가 이혼신고를 한 다음에 C와 혼인신고를 할 수 있을까요? 법적으로 이혼이 유효하니, 다른 사람과 혼인을 할 수도 있습니다. B는 사실혼 배우자처럼 A의 외도 등에 대해 손해배상을 청구할 수는 있겠지만, 이혼신고를 한 이상 자기가 합법적인 배우자라고 인정받기는 어렵습니다.

재판상 이혼을 할 수 있는 경우

이혼을 하고 싶은데 상대방과 합의를 하지 못했다면, 이혼 판결을 받아 이혼을 해야 합니다. 제840조에서 볼 수 있듯이 재판상 이혼은 이혼을 청구할 수 있는 사유가 법에 정해져 있습니다.

첫 번째 이혼 사유는 배우자가 부정한 행위를 한 경우입니다. 과거에는 배우자 있는 사람이 다른 사람과 정교를 하면 형법상 간통죄로 처벌되었는데, 2015년 헌법재판소에서 간통죄는 위헌이라고 판단한 이래 더는 간통이 처벌되지는 않습니다. 그렇지만 간통은 대표적인 부정행위에 해당하고 이는 이혼 사유입니다. 이혼 사유로 부정행위라는 건 사실 간통보다 넓은 의미인데 배우자로서 정조의무를 충실히 지키지 못한 일체의 행위를 의미

제840조(재판상 이혼원인) 부부의 일방은 다음 각호의 사유가 있는 경우에는 가정법원에 이혼을 청구할 수 있다.

1. 배우자에 부정한 행위가 있었을 때.

2. 배우자가 악의로 다른 일방을 유기한 때.

3. 배우자 또는 그 직계존속으로부터 심히 부당한 대우를 받았을 때.

4. 자기의 직계존속이 배우자로부터 심히 부당한 대우를 받았을 때.

5. 배우자의 생사가 3년 이상 분명하지 아니한 때.

6. 기타 혼인을 계속하기 어려운 중대한 사유가 있을 때.

합니다. 예를 들어 배우자가 간통을 했다는 증거는 없지만 그럴 만한 의혹을 불러일으킬 정도의 행위를 했거나, 성관계를 하지 않았더라도 다른 사람과 동거를 했다면 이혼 사유가 된다는 것이 법원의 입장입니다.

다음으로 배우자가 정당한 이유 없이 동거, 부양, 협조의무를 다하지 않으면 이것도 이혼 사유가 됩니다. 학업을 계속하거나 질병을 치료하기 위해 별거를 한다면 부득이한 사유가 있는 거라고 할 수 있겠죠. 배우자가 부부싸움을 하고 홧김에 집을 나와서 일주일 만에 집에 들어왔다면, 이 정도로는 이혼 사유가 되지는 않습니다. 그런데 그 기간이 길어지더니 아예 나가서 살겠다고 한다면 동거의무 위반이 될 수 있습니다.

그 외에 이혼 사유를 보면, 배우자나 그 부모님이 심하게 부당한 대우를 한 경우나, 반대로 배우자가 자신의 부모님에게 부당한 대우를 한 경우, 배우자가 3년 이상 살았는지 죽었는지 알 수 없는 경우가 있습니다. 이때 부당한 대우라고 하면, 혼인관계를 지속하는 게 가혹하다고 생각될 정도로 폭행, 학대, 모욕을 하는 걸 의미합니다.

혼인을 계속하기 어려운 중대한 사유가 있을 때

마지막 이혼을 청구할 수 있는 사유는 기타 혼인을 계속하기 어려운 중대한 사유라고 해서 포괄적으로 규정이 되어 있습니다. 어떤 경우가 여기에 해당할 수 있을까요? 배우자가 중대한 범죄를 저질렀거나, 불치의 질병을 앓고 있는 경우, 또는 혼인이 불가능할 정도로 도박에 빠진 경우 등은 이혼 사유가 될 수 있습니다.

이혼 사유에 해당하는지 여부를 판단하기 위해서는 구체적인 사실관계를 잘 살펴보아야 합니다. 예를 들면 성교를 거부하거나 성적으로 불능인 경우에는 이혼 사유라고 하는데, 임신을 할 수 없거나 일시적인 성기능 장애가 있는 정도는 이혼 사유가 아니라는 것이 일반적인 법원의 입장입니다. 배우자가 심각한 정신병이 있다면 이혼 사유에 해당할 수 있지만, 증상이 심각하지 않거나 병이 나을 수 있다면 바로 이혼할 것이 아니라 치료를 위해 노력해 봐야 한다는 판결도 있습니다.

종교 때문에 이혼을 할 수 있는지에 대해서도 만일 배우자가 종교 생활에 빠져서 가정을 전혀 돌보지 않는다면 이혼 사유가 되겠지만, 그 정도가 아닌데 배우자에게 신앙생활과 가정생활 중 하나만 선택하라고 강요한다면 강요한 사람이 잘못했다고 판단될 것입니다.

유책주의와 파탄주의

A의 외도로 A와 B의 혼인관계는 계속하기 어려울 정도로 파탄에 이르렀다면, B는 A의 부정한 행위를 이유로 이혼을 청구할 수 있습니다. 외도를 해서 혼인관계를 파탄에 이르게 한 A도 이혼을 청구할 수 있을까요?

일반적으로 상대방이 계약상 의무를 이행하지 않을 때 해제나 해지를 할 수 있는 거지, 의무를 이행하지 않은 사람이 계약의 해제나 해지를 청구할 수는 없지요. 혼인 계약상 의무를 저버리고 파탄 상태를 자초한 책임이 있는 배우자가 이혼을 청구할 수는 없다는 게 우리 판례의 기본적인 태도입니다. 이걸 상대방에게 책임 있는 사유가 있어야 이혼을 청구할 수 있다는 의미에서 '유책주의有責主義'라고 합니다.

유책 배우자의 이혼 청구를 인정하지 않는 이유는 뭘까요? 법원은 만일 이걸 인정하게 되면 혼인제도가 요구하는 도덕성에 반하고, 상대방도 이혼을 원하면 협의이혼을 할 수 있는데 재판을 청구했다면 유책 배우자의 상대방으로서는 원치 않는 이혼을 당하게 되는 결과가 될 수 있다는 점을 고려하고 있습니다. 특히 상대방이 경제적인 능력이 없다면 이혼 후에 생계가 어렵게 될 수도 있겠지요.

그런데 또 한편으로 생각해 보면, 이미 혼인관계가 파탄이 나서 서로 간에 신뢰관계가 깨져버렸는데 혼인계약을 유지한다는 게 무슨 의미인가 싶기도 합니다. 이때는 서로 관계를 정리할 수 있도록 유책 배우자도 이혼을 청구할 수 있게 하자는 견해도 있습니다. 이를 유책주의와 대비해서 '파탄주의破綻主義'라고 합니다. 사실 영국, 프랑스, 독일 등 많은 나라에서 파탄주의를 택하고 있기도 합니다.

유책 배우자가 이혼을 청구할 수 있을까?

2015년 대법원에서는 이미 서로의 관계가 돌이킬 수 없이 파괴된 경우라면 유책 배우자의 이혼 청구를 허용해야 하는 쪽으로 판례를 변경해야 하는지 심도 있게 검토를 했습니다. 종래 유책주의는 스스로 혼인의 파탄을 야기한 사람이 이를 이유로 이혼을 청구하는 건 신의성실에 반하고, 여성의 사회적·경제적 지위가 상대적으로 열악한 상황에서 여성 배우자를 보호하려는 취지였다고 하면서, 이런 입장을 변경하는 것은 아직은 받아들이기 어렵다는 결론을 내렸습니다.

그러면서 상대방 배우자도 혼인을 계속할 의사가 없어 일방적인 이혼을 당할 염려가 없다거나, 이혼을 청구하는 배우자의 책임을 상쇄할 정도로 상대방 배우자 및 자녀에 대한 보호와 배려가 이루어진 경우, 세월이 흐르면서 혼인 파탄 당시의 유책 배우자의 잘못과 상대방 배우자의 정신적 고통이 점차 약화되어 누구 책임인지 엄밀히 따지는 것이 더는 무의미한 정도가 된 경우 등과 같이 예외적인 경우에는 유책 배우자의 이혼 청구를 허용할 수 있다고 했습니다.

이처럼 우리 법원은 유책주의를 원칙으로 하고, 그러면서도 구체적인 사안에 따라서는 파탄주의에 가까운 판단을 하기도 합니다. 이혼에 대한 사람들의 시각이나 사람들의 경제적인 상황 등이 바뀌게 되면 이런 법원의 시각이 또 달라질 수도 있겠지요. 여러분은 어떻게 생각하시나요? 그 이유는 무엇인가요?

재산분할청구권

이혼을 하면 지금까지 혼인으로 인해 생긴 여러 가지 일들을 정리해야 합니다. 그중에 가장 중요한 것을 두 가지만 꼽자면, 아직 부모의 손이 필요한 아이들과 관련된 것, 그리고 이혼한 부부의 재산관계를 들 수 있을 것입니다.

먼저 둘 간의 재산을 어떻게 정리할 것인지 생각해 봅시다. 우리 민법이 기본적으로 부부별산제를 택하고 있으니, 이혼하면 각자의 재산은 각자 가지고 공유인 재산은 나눠 가지면 간단할 것 같습니다.

그런데 부부가 경제적인 공동체를 이루고 상당 기간 함께 살았다면 그렇게 정리하는 게 합리적이지 않은 경우가 많습니다. 부부가 함께 재산 형성에 기여한 부분이 있는데 그 재산이 부부 일방의 명의만으로 되어 있다면, 이혼할 때는 둘의 기여도를 고려해서 재산을 나눠 가지는 게 타당합니다. 그래서 이혼을 하면 제839조의2 또는 제843조에서 볼 수 있듯이 상대방에게 재산분할을 청구할 수 있습니다.

제839조의2(재산분할청구권)

① 협의상 이혼한 자의 일방은 다른 일방에 대하여 재산분할을 청구할 수 있다.

② 제1항의 재산분할에 관하여 협의가 되지 아니하거나 협의할 수 없는 때에는 가정법원은 당사자의 청구에 의하여 당사자 쌍방의 협력으로 이룩한 재산의 액수 기타 사정을 참작하여 분할의 액수와 방법을 정한다.

③ 제1항의 재산분할청구권은 이혼한 날부터 2년을 경과한 때에는 소멸한다.

이혼에 따른 재산분할은 혼인 중에 부부가 협력해서 형성된 공동재산을 청산하는 의미가 있고, 또 여기에 이혼으로 경제적인 어려움을 겪을 수 있는 상대방에 대한 부양의 의미도 가미되어 있습니다. 그래서 이혼에 대해 유책 배우자여도 상대방에 대해 재산분할청구를 못하게 할 것은 아니고, 다만 상대방으로서는 유책 배우자를 상대로 위자료를 따로 청구할 수는 있겠지요.

재산분할의 대상: 부부의 협력으로 취득한 재산

재산분할의 대상이 되는 것은 원칙적으로 혼인 중에 부부의 협력으로 취득한 재산입니다. 혼인 중에 취득한 재산이라도 일방 배우자가 상속이나 증여를 받은 경우처럼 쌍방의 협력으로 취득한 것이 아니라면 분할 대상이 아니겠지요. 부부 협력으로 취득한 재산이라면 부동산, 동산, 주식 등에 대해 기여도만큼의 지분을 요구할 수 있습니다.

부부의 협력이라는 건 실질적으로 들여다봐야 합니다. A와 B가 모두 월급을 모아서 A의 명의로 집을 샀다면, 법적으로 A의 소유가 되겠지만 여기에 B의 기여가 있지요. 만일 혼인 전에 A가 대출을 받아서 자신의 명의로 집을 샀는데 혼인 후에 A와 B가 대출을 함께 갚았다면 A 명의의 집에 대해서 B도 기여한 몫이 있을 겁니다. 만일 B가 전업주부이고 A가 자기의 월급만으로 이 집을 산 거라면 B는 아무런 기여도가 없을까요? 그렇지 않지요. 맞벌이가 아니더라도 가사나 육아 등으로 A도 가정의 재산형성을 위해 함께 노력한 것으로 인정됩니다. 사안에 따라서 전업주부들의 기여도가 40퍼센트에서 50퍼센트까지 인정되기도 합니다.

아직 받지 않은 퇴직금은 재산분할의 대상일까?

이혼하기 전에 A가 퇴직금을 받아서 통장에 넣어두었던 게 있었다면, 이 돈도 재산분할의 대상이 됩니다. 그런데 만일 이혼 시점에는 아직 퇴직금을 받지 않았지만, 특별한 사정이 없다면 내년에 퇴직하면서 받을 예정일 때 그만큼의 돈은 재산분할의 대상이 될까요? 지금 이혼을 하는지, 아니면 1년 뒤에 퇴직금을 받고 나서 이혼을 하는지에 따라 재산분할 대상이 달라지는 건 좀 이상할 것 같아요. 이런 경우 법원에서는 아직 퇴직금을 받지는 않았지만 이혼 시점에 이미 잠재적으로 존재해서 그 경제적 가치를 평가할 수 있는 재산이라면 재산분할의 대상에 포함시킬 수 있다고 합니다.

채무는 어떻게 될까요? A가 혼인 중에 친구인 C에게 돈을 빌렸다면 이건 A의 채무이지요. 이혼을 한다고 이걸 정리해야 하는 건 아닐 거예요. 그런데 만일 A가 이 돈을 빌린 이유가 같이 살 집을 구하기 위해서라거나 혼인생활비로 쓰기 위해서였다면 이건 부부의 공동재산 형성과 관련된 거죠. 이런 경우에는 A 명의의 채무라도 분할 대상이 될 수 있습니다.

재산분할 방법

재산분할에 대해서는 당사자가 협의를 할 수 있고, 협의가 안 되거나 협의를 할 수 없으면 가정법원에 분할을 청구할 수 있습니다. 그러면 법원은 당사자들의 기여도 등을 고려해서 분할 액수와 방법을 정하게 됩니다.

법원은 우선 분할 대상 재산 전체에 대해 일정한 비율로 분할할 것을 정하게 되는데, 통상 일방 배우자가 전업주부의 경우는 양쪽이 모두 직업을 가진 경우에 비해 낮은 비율로 재산분할이 이루어집니다. 이에 대해서는 가

사 노동을 낮게 평가하는 것을 비판하면서 당사자 쌍방의 협력으로 이룩한 재산은 반씩 균등하게 분할하는 것을 원칙으로 하자는 논의가 있고, 통과되지는 않았지만 이런 내용의 민법 개정안이 발의된 적도 있었습니다.

실제 분할은 각각의 재산을 현물로 나누는 방식, 경매해서 그 대가를 나누는 방식, 분할 대상 재산을 일방의 소유로 귀속시키는 대신 상대방에게 금전으로 대가를 지급하도록 하는 방식 등이 가능한데, 실무상으로는 마지막 방법, 즉 금전으로 대가를 지급하는 방식이 일반적입니다. A와 B가 이혼을 하는데, B가 A가 가진 주식이나 부동산 등에 대해 재산분할청구를 하는 경우 법원이 A가 일정한 금액을 B에게 지급하도록 판결하는 식입니다.

부모가 이혼하면 아이들은 어떻게 될까?

이혼을 하면 부부관계가 소멸합니다. 또 혼인을 해서 배우자의 가족들과 생긴 인척관계도 없어집니다. 그렇지만 부모와 자식 간의 관계는 없어지지 않습니다. 자녀는 혼인에 의해 발생한 가족이 아니라, 자녀의 출생으로 가족이 된 것이기 때문이지요.

이혼은 미성년 자녀에게 큰 영향을 미칩니다. 그래서 이혼을 할 때는 아이의 친권자, 양육자, 양육비, 면접교섭권 등을 정하는 게 매우 중요합니다. 앞서 협의이혼에 관해 살펴보면서 이 점을 배웠는데, 재판상 이혼의 경우에도 협의이혼에 준해서 이런 사항들을 미리 협의하도록 권고하고 있습니다 (제837조, 제843조).

부모 중 누구를 양육자 또는 친권자로 정할 것인지는 자녀를 중심에 두고 결정해야 합니다. 미성년인 자녀의 성별과 연령, 그에 대한 부모의 애정과 양육 의사의 유무, 경제적 능력, 자녀와의 친밀도, 자녀의 의사 등의 모든 요소를 종합해서 자녀의 성장과 복지에 가장 도움이 되고 적합한 방향으로 판단해야 합니다.

또 하나 중요한 요소가 누가 아이를 양육하고 있는지 등 현재의 양육 상태인데, 이를 변경하려면 그만한 이유가 있어야 한다고 해서 아이들에게 주는 혼란을 최소화하려고 합니다.

친권과 양육권

친권이란 미성년 자녀를 보호하고 교양하기 위해 부모에게 인정되는 권리·의무를 말합니다(제913조). 친권자는 자녀의 법정대리인이 됩니다(제911조). 명칭만 보면 부모의 권리인 것처럼만 보이지만, 자구의 복리를 우선적으로 고려해서 친권을 행사해야 하기 때문에(제912조) 실제로는 의무의 성격도 강합니다. 부모가 이혼하면 친권자가 누가 될 것인지 협의해야 하고 협의할 수 없거나 협의가 되지 않으면 법원이 친권자를 정하게 됩니다.

친권에는 자녀를 양육할 의무가 포함되어 있지만, 이혼을 하면서 친권자와 양육자를 따로 정할 수도 있습니다. 그런데 친권이 없는 양육권은 매우 불편하고 자녀의 복리에도 반할 수 있기 때문에 양육자가 친권을 갖는 게 일반적입니다. 부와 모를 공동양육자로 정하는 것도 가능한데, 이들 사이의 갈등이 심한 경우에는 신중하게 결정해야 할 겁니다.

양육비의 지급을 정하는 것보다 더 중요한 건 양육비 지급을 확보하는 것일지도 모릅니다. B가 아이의 양육자가 되고 A는 B에게 양육비를 지급하기로 협의하거나 법원이 결정했더라도, 실제로 양육비를 지급하지 않는 경우가 많기 때문이지요. 이를 위해 '양육비 이행확보 및 지원에 관한 법률'이나 '가사소송법상 양육비 직접지급명령제도' 등이 마련되어 있지만, 제도 개선이 꾸준히 논의되고 있습니다. 예를 들어 양육비 이행확보 및 지원에 관한 법률이 개정됨에 따라 양육비를 받지 못하고 있는 한부모가족을 위해 국가가 양육비 일부를 우선 지급하는 양육비 선지급제가 도입되었고, 이는 2025년 7월부터 시행됩니다.

B가 양육자로 지정되었다면, 자녀를 직접 양육하지 않는 A와 자녀는 서로 만날 수 있는 면접교섭권을 가집니다. 부부 간의 관계는 끝났지만, 부모와 자녀 사이의 관계는 끊을 수 없는 것이니까요. 그런데 면접교섭권이 무조건 인정되어야 하는 건 아니고, 양육하지 않는 부모를 만나는 것이 자녀에게 해롭다면 가정법원에 의해 면접교섭권이 제한될 수도 있습니다(제837조의2).

·————·

지금까지 우리는 민법상 이혼제도를 살펴봤습니다. 당사자 간의 협의로 이혼을 할 수도 있고, 그렇지 않은 경우에는 재판상 이혼을 청구할 수 있는데 후자의 경우에는 그 사유가 제한됩니다. 이혼을 하면 그동안 부부 사이에 형성된 여러 관계를 정리하는 문제가 남습니다.

다음 시간에는 상속에 대해 알아보려고 합니다. 민법은 사람의 재산과 가족을 중요하게 다룬다고 했는데, 상속은 사람이 죽었을 때 그가 가진 재산의 귀속에 관한 문제입니다. 전통적으로 가족 안에서 상속이 이루어졌으므로, 가족법의 울타리에서 상속을 이야기해 봅시다.

15. 상속

내가 죽으면 내 재산은
어떻게 될까?

소유권은 죽어도 보호해 주는 것

민법은 개인의 재산을 중요하게 생각합니다. 사람들이 계약을 통해 거래를 하고, 자기 소유의 물건을 가지는 것은 우리 사회의 경제 질서를 유지하는 근간이 되기 때문이지요. 그래서 계약의 자유를 보장하고, 소유권을 절대적으로 보호합니다.

그런데 민법에서 권리를 가질 수 있는 사람은 살아 있어야 합니다. 죽은 사람은 권리·의무의 주체가 될 수 없지요. 사람이 죽으면 그렇게 중요하게 생각해서 보호해 주었던 개인의 재산은 어떻게 될까요? 만일 사람이 죽었다고 해서 그가 보유했던 재산을 더는 보호해 주지 않고 국가가 가져가버린다면 사유재산제도의 의미는 상당히 반감될 겁니다. 개인이 생전에 가졌던 재산법상의 지위는 사라지는 게 아니라, 누군가에게 그대로 이전되는 게 원칙입니다. 이걸 상속이라고 합니다.

가족에게 상속이 되는 이유

가족 중 누군가가 돌아가시면 장례를 치르며 추모를 하지요. 그러고 나면 현실적으로 정리해야 할 문제들이 많은데, 그중 대표적인 게 상속입니다. 돌아가신 분이 유언으로 상속을 어떻게 할 것인지 정해두었을 수도 있는데, 그렇지 않다면 가족들이 상속을 받게 됩니다. 가족 중에 누가 상속을 받는지, 즉 누가 상속인이 되는지는 민법에 정해져 있고요.

가족 중에 상속인이 정해지는 건 왜일까요? 우선은 많은 사람이 가족들에게 재산을 남기고 싶어 하기 때문일 겁니다. 죽은 다음에도 일정한 범위에서는 개인의 의사가 존중되는 거지요. 물론 이것만으로 다 설명이 되는 건 아닙니다.

전통적인 모습의 가족을 떠올려봅시다. 가장의 명의로 재산이 축적되었더라도 배우자나 다른 가족들이 여기에 노동력을 보태거나 가사 노동을 하는 등 다른 방식으로 협력했을 겁니다. 이런 경우에는 가장이 가졌던 재산이 온전히 개인의 재산이라기보다는 가족의 재산이라고 볼 수도 있습니다. 그런데 가족 구성원의 사망으로 그 재산권을 상실하게 되면, 가족의 생활이 불안정해지거나 생계가 곤란해질 수도 있습니다.

이런 여러 이유로 사람이 죽으면 그 재산은 가족에게 상속되는 게 일반적입니다. 가족 구성원들은 상속에 대해 일정한 기대나 예측을 할 수 있습니다. 물론 시대가 변하면서 민법상 상속에 대한 내용도 여러 차례 개정이 되었습니다. 특히 가족의 의미가 변화함에 따라 상속의 모습도 달라지고 있습니다. 이런 점들을 생각하면서, 이제 상속에 대해 본격적으로 이야기해봅시다.

죽으면 상속이 시작된다

사람이 죽으면 상속이 개시됩니다(제997조). 사망신고를 해야 한다거나 다른 조건이 필요한 건 아닙니다. 누군가가 죽으면, 즉 상속이 개시되면 피상속인(상속인에게 자기 재산을 상속하는 사람)의 재산에 대한 포괄적인 권리·의무가 상속인에게 그대로 이전됩니다(제1005조). 상속인이 상속을 받겠다고 의사표시를 하거나, 개별 재산에 대한 등기를 해야만 그 소유권이 이전되는 것이 아닙니다. 피상속인이 죽으면 그 순간 자동적으로 상속인에게 피상속인의 권리·의무가 포괄적으로 이전되는 것입니다.

상속재산이 포괄적으로 승계된다는 의미는 상속인이 피상속인의 상속재산 중 일부만 승계하겠다거나 권리만 승계하고 의무는 승계하지 않겠다고 하는 것은 허용되지 않는다는 겁니다. 물론 상속인이 상속 자체를 포기하는 건 가능합니다.

누가 상속인이 될까?

피상속인이 유언으로 사후의 법률관계를 미리 정해놓지 않았다면 민법에서 정한 순서에 따라 상속인이 결정됩니다. 1순위는 피상속인의 직계비속입니다. 자녀가 있으면 자녀가 상속인이 되고, 자녀가 없는데 손자녀가 있는 경우라면 손자녀가 상속인이 됩니다. 1순위가 없으면 2순위는 피상속인의 직계존속입니다. 부모님이 우선이고, 부모님이 계시지 않는데 조부모님이나 외조부모님이 계시다면 그분들이 상속인이 될 수 있습니다. 2순위까지 없는 경우, 3순위는 피상속인의 형제자매이고, 3순위도 없다면 피상속인의 4촌 이내의 방계혈족이 4순위로 상속인이 됩니다(제1000조).

그런데 중요한 사람이 빠진 것 같지 않나요? 네, 바로 배우자입니다. 배우자에 대한 상속은 조금 더 특별한 의미가 있습니다. 배우자는 부부관계에서 재산 형성에 기여하거나 자녀의 출산이나 양육을 함께했을 수 있고, 앞으로 배우자 없이 생계를 유지하고 가족들을 부양해야 하는 사정이 있을 수도 있습니다.

피상속인에게 배우자가 있는 경우, 1순위 또는 2순위에게 상속이 이루어지면 배우자는 이들과 함께 공동상속인이 되고, 1순위와 2순위 상속인이 없는 경우에는 3순위나 4순위로 내려가지 않고 배우자가 단독으로 상속인이 됩니다(제1003조). 예를 들어 피상속인에게 자녀가 있다면 1순위 상속인은 자녀가 되겠지요. 이 경우 자녀와 배우자가 공동상속인이 됩니다. 만일 혼인해서 배우자가 있는 피상속인에게 자녀나 부모가 없다면, 형제자매에게 상속이 되지 않고 배우자가 단독으로 상속인이 됩니다.

사실혼 배우자는 상속인이 될 수 있을까?

상속을 받을 수 있는 배우자는 법적으로 혼인을 한 배우자만을 의미합니다. 혼인신고를 하지 않은 사실혼 배우자는 상속을 받을 수 없습니다. 사실혼 배우자에게도 일정한 지위를 인정해 주는 경향이 있기는 하지만, 사실혼 배우자에게 상속을 인정하게 되면 상속에 둘러싼 분쟁이 늘어나서 상속으로 인한 법률관계를 빨리 확정하기 어렵게 될 수 있고, 경우에 따라서는 당사자들의 의사가 서로 사실혼은 유지하되 상속까지는 하지 않으려는 것이었을 수도 있기 때문에 사실혼 배우자는 상속인이 될 수 없습니다.

상속인이 될 자격이 없는 경우

이처럼 상속인이 되는 것은 피상속인과 일정한 친족관계가 있기 때문입니다. 그런데 친족관계가 있다고 해서 무조건 상속을 받는다면, 우리가 가진 '법감정'에 반하는 경우가 생길 수 있습니다. 법감정이란 말은 법률 용어는 아닌데요. 어떤 행위가 옳은지 아닌지에 대한 사람들의 일반적인 생각을 법감정이라고 할 수 있습니다. 법이나 판례 같은 것이 우리가 생각하는 공정이나 정의에 맞는지 따질 때, 법감정이라는 말을 쓰지요.

아버지를 살해한 아들이 1순위 상속인이라고 해서 아버지의 재산을 상속받는다면 이게 공정한가요? 자기가 더 많이 상속을 받으려고 형을 죽인 동생이 나중에 아버지가 돌아가신 다음에 상속을 받는 건요? '피 묻은 손은 상속을 받을 수 없다'는 법언이 있는데, 이런 경우에는 상속을 받을 수 없게 해야 될 거예요.

민법에서 정하는 상속결격사유는 우선 직계존속, 피상속인, 그 배우자 또는 자기보다 선순위나 동순위로 상속인이 될 사람을 살해하거나 살해하려고 한 경우, 피상속인, 그 배우자를 상해치사에 이르게 한 경우가 있습니다. 상해치사는 상처를 입히려는 의도만 있었지 죽이려고 한 건 아니더라도 결과적으로 사망의 결과가 발생한 것을 말하고, 상해의 고의가 없이 과실로 사망에 이르게 한 것은 여기에 해당하지 않습니다.

또 다른 상속결격사유는 피상속인이 유언을 하는 것에 대해 부정행위를 한 경우인데, 사기 또는 강박으로 유언을 시키거나, 유언이나 그 철회를 방해하거나 유언 서류를 위조, 변조, 파기, 은닉하는 것을 말합니다. 이렇게 민법에서 정한 상속결격사유가 있는 사람은 당연히 상속에서 배제가 되고, 제1004조에서 볼 수 있듯이 피상속인이 용서하더라도 상속 자격이 회복되지는 않습니다. 그래서 상속결격사유는 상당히 제한적입니다.

제1004조(상속인의 결격사유) 다음 각 호의 어느 하나에 해당한 자는 상속인이 되지 못한다.
1. 고의로 직계존속, 피상속인, 그 배우자 또는 상속의 선순위나 동순위에 있는 자를 살해하거나 살해하려 한 자.
2. 고의로 직계존속, 피상속인과 그 배우자에게 상해를 가하여 사망에 이르게 한 자.
3. 사기 또는 강박으로 피상속인의 상속에 관한 유언 또는 유언의 철회를 방해한 자.
4. 사기 또는 강박으로 피상속인의 상속에 관한 유언을 하게 한 자.
5. 피상속인의 상속에 관한 유언서를 위조·변조·파기 또는 은닉한 자.

상속권상실제도

그런데 이런 상속결격에 해당하지 않더라도 상속인이 되는 게 부당한 경우가 있습니다. 어릴 때 아이를 버리다시피 한 부모가 자녀가 사망하자 그 재산을 상속받겠다고 하는 건 타당한가요? 피상속인 등을 살해하려는 것까지는 아니더라도 학대를 했거나 심각한 범죄를 저지른 경우라면 상속을 인정해야 할까요?

이와 관련해 문제가 된 사건들이 발생했고, 정해진 사유가 있으면 당연히 상속결격이 되는 경우 외에도 일정한 절차를 거쳐 상속권을 상실시킬 수 있어야 한다는 목소리가 높아졌습니다. 이에 따라 2024년 9월 이른바 '구하라법'*이라고 하는 상속권상실제도가 포함된 민법 개정안이 통과되었고, 이 제도는 2026년 1월부터 적용됩니다.

상속권 상실은 상속결격과 달리 일정한 사유가 있으면 바로 상속 자격이 박탈되는 게 아니라 상속권 상실을 법원에 청구해야 합니다. 예를 들어 본인이 미성년자일 때 부모가 부양의무를 중대하게 위반하였거나 부모가 본인이나 본인의 배우자 또는 자녀에게 중대한 범죄행위를 하거나 그 밖에 심히 부당한 대우를 한 경우, 죽기 전에 유언으로 그런 부모의 상속권 상실에 관한 의사표시를 하면, 이후 유언집행자가 가정법원에 그 사람의 상속권

---

* 양육의무를 저버리거나 정신적·신체적 학대를 한 부모는 자녀 사망 시 상속을 제한하는 법. 2019년 스스로 생을 마감한 가수 구하라의 어릴 적 헤어진 친모가 상속을 요구하며 나타나자 이런 비슷한 사태를 방지하고자 만들어졌다.

제1004조의2(상속권 상실 선고)

① 피상속인은 상속인이 될 사람이 피상속인의 직계존속으로서 다음 각 호의 어
느 하나에 해당하는 경우에는 제1068조에 따른 공정증서에 의한 유언으로 상
속권 상실의 의사를 표시할 수 있다. 이 경우 유언집행자는 가정법원에 그 사
람의 상속권 상실을 청구하여야 한다.

1. 피상속인에 대한 부양의무(미성년자에 대한 부양의무로 한정한다)를 중대하게
위반한 경우.

2. 피상속인 또는 그 배우자나 피상속인의 직계비속에게 중대한 범죄행위(제
1004조의 경우는 제외한다)를 하거나 그 밖에 심히 부당한 대우를 한 경우.

상실을 청구해야 합니다.

만일 이런 사정이 있었는데 죽기 전에 유언이 없었다면 공동상속인이
상속권 상실을 청구 가능하고, 공동상속인이 없거나 제1004조의2에서 볼
수 있듯 모든 공동상속인에게 이런 사유가 있다면 상속권 상실 선고로 상속
인이 될 사람이 상속권 상실을 청구 가능합니다.

상속권 상실을 청구받으면 가정법원은 어떤 이유로 상속권 상실을 청
구했는지 그 경위와 정도, 피상속인의 관계, 상속재산의 규모와 형성 과정
및 그 밖의 사정을 종합적으로 고려하여 상속권 상실 여부를 결정하게 됩니
다. 법원으로부터 상속권 상실 판단을 받으면 처음부터 상속권이 없었던 것
처럼 됩니다.

상속인이 상속을 받고 싶지 않다면

상속인의 의사와는 무관하게 피상속인이 사망하면 바로 상속이 개시됩니다. 상속이 피상속인과 상속인의 계약이 아니기 때문이지요. 그런데 상속인이 상속을 받고 싶지 않을 수도 있습니다. 상속이라는 게 원하는 재산만 받을 수 있는 게 아니라 피상속인의 재산상 지위를 포괄적으로 승계하는 것이라고 했지요. 상속인이 원하지 않는 재산이 존재할 수도 있고, 경우에 따라서는 피상속인의 재산보다 채무가 더 많을 수도 있습니다.

상속포기

상속인이 상속을 받지 않으려면 상속을 포기할 수 있습니다. 상속의 포기도 포괄적으로 하는 것이어서 일부 재산이나 채무에 대해서만 상속을 포기할 수는 없습니다. 상속을 포기하려면 상속 개시 사실을 안 날로부터 3개월 내에 가정법원에 상속 포기 신고를 해야 하고(제1041조), 상속포기를 하면 상속이 개시된 때에 포기한 것처럼 효력이 발생합니다(제1042조). 상속인이 여러 명인 경우 어느 상속인이 상속을 포기하면 나머지 상속인들이 각자 자신의 상속분의 비율로 포기한 상속인의 몫을 나눠 가지게 됩니다(제1043조).

한정승인

상속포기 말고 한정승인이라는 제도도 있는데, 이건 상속으로 취득할 재산의 한도에서 피상속인의 채무를 변제할 것을 조건으로 상속을 승인하는 것입니다(제1028조). 이렇게 한정승인을 하면, 혹시 상속인이 잘 알지 못했던 상속채무가 있더라도 상속재산의 범위를 넘어서서 상속채무를 부담하지 않을 수 있습니다. 한정승인도 상속 포기와 유사하게 가정법원에 한정승인 신고를 해야 합니다(제1029조). 상속채무를 부담하지 않기 위해 상속을 단순 포기하면 예기치 않게 다른 가족이 상속을 하게 될 수 있으니, 한정승인제도를 활용해야 합니다.

상속인이 여러 명일 때 각자의 몫

상속인이 한 명이라면 상속분이란 걸 따로 생각할 필요가 없겠지만, 상속인이 여러 명이라면 공동상속인들 간에 그 몫을 정해야 합니다. 기본적으로 동순위의 공동상속인들 간에는 상속분이 같고, 배우자가 1순위 또는 2순위 상속인과 함께 상속을 받는 경우에는 2분의 1을 가산합니다(제1009조).

과거에는 동 순위 공동상속인들 간에도 상속분이 같지 않았고, 호주상속인의 경우 2분의 1을 가산하고, 여자는 남자의 2분의 1로 하고, 출가를 한 여자는 남자의 4분의 1로 하는 등 차등을 두었는데, 여러 번의 법 개정을 통해 동 순위 상속인들 사이에는 상속분이 같아졌습니다. 배우자가 다른 상속인들과 함께 상속을 받는 경우 2분의 1을 가산하는 것은 남아 있는 배우자에 대한 상속을 특별하게 취급하려는 것입니다.

그런데 부부 간에 이혼을 할 때 재산분할을 하는 경우와 비교하면 다른 상속인에 비해 2분의 1을 가산하는 게 너무 적은 게 아닌가 하는 문제를 제기할 수 있습니다. 독일, 스위스, 프랑스, 미국, 일본 등 여러 다른 나라에서는 전체 상속재산의 일정 비율을 배우자에게 상속하도록 하는 등 배우자를 보호하기 위한 장치를 두고 있는 경우가 많습니다. 우리도 상속재산의 2분의 1은 배우자에게 상속하고, 나머지를 다른 상속인들이 나눠 가지는 식으로 배우자의 상속분을 조정하는 민법 개정안이 발의된 적이 있는데, 앞으로 어떻게 변화할지 관심이 갑니다.

상속분 계산하기

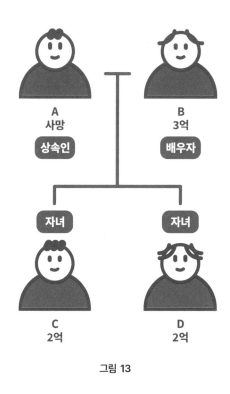

그림 13

자, 그러면 예를 들어 살펴볼까요? 그림 13을 한번 봅시다 A씨가 사망을 했는데, 상속인으로 배우자 B와 자녀 C, D가 있다고 합시다. C, D는 1순위 상속인으로 같은 비율로 상속을 받고, 배우자인 B는 1순위 상속인인 C, D와 함께 상속을 받으며 상속분이 2분의 1 가산이 되지요. B:C:D가 1.5:1:1이니, 만일 A가 사망 당시 재산이 7억이 있었다면, 그중 3억이 B의 몫이고, C, D는 각자 2억씩 돌아갑니다.

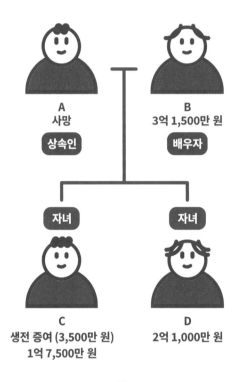

그림 14

만일 그림 14에서 살펴볼 수 있는 것처럼 A가 죽기 전에 자녀 C에게만

3,500만 원을 이미 증여한 게 있다면, 이런 사정을 고려해서 상속분을 정해야 공평하겠지요? 이런 경우엔 마치 상속재산이 7억 3,500만 원인 것으로 생각해서, 다시 1.5:1:1로 분배하면 B는 그중 3억 1,500만 원, C와 D는 각각 2억 1,000만 원씩의 권리를 갖게 됩니다. C는 그중 이미 3,500만 원을 받았으니, A가 사망한 후 받을 수 있는 상속분은 2억 1,000만 원에서 3,500만 원을 뺀 1억 7,500만 원이 되는 거죠(제1008조).

특별한 기여를 고려해야 하는 경우

이번에는 조금 다른 사안을 살펴볼까요? A는 오랜 투병 끝에 사망을 했습니다. A의 상속인으로는 B, C, D라는 세 자녀가 있습니다. 이들은 1순위 상속인으로 같은 비율로 상속을 받는 것이 원칙이지요. 그런데 A의 투병 기간 동안 B는 외국에서 살고 있었고 C는 경제적으로 사정이 어려워서, 막내인 D가 A를 모시고 살면서 지극정성으로 간병을 하였습니다. 그렇다면 D에게 더 많은 상속분을 인정하는 게 공평하지 않을까요?

그래서 인정되는 게 기여분제도인데, '효도 상속'이라고 쉽게 부르기도 하지요. 기여분이란 건 공동상속인 중에 피상속인을 특별히 부양하거나 피상속인의 재산 유지 또는 증가에 관해 특별히 기여한 자가 있으면 그만큼 구체적인 상속분을 증액해 주는 제도입니다(제1008조의2).

여기서 중요한 건 일반적인 기여가 아니라 특별한 기여여야 한다는 겁니다. 병에 걸린 아버지를 수발하면서 부양했다는 건 특별한 기여로 인정될 수 있지만, 아픈 남편을 간호한 것은 부부관계에서 요구되는 일반적인 부양으로 기여분을 주장하기 어렵습니다. 기여분을 인정할 건지, 얼마나 인정할 건지는 쉽지 않은 문제겠지요?

기여분은 일단 공동상속인들이 협의해서 정하고, 협의가 잘 안 되면 기여분을 주장하는 사람이 다른 공동상속인들을 상대로 가정법원에 상속재산 분할을 청구하면서 기여분을 정해달라고 해야 합니다.

상속재산을 나누는 방법

그럼 이제 상속재산 분할에 대해 알아볼까요? 상속인이 여러 명인 경우, 피상속인이 가졌던 상속재산은 사망과 함께 상속인의 공동소유가 됩니다. 예를 들어 피상속인이 X 건물과 Y 토지를 가지고 있었다면, 상속의 개시와 함께 X 건물과 Y 토지의 소유권은 상속인들이 상속분에 따라 공유하는 것으로 바뀝니다. 등기부상 소유자가 바뀌어 기재되지 않았다고 해도 사망한 피상속인이 더는 민법상 권리를 가질 수는 없기 때문에 소유권은 상속인들에게 자동으로 넘어가는 것입니다.

그런데 재산을 공유한다는 것은 생각보다 불편합니다. 세대를 거듭해서 상속이 된다고 하면, 나중에는 X 건물과 Y 토지는 여러 사람이 각자의 지분을 소유하는 모습이 되겠지요. 이렇게 되지 않도록 X 건물은 B의 소유로, Y 토지는 C의 소유로 나눠 가지는 게 상속재산의 분할입니다.

공동상속인은 피상속인이 특별히 유언으로 정한 게 없다면 언제든지

분할 협의를 할 수 있습니다(제1013조). 상속재산 분할은 공동상속인들이 각자의 상속분을 토대로 하여 실제 상속재산을 나눠 가지는 것인데, 상속분이 기준이 되기는 하지만 협의만 된다면 꼭 상속분에 따라야 하는 건 아닙니다. 어떻게 상속재산을 분할할 것인지는 모든 공동상속인들이 협의하여 정하고, 협의가 안 되면 가정법원에 상속재산의 분할을 청구할 수 있습니다.

유언의 무게

지금까지는 주로 피상속인이 생전에 유언을 하지 않은 것을 전제로 상속이 누구에게 어떻게 이루어지는지 살펴봤습니다. 피상속인이 죽기 전에 사후에 내 재산이 어떻게 처분되는지 미리 유언으로 정해두었다면 상속은 어떻게 이루어질까요? 유언을 어떻게 할 수 있는지, 어떤 내용을 유언으로 남길 수 있는지도 궁금하지 않나요?

여러분은 유언을 해본 적이 있나요? 죽음을 준비하면서 유언을 남길 수도 있겠지만, 그렇지 않더라도 유언장을 써보면 지금까지의 삶을 돌아보는 의미가 있다고 하더군요. 그런데 법적으로 유효한 유언을 하려면 일정한 형식을 갖춰야 합니다.

드라마에서 회장님이 돌아가시고 가족들이 모인 자리에서 유언장이 공개되는 장면을 떠올려봅시다. 유언장 내용에 따라 희비가 엇갈릴 터, 모두 긴장을 하고 있습니다. 유언장의 내용은 보유한 재산 전부를 기부한다는 것이었습니다. 가족들은 그럴 리가 없다면서 유언이 무효라고 반발하지요. 장

남은 어제까지만 해도 나한테 회사를 물려주시겠다며 잘 경영하라고 신신당부했다면서 그깟 종잇조각이 무슨 유언이냐고 소리를 칩니다. 회장님이 살아 계시다면, 이런 유언을 한 게 맞는지, 진짜 당신의 생각인지를 물어볼 수 있겠지만, 회장님은 이제 죽고 세상에 없습니다.

이처럼 유언은 유언을 한 사람이 사망한 다음에 효력이 발생하는 것이기 때문에 유언자의 진짜 의사를 명확하게 해서 분쟁과 혼란을 최소화해야 합니다. 또 유언은 사후에 여러 법률관계를 크게 바꾸어놓을 수 있기 때문에 피상속인이 유언으로 일방적으로 정할 수 있는 법률관계도 정해져 있고, 일정한 형식을 요구함으로써 유언을 신중하게 하는 의미도 있습니다.

유언은 누가, 어떻게 할 수 있을까?

민법상 유언을 할 수 있는 사람은 17세 이상의 의사능력이 있는 사람입니다(제1061조). 유언은 일반적인 법률행위와는 조금 다르게 17세 이상이면 미성년자라고 하더라도 법정대리인의 동의 없이 할 수 있고, 17세 미만이면 유언을 할 수가 없습니다. 의사능력이 없는 사람은 유언을 못하지만, 제정신이 돌아왔다면 유언을 할 수가 있는데, 이런 경우에는 의사가 의사능력이 회복되었다는 사실을 유언장에 적어야 합니다(제1063조).

민법에 정해진 유언의 방식은 자필증서, 녹음, 공정증서, 비밀증서, 구수증서가 있습니다(제1066조~제1070조). 계약은 원칙적으로 특별한 형식이 필요한 것은 아니었지요? 중요한 계약은 나중에 분쟁이 생길 것에 대비해서 계약서를 작성하는 게 일반적이지만, 특별한 경우가 아니면 계약서가 존재해야만 유효한 계약이 되는 건 아니었어요.

그런데 유언은 정해진 방식에 따라 일정한 형식을 갖추어야만 유효하다고 합니다. 왜 그런 걸까요? 계약은 나중에 계약 당사자들에게 그 내용을 확인할 수가 있지만, 죽은 자는 말이 없으니 나중에 유언을 한 사람을 찾아가 유언을 정말 했는지, 그 내용이 무엇인지를 확인할 방법이 없습니다. 그래서 유언은 일정한 형식을 갖추어서 한 경우에만 유효하다고 하는 겁니다.

민법에서 정한 유언의 형식

먼저 자필증서는 자필로 법에 정해진 사항들을 기재해야 하는데, 유언을 한 사람의 필적이 맞는지가 중요해서 반드시 자필로 다 써야 합니다. 유언을 컴퓨터로 작성해서 도장을 찍은 것은 유효한 자필증서가 아닙니다.

유언을 녹음으로 하는 경우에는 유언의 내용이 정확하다는 증인의 녹음도 필요합니다. 공정증서는 공증인 앞에서 유언을 해야 하고 증인이 두 명 필요합니다. 번거롭고 비용이 드는 단점이 있지만, 드라마에서 회장님들은 주로 공정증서에 의한 유언을 하시더군요.

비밀증서에 의한 유언은 유언을 해서 밀봉하는 건데 증인도 필요하고 5일 내 확정일자를 받아두어야 합니다. 마지막 방법은 구수증서ㅁ授證書인데, 질병이나 급박한 경우에만 할 수 있습니다. 막 돌아가시려는 상황에서 자필로 유언을 남기거나 공증인을 대동해서 유언을 하기는 어려우니 두 명의 증인만 있으면 유언이 가능하게 했습니다. 증인에게 유언을 필기하게 해서 읽고 확인한 다음 유언자와 증인이 서명, 날인을 하면 유효한 유언이 됩니다. 좀 복잡하죠? 이런 방법들을 지금 다 기억할 필요는 없고, 유언이 법적으로 유효하려면 일정한 형식이 있어야 한다는 걸 이해하시면 좋겠습니다.

유언의 자유에 대한 한계

법적인 효력이 있는 유언의 내용 중에 가장 중요한 건 사후에 자기의 재산을 어떻게 처분할지에 관한 것입니다. 원칙적으로 우리는 자기가 살아 있을 때만이 아니라 죽은 다음에도 내 재산을 어떻게 처분할 것인지 자유롭게 정할 수 있습니다. 형식만 잘 갖추었다면 유언으로 친족이 아닌 제3자에게 재산을 물려주거나 사재를 털어 재단법인을 설립할 수도 있습니다. 여러 명의 상속인 중에 자기가 좋아하는 상속인에게만 재산을 물려주거나 법에서 정해진 상속분보다 더 많이 상속하는 것도 가능합니다.

그런데 다른 한편으로 상속은 가족에게 되는 것이 원칙이라고 했었지요. 상속이 혈연관계에서 비롯되는 것이라거나 재산 축적이 가족의 협력 때문이라거나, 앞으로 살아갈 가족들을 위해서 친족 상속이 필요하다고 설명합니다. 그래서 가족 구성원이 사망하면, 다른 가족들은 어느 정도의 상속을 기대할 수 있습니다. 평생 가정을 위해 헌신한 부인이 있었는데, 갑자기 공개된 유언장에 '내 재산은 모두 장남에게 물려준다'라거나 '내가 죽으면 내 재산은 모두 내가 나온 대학에 기부한다'라고 한다면 어떨까요? 이 부인은 하루아침에 무일푼이 되어 살던 집에서 쫓겨날 수도 있습니다. 아무리 유언의 자유가 인정된다고 하더라도 이 부인을 보호해야 하지 않을까요?

민법은 이런 경우를 해결하기 위해 유류분이라는 제도를 두었습니다. 즉, 유언의 자유를 인정하면서도, 상속재산 중에 최소한 얼마만큼은 법에서 정해진 상속인에게 돌아갈 수 있도록 하는 것이지요. 예를 들어 앞의 예에서 배우자는 상속재산 전부를 물려받은 사람이나 단체에게 자신의 상속분 중 적어도 2분의 1만큼을 돌려달라고 청구할 수 있습니다. 이를 통해 유족들의 생존권을 보호하고, 상속재산의 형성에 대한 기여나 상속재산에 대한 기대를 보장하려는 겁니다.

형제자매에 대한 유류분권의 삭제

최근에는 과거에 비해 유류분으로 인한 분쟁이 많이 발생하고 있습니다. 그만큼 우리 사회에서 유언을 하는 사람들이 많아졌다는 의미이기도 하고, 사회의 변화에 따라 유류분제도에 대한 정비가 필요하다는 신호이기도 합니다.

2024년 헌법재판소에서 유류분에 대한 결정이 있었는데, 이는 유류분권이 누구에게, 어떤 비율로 인정되어야 하는지에 대해 다시 생각하게 합니다. 우선 종래 민법에서 유류분권은 피상속인의 배우자, 직계비속, 직계존속, 형제자매에게 인정되었는데(제1112조), 이 가운데 형제자매에게 유류분권을 인정한 건 위헌이라고 하였습니다. 예전에 비해 형제자매 간의 유대관계가 약화되고 다들 독립적으로 생계를 유지하는 사회상을 반영하는 것이지요. 이 결정으로 형제자매의 유류분반환청구는 인정되지 않게 되었고, 민

개정 전	개정 후
제1112조(유류분의 권리자와 유류분) 상속인의 유류분은 다음 각 호에 의한다.	제1112조(유류분의 권리자와 유류분) 상속인의 유류분은 다음 각 호에 의한다.
1. 피상속인의 직계비속은 그 법정상속분의 2분의 1.	1. 피상속인의 직계비속은 그 법정상속분의 2분의 1.
2. 피상속인의 배우자는 그 법정상속분의 2분의 1.	2. 피상속인의 배우자는 그 법정상속분의 2분의 1.
3. 피상속인의 직계존속은 그 법정상속분의 3분의 1.	3. 피상속인의 직계존속은 그 법정상속분의 3분의 1.
4. 피상속인의 형제자매는 그 법정상속분의 3분의 1.	4. 삭제

표 3

법이 개정되어 표 3에서 비교해 볼 수 있듯이 형제자매가 삭제되었습니다.

유류분에 대한 추가 논의가 필요한 상황

또한 헌법재판소는 유류분을 산정할 때 기여분을 고려하지 않는 것이나 유류분이 상실되는 사유를 따로 정하지 않는 것은 헌법에 합치하지 않는다고 했습니다. 이에 따라 국회는 2025년 12월 31일까지 관련 입법을 해야 합니다. 기여분이라는 건 병든 아버지를 오랫동안 혼자 모셨다거나 재산 형성에 특별히 기여한 상속인이 있다면 상속인들끼리 상속재산을 나눌 때 그런 사정을 고려하도록 한 거였지요? 그런데 상속인에게 최소한의 상속을 보장하기 위해서 유류분을 인정하면서 기여분을 어떤 방식으로 고려하는 게 좋을지에 대해서는 충분히 고민해야 합니다.

그 외에도 가업 승계를 목적으로 하는 증여는 유류분과 별개로 봐야 하는지, 미성년 자녀와 성년 자녀의 유류분권을 동일하게 봐야 하는지, 배우자에게는 더 많은 유류분을 인정해야 하는 것은 아닌지, 유산 기부에 유류분이 걸림돌이 되는 것은 아닌지 등 유류분에 대해서는 다각적인 논의가 필요한 상황입니다.

·————·

이처럼 상속은 우리가 죽은 다음 우리 재산이 누구에게 귀속되는지 정한 것입니다. 유언이 없으면 민법에서 정한 대로 가족들에게 상속이 되고, 유언이 있으면 그에 따르는 것이 원칙입니다. 그러나 죽은 사람은 말이 없는 법, 유언이 유효하려면 일정한 형식을 갖춰야 하고, 상속인들이 유류분을 주장 가능하다는 점에서 유언의 자유는 제한될 수 있습니다.

법은 그 사회의 사람들과 함께 성장하고, 사람들과 함께 사라진다.

프리드리히 카를 폰 사비니 *Friedrich Carl von Savigny*

PART IV

민법의 미래

16. 인격권

새로운 시대,
새로운 가치를 담는 법

지금까지 우리는 오랜 역사를 통해 발전해 온 민법의 주요 개념들을 짚어보고 이것들이 어떤 원리로 돌아가는지 살펴봤습니다. 이 과정에서 사람들 사이에 권리·의무 관계가 어떻게 구성되는지 이해할 수 있었지요. 이번 시간에는 이것과는 조금 다른 관점에서 민법이 앞으로 어떤 모습이 되어야 할 것인지 생각해 보려고 합니다.

민법이 아주 오랜 역사를 갖고 나름의 법리를 탄탄하게 쌓아왔으니, 이제 완벽하게 형성이 되어서 더는 변할 게 없다고 생각되나요? 앞에서 가족법을 살펴보며 시대상이 변화하면서 민법도 그에 따라 개정되어 왔고, 또 여전히 개정 논의가 있다고 말했으니, 그렇지 않다는 걸 이미 느끼고 있었을 거예요.

사실 지금 민법 학계에서는 가족법뿐만 아니라 민법 전반에 걸쳐서 새로운 민법에 대한 논의가 활발하게 진행되고 있습니다. 오래된 법 조항의 표현들을 이해하기 쉽게 순화하는 것부터, 실제 사람들이 인식하는 권리·의무 관계를 더 잘 반영하고, 더 합리적으로 제도를 운영하기 위해 다각도로 구체적인 검토가 이루어지는 것입니다.

시대에 따라 달라지는 민법의 모습

우리 민법은 기본적으로 서양의 근대정신 위에서 출발했다고 했지요? 이제는 우리가 살아가는 지금의 시대정신을 반영할 수 있도록 민법을 손보아야 합니다. 사람들에게 재산, 가족은 여전히 중요한 의미가 있지만, 시대가 변화하면서 그 의미도 변하는 것이 당연합니다. 여러분이 잘 알고 있는 것처럼 가족의 모습이 바뀌면서 그 시대상이 법 개정을 통해 민법에 반영되어 왔고, 법원이나 헌법재판소의 판례가 이런 법 개정을 견인하는 면도 있습니다.

재산법과 관련된 사회상도 빠르게 달라지고 있습니다. 계약도 사람들이 만나서 협상하고 서면으로 계약서를 체결하는 경우도 있지만, 요즘 많은 계약은 온라인 클릭으로 이루어지고 매장에서조차 사람들끼리 얼굴을 맞대지 않고 키오스크를 통해서 전자계약을 하기도 하지요. 인공지능 기술을 이용해서 자동으로 계약을 체결하거나 계약서 초안을 작성하는 경우도 있고요.

일회성 거래보다는 장기적이고 계속적인 거래관계가 늘어나고, 민법에 정해진 계약 유형에 끼워 맞추기 어려운 다양한 서비스 계약도 많아졌습니다. 또 디지털 자산이나 데이터의 중요성이 커지고 있는데, 이건 그동안 우리 민법이 전혀 예상하지 못했던 일입니다. 이와 관련해서 누구에게 어떤 권리를 어떻게 인정할 것인지에 대한 논의도 활발합니다.

돈보다 사람이 중요하다는 생각

그림 15

'인격권'은 이런 새로운 변화 중 하나입니다. 최근 민법전에 인격권을 명시적으로 규정하려는 논의가 활발하게 진행되기도 하였습니다. 인격권이란 무엇일까요?

인격권이라는 말 자체에서 감은 오는데, 막상 정의를 내리라고 하면 쉽지 않은 것 같습니다. 그림 15에서 볼 수 있듯이 우리가 사람으로서 가지는 인격적인 가치들이 있지요. 생명, 신체, 자유, 명예, 사생활의 비밀과 자유,

초상, 성명 같은 것들 말이에요. 인격권이라는 건 이런 인격적인 가치들에 대해 우리가 가지는 고유한 권리를 포괄적으로 일컫는 말이라고 할 수 있습니다.

이렇게 중요한 인격권을 민법에서 규정하고 있지 않은 걸까요? 민법을 만들 당시에는 인격권이 그렇게 중요하게 인식되지 못했기 때문입니다. 당시 중요한 가치들은 재산, 사적자치, 가족공동체 이런 것들이었기 때문에 민법을 떠받들고 있는 두 기둥이 재산법과 가족법이 되었던 겁니다. 그리고 이것은 여전히 우리 민법의 기본적인 모습이기도 합니다.

재산법은 당사자들 간의 계약이나 소유권 같은 개인의 재산에 관한 법입니다. 예를 들어 소유권이란 '어떤 물건이 내 것이다'라는 것을 법적으로 규정하는 것이지요. 누구에게나 내 것이라는 걸 주장할 수 있는 그 물건에 대한 지배적인 권리입니다. 이런 소유권에 대해서는 민법에 자세히 규정되어 있고, 판례도 많이 쌓여 있습니다.

이에 비해 인격권은 비교적 최근에 인식하게 된 개념입니다. 명예감정*과 같은 정신적인 권리가 점점 중요하게 여겨지고, 더 나아가 성명, 초상, 사생활, 성적자기결정권 같은 권리들을 인식하게 생각되면서 20세기 들어서는 이들을 포괄해서 통합적인 권리로서 인격권을 파악하게 되었습니다. 실제로 스위스, 오스트리아, 그리스 민법에서는 인격권 자체에 대한 규정을 추가하기도 했고요.

이런 측면에서 인격권은 근대의 가치가 아니라, 현대의 가치라고 할 수

---

* 자신의 명예나 체면, 사회적 평판 등을 중요하게 여기는 감정.

있습니다. 인격권은 사람이 사람이기 때문에 가지는 고유한 권리로, 이것이 중요한 가치라는 인식은 점차 커지고 더 구체화되고 있습니다. 유체물이 아닌 무형적인 권리를 인식하고, 재산적인 가치만이 아니라 인격적인 가치를 중요하게 생각하는 것이지요.

인격권의 보호 범위

기존에 민법이 인정하는 다른 권리들과 비교하면 인격권은 조금 이해하기가 어려운 부분이 있어요. 예를 들어 소유권이 무엇인지는 우리가 이미 배워서 알고 있지요? 소유권은 물건을 직접적으로 지배하는 권리였습니다. 토지나 건물, 컴퓨터, 책 등에 대한 소유권은 그 물건에 미치는 것입니다.

특히 부동산에 대해서는 등기부에 소유권이 표시된다고 했지요. 토지는 필지마다 소유자가 정해져 있습니다. 그 필지의 경계선까지 소유권이 미치는 것이지요. 필요하다면 토지를 측량해서 토지 소유권의 범위를 정확하게 측정할 수 있습니다. 소유권은 소유자가 자기 소유의 물건을 자기 의사에 따라 사용, 수익, 처분할 수 있다는 것을 내용으로 합니다. 그것이 보호 범위이지요. 소유자가 아닌 사람은 이러한 소유자의 소유권 행사를 방해할 수 없고, 정당한 권한 없이 이런 소유권을 침해해서도 안 됩니다.

인격권을 침해하는 경우를 한번 생각해 볼까요? 명예훼손을 대표적인 인격권 침해 사례라고 했는데, 이때 명예는 사람의 품성, 명성, 신용 등과 같이 사회에 형성된 객관적인 평가를 말합니다. 이건 소유권처럼 어디 등기부에 표시될 수가 없겠지요. 어디까지 명예에 포함되는지, 명예감정을 보호한다면 무엇을 어떻게 보호해야 하는지 쉽게 확정하기가 어렵습니다.

인격권과 다른 권리가 충돌하는 경우

인격권과 표현의 자유, 알 권리가 충돌하는 경우도 있습니다. 예를 들어 어떤 직원이 회사의 공금을 횡령했다면, 그런 사실을 다른 직원들이나 회사의 주주들에게 알리는 것은 명예훼손이 될 수 있어요. 공금횡령이 사실일지라도 이걸 많은 사람이 알게 되면 그 사람의 명예는 땅에 떨어질 거예요. 그렇지만 횡령 사실은 다른 사람들에게 손해를 입힐 수도 있고, 회사의 투명하고 책임 있는 경영을 위해 제대로 알려야 할 수도 있습니다. 인격권만 보호할 문제는 아니겠지요.

실화를 토대로 한 소설이나 영화도 인격권 침해가 문제될 수 있습니다. 근현대사의 중요한 장면을 영화로 만들었다고 합시다. 영화의 등장인물이나 그 가족이 아직 생존했을 수도 있을 거예요. 그런데 영화에서 그 사람이 아주 못된 사람으로 묘사되면 어떨까요? 영화를 보는 사람들이 한두 명도 아니고, 영상 기록으로 영원히 남게 될 텐데, 상영을 금지하고 싶지 않을까요?

그런데 영화를 제작한 사람 입장에서는 그 역사적인 장면을 소재로 자기의 해석이나 상상력을 더해 창작물을 만든 것이라고 할 수 있을 거예요. 이런 표현의 자유도 인격권만큼이나 중요한 가치이지요. 그래서 사건마다 그 사건에서는 이 둘 중에 어떤 게 보호 가치가 더 큰지 살펴봐야 합니다.

결국 이렇게 개별적인 사건들이 쌓여서 '이런 건 인격권으로 보호해야 한다' '여기까지는 보호해 줘야 한다' 이런 기준들이 생기게 됩니다. 그래서 몇 가지 유형들을 나눠볼 수 있고, 인격권의 범주로 개별적인 여러 권리를 포함해서 생각할 수 있는 것이지요. 그러면 어떤 것들을 인격권으로 보호해야 하는지 조금 더 살펴볼까요?

초상권과 음성권

명예훼손 외에 인격권에 포함될 수 있는 권리들은 어떤 것들이 있을까요? 먼저 초상권도 인격권의 하나라고 할 수 있습니다. 초상권이라는 건 사람이 자신의 얼굴이나 신체적 특징에 관하여 가지는 인격적 이익을 말합니다. 음성권도 인격권에 포함될 수 있을 것입니다. 목소리 자체도 그렇지만, 내가 말한 것의 내용도 인격권의 하나라고 볼 수 있습니다. 그래서 다른 사람의 영상을 몰래 찍거나 대화를 몰래 녹음을 해서 공개하는 건 인격권 침해가 문제가 될 수 있습니다.

사람의 얼굴이나 목소리로 그 사람의 동일성identity을 구별할 수 있는데, 이에 대한 권리는 점점 더 중요하게 인식되고 있습니다. 또 기술의 발전으로 전에는 생각하지 못했던 인격권 침해가 나타나기도 하고요. 누군가가 온라인 공간이나 가상세계에서 내 얼굴이나 목소리를 도용해서 마치 나인 것처럼 행동하고 다닌다면 어떨까요? 사람들이 그게 나인지, 아니면 다른 사람인지도 제대로 구별하지 못하는 정도라면요?

기술 발전이 불러온 인격권 논의

최근 딥페이크deep fake와 관련하여 여러 문제가 제기되는데, 인격권 논의가 전보다 활발하게 이루어지는 배경에는 이런 기술의 변화도 있습니다. 딥페이크는 인공지능을 활용한 인간 이미지 합성 기술을 의미하는데, 기술의 발전으로 어떤 사람의 영상이 진짜인지 가짜인지 구별하기 어렵게 되었습니다.

누군가가 내 이미지를 도용해서 온라인 공간에서 이상한 활동을 하고 다니거나 그 이미지를 사기나 범죄에 이용하고 있다면 어떨까요? 당장 그만두라고 하고 내가 아니라는 점을 밝히고 싶겠지요? 딥페이크를 이용해서 성 착취물을 만드는 경우가 문제되기도 했습니다. 정말 심각한 인격권 침해 사안입니다. 배포한 경우는 더 문제가 되겠지만, 그냥 혼자 보려고 만들었다고 해도 그게 변명이 될 수는 없습니다.

우리는 마치 기술이 가치중립적인 것처럼 받아들이는 경향이 있는데, 사실 전혀 그렇지 않지요. 과학기술이 인격권을 침해할 가능성이 늘어난다면, 이를 보호해야 할 필요성도 늘어나는 것입니다.

퍼블리시티권

이런 초상권, 음성권 같은 권리들은 재산적인 성격이 점차 강해지고 있습니다. 유명한 연예인들이 광고에 나온다거나, 화보집을 내거나, 음반을 출시하는 경우들을 보면 이런 종류의 인격권이 어떤 유형적인 재산보다 재산적인 가치가 더 큰 경우도 많은 것 같습니다. 이처럼 인격적인 표지를 영리적으로 이용할 권리를 퍼블리시티권right of publicity이라고 부르기도 합니다.

요즘은 연예인과 일반인(연예인이 아닌 사람들) 사이의 구별이 점차 어려워지는 상황입니다. 연예인보다 더 유명한 유튜버들이 있기도 하고, 연예인과 일반인 사이라고 해서 '연반인'이라는 말을 쓰기도 하더군요. 이런 점을 고려하면 재산적인 가치를 가지는 인격권의 속성이 꼭 아주 유명한 사람들한테만 적용된다고 보기는 어려울 겁니다.

어떤 로봇 제조 회사에서 사람 모습의 로봇을 양산해서 판매한다고 합시다. 그런데 그 로봇의 얼굴이 여러분의 얼굴이고, 그 목소리가 여러분의 목소리라고 상상해 보세요. 그런 로봇이 서빙도 하고 집안일도 합니다. 이 회사는 로봇을 판매해서 큰돈을 벌게 되었습니다. 여러분은 회사에 가서 왜 내 허락도 받지 않고 내 얼굴과 목소리를 도용하였는지 따지겠지요.

만일 그 회사에서 미안하게 되었지만, 당신이 유명한 연예인도 아니지 않냐고 대꾸한다면 어떨까요? 초상권과 음성권 침해에 대한 위자료를 청구하는 것 외에, 왜 함부로 내 초상권과 음성권을 도용해서 큰돈을 벌었냐고 문제 제기하고 이에 대해 정당한 대가를 요구할 수 있어야 하지 않을까요? 이런 점을 고려하면 유명한 사람이 아니더라도 사람들이 가지는 인격적인 표지들에는 재산적 가치가 포함되어 있다는 점을 인정해야 한다는 생각이 듭니다.

사생활권

또 다른 인격권의 유형을 살펴봅시다. 우리는 사생활의 비밀과 자유에 관한 권리가 있고, 이걸 사생활권이라고 부르기도 합니다. 우리에게는 자기의 사적인 공간, 사적인 활동이 다른 사람에게 침해받지 않을 권리, 또는 이걸 함부로 공개당하지 않을 권리가 있습니다. 이런 프라이버시에 대한 권리, 즉 프라이버시권도 인격권에서 파생되었다고 할 수 있어요.

그런데 요즘은 자신의 사생활을 스스로 방송이나 소셜미디어 등에 공개하는 경우도 많습니다. 자신의 사생활을 비밀로 지킬 수 있는 것도 사생활권의 모습이지만, 적극적으로 공개하는 것도 사생활권의 모습입니다. 즉, 사람들은 스스로 자기 사생활을 공개할지 말지 결정할 수 있어야 하고, 자율적으로 통제할 수 있어야 합니다. 이처럼 더 적극적인 개념의 사생활권까지도 인격권의 범위에 포함되는 것입니다.

인격권 침해의 위법성을 어떻게 판단할까?

인격권을 침해하는 행위가 있다고 해서 그것이 언제나 위법하다고 단정할 수 있는 것은 아닙니다. 인격권 외에 고려해야 하는 다른 이익들이 있다면 그것과 인격권을 비교해야 합니다. 이걸 이익형량이라고 합니다. 양팔 저울이 있다고 생각하고, 한쪽에는 그런 행위로 침해된 인격적인 이익을 올려놓고, 다른 한쪽에는 그런 행위로 인한 다른 이익, 표현의 자유나 공공의 이익이나 개인적인 즐거움 등을 올려보는 거예요. 저울이 인격적인 이익 쪽으로 기울면 인격권을 더 보호해야 할 것이고, 반대로 기울면 결론적으로 그런 행위가 위법하지 않다고 판단될 수 있습니다.

예를 들어 뉴스 보도를 위해 축제 장면을 촬영하면서 그 많은 사람에게 사전에 동의를 받을 수는 없겠지요. 뉴스를 통해 축제에 참여한 영상이 공개되면 인격권 침해가 될까요? 이때는 어떤 맥락에서 보도가 되었는지 살펴봐야 할 것이고, 언론의 자유나 공익적인 가치와 비교해서 인격적인 가치가 심각하게 침해된 것이 아니라고 판단된다면 초상권 침해라고 보기는 어려울 겁니다.

소송 증거로 쓰기 위해 미행하며 사진을 찍은 사안

실제로 보험회사가 피해자의 초상권과 사생활권을 침해했는지가 문제된 것이 있습니다. 보험회사 직원들이 교통사고 후유증이 있다고 주장하는 사람을 일주일 정도 미행하면서 몰래 숨어서 이 사람이 일상생활에서 후유증이 발생했다고 말했던 부위들을 사용하는 사진을 찍었고, 이걸 소송에서 증거로 제출했습니다. 어떤 가치가 충돌하고 있나요? 보험회사 입장에서는 미행이 상대방이 과장된 청구를 했다는 진실을 밝히기 위한 것이었지요. 그로 인해 해당 사건에서 손해배상금액을 낮출 수 있고, 나아가 보험가입자들 전체의 보험료를 낮출 수 있다고 주장했습니다.

반면 피해자는 초상권과 사생활권이 방해받았지요. 둘 다 중요한 가치라고 볼 수 있을 것입니다. 이제 이 두 가지 가치를 양팔 저울에 올려봅시다. 이건 뉴스 보도를 위한 촬영하고는 경우가 다르겠지요. 피해자 입장에서는 굳이 공개하고 싶지 않은 모습일 수도 있고, 일주일 넘게 미행하고 감시당하면서 자기의 일상이 타인에게 노출되는 것은 피해가 상당합니다. 실제 사건에서 법원은 보험회사 직원들의 이런 행위는 인격권 침해, 즉 초상권 및 사생활권을 침해하는 위법한 행위라고 판단했습니다.

개인정보자기결정권

최근 많이 문제가 되고 있는 개인정보에 대한 권리도 인격권에서 파생되는 권리입니다. '개인정보'라는 말, 들어보셨지요? 그런데 언제부터 이 말을 많이 들어보신 것 같으세요? 이제는 당연한 권리처럼 생각하지만, 우리가 개인정보에 대해 권리를 가진다고 생각한 것은 사실 얼마 되지 않았습니다.

학교 졸업 앨범 맨 뒤에 주소록이 붙어 있던 경우도 있었고요. 어떤 사람에 대한 정보를 가지고 있다는 건, 실례라기보다 관심의 표현이라고 생각하기도 했지요. 친구나 동료의 생일을 몰래 알아내서 서프라이즈 파티를 해줄 수도 있고, 다른 사람의 주소를 물어보거나 전화번호를 알게 되는 것이 어렵지 않았습니다. 심지어 주민등록번호를 알려주는 것에 대해서도 크게 거부감이 없었던 시절이 있었답니다.

개인정보보호법이 처음 만들어진 것은 2011년의 일입니다. 처음 개인정보보호법이 도입되었을 때는 너무 생소했고, 명함에 다 나오는 정보들도, 전화번호 뒷자리도 개인정보에 해당할 수 있다는 게 혼란스럽기까지 했습니다. 어떤 정보가 개인정보인지, 어디까지 보호해야 하는지, 왜 보호해야 하는 건지에 대해서 저마다의 생각이 달랐었습니다.

그런데 이 법이 만들어지고 난 이후, 실제로 우리 사회에서 개인정보의 중요성이 매우 커졌습니다. 카드 회사나 포털 사이트가 가지고 있는 개인정보가 해커나 중간에 보안업체 직원 등에 의해서 대량으로 유출되는 일들이 반복적으로 일어났고, 아마 여러분 중에는 당신의 개인정보가 유출되었다는 메시지나 이메일을 받아본 분도 있을 거예요. 이런 일들은 왜 벌어질까요? 개인정보가 가지는 경제적인 가치가 커지기 때문이겠지요.

예전에는 개인정보에 대해 보호해야 한다는 것부터가 생소했지만, 이제 누구나 개인정보가 중요하고 이걸 보호해야 한다고 생각하고 있습니다. 헌법재판소와 법원은 이른바 '개인정보자기결정권'을 인정하고 있습니다. 앞에서 본 사생활권이 자신의 사생활을 공개할지 여부를 스스로 결정할 수 있어야 한다는 걸 포함한다고 했지요. 이와 비슷하게 고도로 정보화된 현대 사회에서 자기에 대한 정보를 자율적으로 통제할 수 있는 권리가 있다고 하면서, 이런 권리를 개인정보자기결정권이라고 부르는 겁니다.

개인정보의 보호와 활용이 더욱 중요해진 이유

개인정보는 우리가 생각하는 것보다 훨씬 더 많은 가치를 가질 수 있습니다. 개인정보보호법을 만들 당시와 지금은 또 완전 다른 상황이 되었습니다. 예전에는 개인정보가 엑셀 형태로 정리되어서 보관되는 정도였다면, 지금 우리는 인터넷을 통해 거래를 하고 웹서핑을 하면서 무수히 많은 족적을 남기고 있습니다. 이러한 개인 데이터는 더 가치가 크고, 빅데이터 형태로 축적이 되면 어마어마한 가치를 가지게 될 수도 있습니다.

한편으로는 이걸 보호해야 하지만, 또 다른 한편으로는 잘 활용할 필요
도 있습니다. 혁신적인 기술 개발을 위해 개인 데이터 활용이 필수적인 면
도 있으니까요. 이렇게 여러 가치 사이의 이익형량의 문제는 한층 더 어려
운 문제가 될 것 같습니다.

•————•

이러한 인격권을 민법에 규정하는 것은 재산과 가족만이 아니라 인격
적 가치를 중시하는 우리 사회의 법의식을 제도화하는 것으로 이해할 수 있
습니다. 아주 오랜 기간 논리적인 체계를 갖추어온 민법도, 사회 구성원들
의 인식을 반영하고 사회를 바람직한 방향으로 이끌어 갈 수 있도록, 사회
변화에 맞춰 끊임없이 진화하고 있습니다.

법의 생명은 논리가 아니라 경험에 있다.

올리버 웬들 홈스 주니어 *Oliver Wendell Holmes Jr.*

PART V

수업을 마무리하며

17. Conclusion

나를 지켜주는 비밀병기

어느덧 마지막 수업 시간이 되었네요. 그동안 우리는 민법의 주요 개념들을 짚어보면서 이것들이 어떤 원리로 돌아가는지를 살펴봤습니다. 이 과정에서 우리는 사람들 사이의 권리·의무 관계가 어떻게 구성되는지 잘 이해하고, 문제를 해결하기 위해서 논리적인 틀을 세우고 생각하는 연습을 할 수 있었습니다.

아직 익숙하지 않다고 실망할 필요는 없습니다. 첫술에 배부를 수는 없는 법입니다. 그래도 낯설거나 멀게만 느껴졌던 민법이 조금은 친숙해졌다면, 여기까지 정말 잘 해온 겁니다. 책을 다시 한번 볼 기회가 있다면 아마 처음보다는 빨리 볼 수 있을 거고, 더 많이 이해할 수 있을 겁니다. 일상에서 어떤 문제를 만났을 때, 우리가 살펴봤던 개념들이 떠오르면서 '이게 이런

293

293

거였구나' 혹은 '이렇게 생각할 수도 있겠구나' 하는 순간들도 생길 거예요.

마지막 수업까지 함께한 여러분과는 뭔가 비밀을 공유한 동지가 된 것 같은 느낌입니다. 여기서 마무리하는 게 너무 아쉽고, 혹시나 여러분 중 일부는 법에 대해 더 알고 싶다는 마음을 가지게 되지는 않았을까 기대도 하게 됩니다.

민법, 당신의 '슬기로운 시민 생활'을 위하여

민법은 사람들이 살아가는 데 필요한 기본적인 규칙을 정하고 있습니다. 우리는 여러 사람과 관계를 맺고 살아가기 때문에 합리적인 규칙을 잘 만들고 이를 이해하는 건 아주 중요합니다.

만일 우리가 사는 사회에 재화나 기회, 권력 등이 충분해서 원하는 것은 무엇이든 얻을 수 있고, 뜻하는 것은 무엇이든 될 수가 있다면 특별히 규칙이 필요 없을지도 모르겠습니다. 하지만 실상은 그렇지가 않습니다. 이걸 어떻게 나눠 가지는지를 힘으로 정할 수도 없는 일이지요. 그렇다면 누가 어떤 권리와 어떤 의무를 가지게 되는지, 특별히 보호가 필요한 사람은 누구인지, 이런 권리는 어떻게 생겨나고 어떻게 변동되고 언제 소멸하는지, 사람들이 가지는 권리나 여러 가치가 충돌하는 경우 이를 어떻게 조정하는지 등의 규칙을 잘 이해하는 것은 우리가 한 사회의 시민으로서 생활하는 데 너무나 필요한 일입니다.

이번 수업을 통해 이를 위한 모든 지식을 다 익힐 수는 없었겠지만, 민법의 주요 개념과 원리를 통해 우리 사회의 중요한 규칙들은 이해할 수 있게 되었고, 또 이걸 기초로 다른 지식도 쌓을 수 있을 겁니다.

1. 무엇이 문제인지 잘 관찰하기

수업은 이제 끝이 나겠지만, 지금까지 배운 내용을 토대로 문제를 해결하는 훈련을 계속할 수 있는 방법을 몇 가지 말씀드리려고 합니다.

이건 실제로 법조인이 될 학생들을 가르치면서 가장 강조하는 부분이기도 한데, 어떤 문제를 풀려면 무엇이 문제인지 잘 짚어내는 게 정말 중요합니다. 쟁점이 무엇인지가 간단하거나 누가 봐도 명확하면 좋겠는데, 실제로는 그렇지 않은 경우가 많습니다. 사실관계가 아주 복잡한 경우에는 그중에서 문제 지점이 어디인지, 다툼이 생긴 이유가 무엇인지 정확하게 파악하는 게 쉽지 않을 수도 있습니다.

집에 물이 새는 문제를 해결하려면, 단순히 '지붕에 물이 샌다' 정도가 아니라 누수 지점을 정확히 알아내야 합니다. 사람들 사이의 분쟁을 해결하기 위해서도 어디가 문제인지 정확히 알아내야 합니다. 두루뭉술하게 문제를 이해하는 것으로는 부족하고, 더 세밀하게 문제 지점을 지적할 수 있어야 합니다. 그래야 서로 간의 권리·의무 관계나 이해관계를 자세히 분석하고, 합리적인 결론을 도출할 수 있습니다.

첫 번째 훈련 방법은 어떤 문제를 만나면 무엇이 쟁점인지에 대해 충분히 생각해 보는 겁니다. 복잡한 사실관계 중에 어떤 게 의미 있는 사실인지를 구분해 내고, 문제가 되는 지점이 정확히 어디인지 살펴보기 바랍니다. 무엇이 문제인지 찾은 것 같더라도, 더 정확한 쟁점이 무엇인지에 대해 한 번 더 생각해 봅시다. 이것만 잘해도 반은 성공입니다.

2. 입장이 다른 상대를 설득하기

때로는 어려운 문제를 만나면 감정이 앞서는 경우가 있지요. 사실 저도 그렇습니다. 그런데 감정을 앞세운다고 해서 문제가 해결되지는 않습니다. 오히려 일을 망치기도 하지요.

우리가 지금까지 배운 민법의 기본적인 원리들과 규칙은 사람들 사이에 발생한 분쟁을 해결하는 열쇠가 될 수 있습니다. 누구에게 어떤 권리·의무가 있는지 따져보거나, 어떤 가치가 충돌하고 있는지, 이익형량을 저울질했을 때 어떤 가치를 더 중시해야 하는지 등을 생각해 보는 건 문제를 해결하는 좋은 출발점이 될 수 있지요. 이런 점들을 들어서 상대방을 설득하는 건 어떨까요?

법조인들은 다른 사람을 설득하는 게 일입니다. 판사나 검사를 설득하기도 하고, 공무원을 설득하기도 하고, 상대방과 협상하기도 하고, 심지어 무리한 요구를 하는 자기 의뢰인을 설득하는 경우도 있습니다. 나와 입장이 다른 사람을 설득하는 건 언제나 참 어렵습니다. 법조인들에게 주어진 무기는 바로 법입니다. 이때 법은 단순히 개별적인 법률만을 말하는 게 아닙니다. 우리가 배웠던 기본적인 법의 개념, 원리 등은 상대를 설득할 때 아주 유용한 도구입니다.

　우리도 상대를 논리적으로 설득하는 훈련을 할 수 있습니다. 사안의 쟁점을 정확하게 짚었다면, 이제 이 지점을 둘러싸고 상대방과는 어떤 입장 차이가 있는지 분석해 볼 수 있겠지요. 서로의 권리·의무를 어떻게 구성하는 게 합리적인지, 혹은 입장을 조율하기 위해 필요한 것은 무엇인지 등을 분석하는 겁니다. 그리고 나면 누구의 입장이 옳은지 판별할 수도 있고, 다른 방안을 협의하거나 제안하는 것도 생각해 볼 수 있을 겁니다.

3. 문제 해결을 위해 전략적으로 사고하기

서로 입장이 다른 사람에게 무조건 '내가 옳다' '내가 정의롭다'라고만 하면 합의점을 찾기가 어렵습니다. 권력이 있거나 힘이 센 사람의 마음대로 문제를 해결하는 것은 바람직하지 않기도 하고, 현대 사회에서는 현실적인 해결 방안이 아닌 경우가 많습니다. 그러니 정말 문제를 해결하고자 한다면 전략이 필요합니다.

　나의 말이 맞다는 것을 논리적으로 증명하려는 노력은 당연히 필요합니다. 우리가 배웠던 민법의 기본적인 개념과 원리는 우리 사회의 바탕을 이루고 있는 것이라고 할 수 있으니, 이걸 토대로 상대방을 설득하는 것이지요. 그런데 누군가를 설득하려면 내 이야기만 하기보다는 상대방의 입장에서도 사안을 바라볼 수 있어야 합니다. 어려운 일일수록 기계적으로 판단하지 말고, 여러 측면에서 사안을 보고 새로운 생각을 해내는 것이 매우 중요합니다.

즉, 문제를 해결하기 위해 우리에게 필요한 것은 유연한 사고와 정확한 문제의식에 근거한 논리적인 설득입니다. 상대를 완벽하게 이기는 것이 무엇보다 중요한 경우도 있겠지만, 갈등을 조정하기 위해서는 때로는 타협과 조정도 필요할 수 있습니다. 일이 되게끔 전략적으로 접근하는 방법을 고민해야 한다는 점도 기억하기 바랍니다.

나를 위한 민법

여러분이 민법을 알고 싶다는 생각을 처음 하게 된 계기는 무엇이었나요? 법을 아는 게 곧 권력처럼 느껴졌을 수도 있고, 시민으로서 법을 아는 게 기본적인 교양이라고 생각할 수도 있을 것 같아요. 서점에 들렀다가 우연히 책을 집은 분도 있을 것이고, 법이 과연 나랑 맞는지 시험해 보고 싶은 분도 있을 겁니다.

이제 민법하고 조금 친해졌나요? 민법이 재미있고 더 알고 싶어졌다면 더 바랄 게 없겠습니다. 우리가 이 책에서 민법의 모든 내용을 다룬 건 아니기 때문에, 더 잘 알고 싶은 마음이 들었다면 이제 민법 교과서를 한번 펴봐도 좋겠습니다. 저도 여러분과 계속 수업을 이어가고 싶은 마음이 간절해집니다.

법은 '우리의 삶 그 자체'라고 합니다. 민법은 여러 법 가운데 우리 삶에 가장 가까이 자리하고 있는 법입니다. 그러니 민법을 잘 이해하면 우리 삶

역시 더 잘 이해할 수 있습니다. 민법은 세상을 살아가는 우리가 내 권리를 지키고 사람들 사이의 분쟁을 합리적으로 조정하는 방법을 알려주기 때문입니다. 그동안 우리가 나눈 이야기들이 여러분의 생각 근육을 키우는 데 도움이 되고, 여러분이 어떤 자리에 있든지 잘 활용되기 바랍니다.

나를 지키는 민법

법은 어떻게 삶의 무기가 되는가

1판 1쇄 펴냄 2025년 2월 20일

지은이 장보은
발행인 김병준 · 고세규
발행처 생각의힘
편집 박소연 · 정혜지 디자인 이소연 · 백소연 마케팅 김유정 · 차현지 · 최은규 그림 전희선

등록 2011. 10. 27. 제406-2011-000127호
주소 서울시 마포구 독막로6길 11, 2, 3층
전화 편집 02)6925-4185, 영업 02)6925-4188 팩스 02)6925-4182
전자우편 tpbook1@tpbook.co.kr 홈페이지 www.tpbook.co.kr

ISBN 979-11-93166-90-1 (03360)